Gerhard Kapitzke
Wildlebende Pferde

Gerhard Kapitzke

Wildlebende Pferde

Mit 170 Abbildungen, davon 16 vierfarbigen,
und 35 Zeichnungen

Verlag Paul Parey

Bildnachweis

Aus Flade (siehe Lit.): S. 43 oben links, S. 58 Mitte links. — Aus Hancar (siehe Lit.): S. 53 oben links, S. 54, S. 55 Mitte. — Aus Isenbart/Bührer, Das Königreich des Pferdes. Bucher Verlag, Luzern, 1970: S. 55 oben. — Aus Jankovich, Pferde, Reiter, Völkerstürme. Bayerischer Landwirtschaftsverlag, München, 1968: S. 55 unten links. — Aus Mohr (siehe Lit.): S. 21 unten, S. 33 oben (beide Bilder). — Aus Schäfer (siehe Lit.): S. 51, Zeichnungen 1b und 3b. — Aus Schmalenbach, Adel des Pferdes, Walter-Verlag: S. 29, Mitte links. — Nach Gemälden von John Wootton: S. 47 unten links und rechts. — Nach Mori: S. 51, Zeichnungen 4. — Foto d'Andrade: S. 37 oben links, S. 46 unten links. — Foto Ebhardt: S. 29 Mitte rechts, S. 33 Mitte links, S. 46 oben links. — Foto Gestsson: S. 111, S. 112. — Foto Harrer: S. 29 oben. — Foto Hood: S. 27 oben. — Foto Kothe: S. 21 oben, S. 46 oben rechts. — Foto Menzendorf: S. 27 unten rechts, S. 33 Mitte rechts, S. 43 Mitte links, S. 165 unten. — Foto Mörtzsch: S. 99 oben und unten, S. 104 oben, S. 108 bis 110. — Foto Dr. Podworny: S. 63 unten rechts. — Foto Schellack: S. 61 oben und unten, S. 63 Mitte, S. 65 oben, S. 71 oben, S. 75 unten, S. 121 unten, S. 122 oben, S. 124 oben rechts, Mitte links und rechts. — Foto Schiele: S. 37 Mitte rechts, S. 47 Mitte rechts. — Foto Walshe: S. 163 oben. — Foto Zeeb: S. 63 unten links.

Umschlaggestaltung: Gerhard Kapitzke, Hannover.

Das Werk ist urheberrechtlich geschützt. Die dadurch begründeten Rechte, insbesondere die der Übersetzung, des Nachdrucks, des Vortrages, der Entnahme von Abbildungen, der Funksendung, der Wiedergabe auf photomechanischem oder ähnlichem Wege und der Speicherung in Datenverarbeitungsanlagen, bleiben, auch bei nur auszugsweiser Verwertung, vorbehalten. Werden einzelne Vervielfältigungsstücke in dem nach § 54 Abs. 1 UrhG zulässigem Umfang für gewerbliche Zwecke hergestellt, ist an den Verlag die nach § 54 Abs. 2 UrhG zu zahlende Vergütung zu entrichten, über deren Höhe der Verlag Auskunft gibt.

© Verlag Paul Parey, Berlin und Hamburg, 1973. Anschriften: 1 Berlin 61, Lindenstraße 44–47, 2 Hamburg 1, Spitalerstraße 12. Lithografien und Klischees: Carl Schütte & C. Behling, Berlin 42. Printed in Germany by Saladruck, Steinkopf & Sohn, Berlin 36. Buchbinder: Lüderitz & Bauer, Berlin 61.

ISBN 3 489 69532 1

für Marieluise

Vorwort

Das Interesse am Pferd hat sich gewandelt. In der Vergangenheit züchtete man Pferde vorwiegend aus wirtschaftlichen Gründen. Heute beruht ihre Existenz mehr und mehr auf einem emotionellen Bedürfnis des Menschen, der sich, des Metalls und der Kunststoffe überdrüssig, zum Lebendigen hingezogen fühlt. Viele begeistern sich für das Pferd und möchten sich praktisch mit ihm beschäftigen. Doch nicht immer wird ihnen bewußt, daß alle Lebensäußerungen des Pferdes von ererbten Verhaltensweisen bestimmt werden. Zu allen Zeiten versuchte der Mensch, das Pferd nach seinen Vorstellungen zu formen, wobei er dessen ursprüngliches Naturell mißachtete. In der Konfliktsituation widersetzte sich das Pferd, oder es ergab sich in sein Schicksal und erkrankte psychisch. Konflikte aber vermeidet, wer auf das Wesen des Pferdes eingeht und nicht dagegen ankämpft. Er wird als Freund anerkannt und immer der bessere Erzieher und Reiter sein, der kaum Widerstände zu überwinden hat. Die Entfremdung des heutigen Menschen von der Natur ließ auch das Pferd zum nahezu unbekannten Wesen werden, das den Menschen des neunzehnten Jahrhunderts noch so vertraut war, wie uns heutzutage das Auto. Bereits vor Jahrhunderten sammelten Reiter in lebenslangem Umgang mit Pferden eher unbewußt die gleichen Erfahrungen, die Verhaltensforscher in jüngster Zeit mit wissenschaftlichen Methoden aufs neue erarbeiteten. Die sprunghaft ansteigende Entwicklung der Pferdehaltung am Haus vervielfachte den Wunsch, mit dem Wesen der Pferde vertraut zu werden. Deshalb sei all denen, die ein Pferd ihr eigen nennen oder versorgen, die intensive Beobachtung freilebender Pferde empfohlen. Ihr ursprüngliches Verhalten lehrt uns, das von uns abhängige Tier verhaltensgerecht zu behandeln.

Hermann Ebhardt lebt für die Forschung um das Pferd. Zusammen mit James G. Speed entwickelte er eine Pferdetypenlehre, die der Equidenforschung entgegen offizieller Ansicht neue wesentliche Impulse gab. Wissenschaftler der jüngeren Generation folgten im Verlauf eigener Forschungen diesen Erkenntnissen und bereicherten sie durch weiteres Material. Passionierten Pferdefreunden helfen sie das Wesen des Pferdes zu begreifen. In zahlreichen Gesprächen erläuterte er mir Argumente und Ergebnisse seiner Forschung. Hermann Ebhardt gilt mein besonderer Dank.

Für freundliche Beratung und hilfreiche Unterstützung am Ort möchte ich auch Yvonne und Amand Zeder – Bischheim, Dr. André – Lunel, Jean Bounias

— St. Etienne du Gres, John Daly — Ballinrobe, Oberförster Karl-Heinz Düssel — Dülmen, Fritz Haug — Kvorning, Luc Jalabert — Albaron, Erling und Knut Jessen — Süderlügum, Gunnar Jonsson — Stenholt, Bert Jönsson — Lönholt, John Killeen — Galway, André Massel — Pioch-Badet und Sadko Solinski — Robion herzlich danken.

Joachim Schellack förderte in engagierter Zustimmung Entstehung und Ausstattung des vorliegenden Buches. Ihm und dem Verlag Paul Parey danke ich für erfreuliche und großzügige Zusammenarbeit.

Hannover, im Juli 1973　　　　　　　　　　　　　　　　　　Gerhard Kapitzke

Inhalt

Pferde heute 11
Ahnen 15
Verhaltensweisen 57
Wildlebende Pferde 83
Farbtafeln 87
Islandponys 97
Dülmenerpferde 117
Camarguepferde 127
Connemaraponys 153
Literatur 167

Pferde heute

Höchstes Glück der Erde liegt auf dem Rücken der Pferde, verkündet eine bis zum Erbrechen strapazierte Floskel. Falls überhaupt empfunden, verweilt das Glück ungeteilt beim Menschen. Das Pferd weiß nichts davon. Sein Rücken, von menschlichen Gesäßknochen zerhämmertes Zentrum allen Reitens, erfährt nur Mißliches. Daß sich ein Pferd freiwillig zum Gerittenwerden drängele, hat noch kein Reiter bestätigen können, es sei denn über das Lockmittel der Belohnung. Vor 4 000 Jahren bestieg der Mensch als Reiter das Pferd. 4 000 Jahre duldsamer Pferderücken als Transportmittel des Menschen, nach dessen Vorstellungen die eigene physische Unzulänglichkeit durch Kraft und Schnelligkeit des Tieres ergänzt wurde. Gegenseitige Abhängigkeit begründete eine Schicksalsgemeinschaft mit unterschiedlichen Positionen. Der Mensch als Gebieter und geistig überlegene Kraft, das Pferd als Untertan und Dulder menschlicher Emotionen. Das equestrische Zeitalter versank in der Jahrhundertwende.

Ein Tier, einstmals unentbehrlicher Helfer des Menschen im Kampf um seine Existenz, avancierte im zwanzigsten Jahrhundert zum Sportinstrument. Nicht immer und nicht überall. Gewiß war es zu keiner Zeit erfreulich für das Pferd, im Dienst des Menschen zu stehen, und vielleicht mag als fragwürdige Entschuldigung gelten, daß der Mensch in früheren Tagen den Lebenskampf nur mit Hilfe des Pferdes bestehen konnte. Unentschuldbar dagegen bleibt die Selbstverständlichkeit, mit der Turnierpferde heute in die Rolle schnell verschleißender Automaten gezwungen werden, um ihren Wohltätern in kürzester Zeit zu materiellem Erfolg und fadenscheinigem Ruhm zu verhelfen. Der Springsport in seiner Hochleistungsform richtet sich absolut wider die Urnatur des Pferdes. Wenige langlebige Springwunder scheinen das Gegenteil zu beweisen. Vom vollen Ausmaß des Verschleißes aber, der früh abtretenden, lädierten Masse der Turnierpferde, erfahren nur die Tierärzte. Die Raffinessen listenreich gebauter Hindernisbahnen sind Auswüchse kassenfüllender Sensationslust.

Wer da glaubt, daß im Dressurreiten angeborenes Gangvermögen zwanglos zu erhabenen Tritten sich entfalte, wird nicht immer enttäuscht. Hie und da bietet sich erfreulicher Anblick. Doch was dazwischenliegt, ist das Ergebnis stummer Qual im Rechteck abseits gelegener Reitplätze. In geheimer Klausur durch sinnreich erklügelte Marterinstrumente in die gewünschte Kondition gequält, werden Dressurpferde dem ahnungslosen Publikum als tänzerisch beschwingte Geschöpfe präsentiert. Erfolg um jeden Preis, erreicht durch schlaue Artistik, ließ den Begriff der Fairness zum Pferd in Vergessenheit geraten. Der Pferde Leid ernährt gar manchen. Doch ist internationales Turniergeschehen nicht das einzige Übel. Dem gewollten folgt das ungewollte Mißverständnis jener, die zwar in bester Absicht sich um das Pferd bemühen, ihm aber aus Unkenntnis oder falscher Information erheblichen Schaden zufügen. Nicht das Reiten soll in Frage gestellt werden, sondern dem Verhalten des Pferdes kraß zuwiderlaufende Praktiken des Reitens. Reiten ohne Zwang ist nicht möglich, er beginnt spätestens dann, wenn der Reiter im Sattel sitzt.

In der Vielfalt unserer technisierten Welt entwickelte sich ein Pendant zum perfektionierten Turniersport, die sogenannte Reiterei des zweiten Weges. Keine andere Sprache verfügt über eine derart hochmütige und intolerante Wortschöpfung. Der Überdruß am zivilisierten Fortschritt veranlaßte nicht wenige, die Bindung zur Natur und zum ursprünglichen Lebewesen zu suchen. Das Robustpferd am Haus wurde die Passion auch derer, die niemals vorher Umgang mit Pferden hatten. Die tägliche Konfrontation mit dem Tier, seine Versorgung und sein Verhalten erforderten detaillierte Kenntnisse. Man mußte Erfahrungen sammeln. Die Freude mit dem Pferd zu leben, förderte das Bemühen, das Wesen des Pferdes zu erkennen. Wer sein Pferd selbst versorgt, hat jenen einiges voraus, die ihre Pferde im Reitstall gesattelt vorfinden. Er muß erkennen, daß Pferde von bestimmten Verhaltensweisen geleitet sind, die so oft mit menschlichen Gefühlen und Vorstellungen verwechselt werden. Vielleicht auch denkt er darüber nach, wie er seine Behandlung der natürlichen Veranlagung des Pferdes anpassen kann.

Verhaltensweisen haben einen logischen Ursprung. Intensive Beobachtungen vor allem an freilebenden Pferden bringen überraschende Erkenntnisse. Wer sie praktisch nutzt, wird in gewissem Sinn als vertrauter Artgenosse akzeptiert. Die lebhafte, aufgeschlossene Zuwendung verhaltensgemäß behandelter Pferde vervielfacht die Freude, die der Lohn aller Mühe sein soll. Vielleicht kann dieses Buch ein wenig helfen, die Urnatur des Pferdes zu erkennen. Nachdem der Mensch nur immer Anpassung an seine Wünsche verlangt hat, wäre es an der Zeit, sich in die Psyche eines Tieres einzufühlen, das vielleicht bald nicht mehr sein wird. Das Pferd hat sich um den Menschen verdient gemacht.

Durch Knochenfunde wissen wir, daß Nordamerika und Europa einst die Urheimat der Pferde gewesen ist. Eohippus, der früheste Vorfahr, lebte in sumpfigen Wäldern zu Beginn des Tertiärs vor etwa 70 Millionen Jahren. Während er in Nordamerika zu überleben vermochte, starb er in Europa bald wieder aus. Dieser fuchsgroße, mehrzehige und laubfressende Buschbewohner zeigte noch keine Ähnlichkeit mit dem Erscheinungsbild des heutigen Pferdes. Erst im Verlauf einer langen, oftmals stockenden Entwicklung bis zur Eiszeit hin erkennen wir an fossilen Skelettformen die Veränderung zum Pliohippus, dem hochgewachsenen und grasfressenden Steppeneinhufer. Ursache dieser Entwicklung waren langzeitliche Klima- und Umweltveränderungen, denen sich die Tierwelt anpassen mußte, wenn sie überleben wollte.

Gegen Ende des warmen Tertiärs strömten die Equiden Nordamerikas von Alaska über die Landbrücke der Behringstraße nach Asien hinein. Die Einwanderung erstreckte sich in unregelmäßiger Folge über viele Jahrzehntausende. Die grazile Erscheinungsform der Pferde dieser Zeit war von mildem Klima geprägt. Deshalb wählten sie die ihnen gemäße südliche warmklimatische Route durch Asien. Bevor die Pferdeströme aber nach Beginn der Eiszeit vor etwa 600 000 Jahren allmählich versiegten, hatten sich die Tiere in Nordamerika bereits dem Kaltklima angepaßt. Diese stämmigen ponyähnlichen Pferde bevorzugten das nördliche Eurasien als Lebensraum.

Bis heute blieb die Frage ungeklärt, warum die Einhufer Nordamerikas nach der letzten Eiszeit vor etwa 12 000 Jahren restlos ausstarben. Erst wieder mit Cortez, der im Jahre 1519 in Mexiko landete, gelangten domestizierte spanische Pferde, die später verwilderten, nach Amerika.

Die Entwicklungsgeschichte des Pferdes auf dem eurasischen Kontinent schlummerte lange Zeit im Dunkel der Vergangenheit. Neben wenigen konkreten Anhaltspunkten waren die Forscher meist auf Mutmaßungen angewiesen. Man versuchte Wissenslücken mit Theorien zu füllen, die nur selten durch Beweise bekräftigt werden konnten. Die Meinungen waren vielfältig, bis sich letztlich zwei gegensätzliche Auffassungen herausbildeten.

Die einen glauben, die Herkunft aller Pferde dieser Welt gehe auf eine einzige Wildform mit vielgestaltigem Erbgut zurück. Man vermutet, daß durch züchteri-

---

Rechts oben: Der laubfressende Waldbewohner Eohippus war der früheste Vorfahr des Pferdes. Er lebte vor etwa 70 Millionen Jahren. Seine Vordergliedmaßen waren vierzehig und die Hintergliedmaßen dreizehig ausgebildet. Die Widerristhöhe betrug 40 cm

Rechts unten: Der grasfressende Steppenbewohner Pliohippus war das erste Pferd mit einem Huf an jeder Gliedmaße. Seine Kauwerkzeuge entsprachen der härteren Grasnahrung. Er lebte vor mindestens 1 Million Jahren. Die Widerristhöhe betrug 112 cm

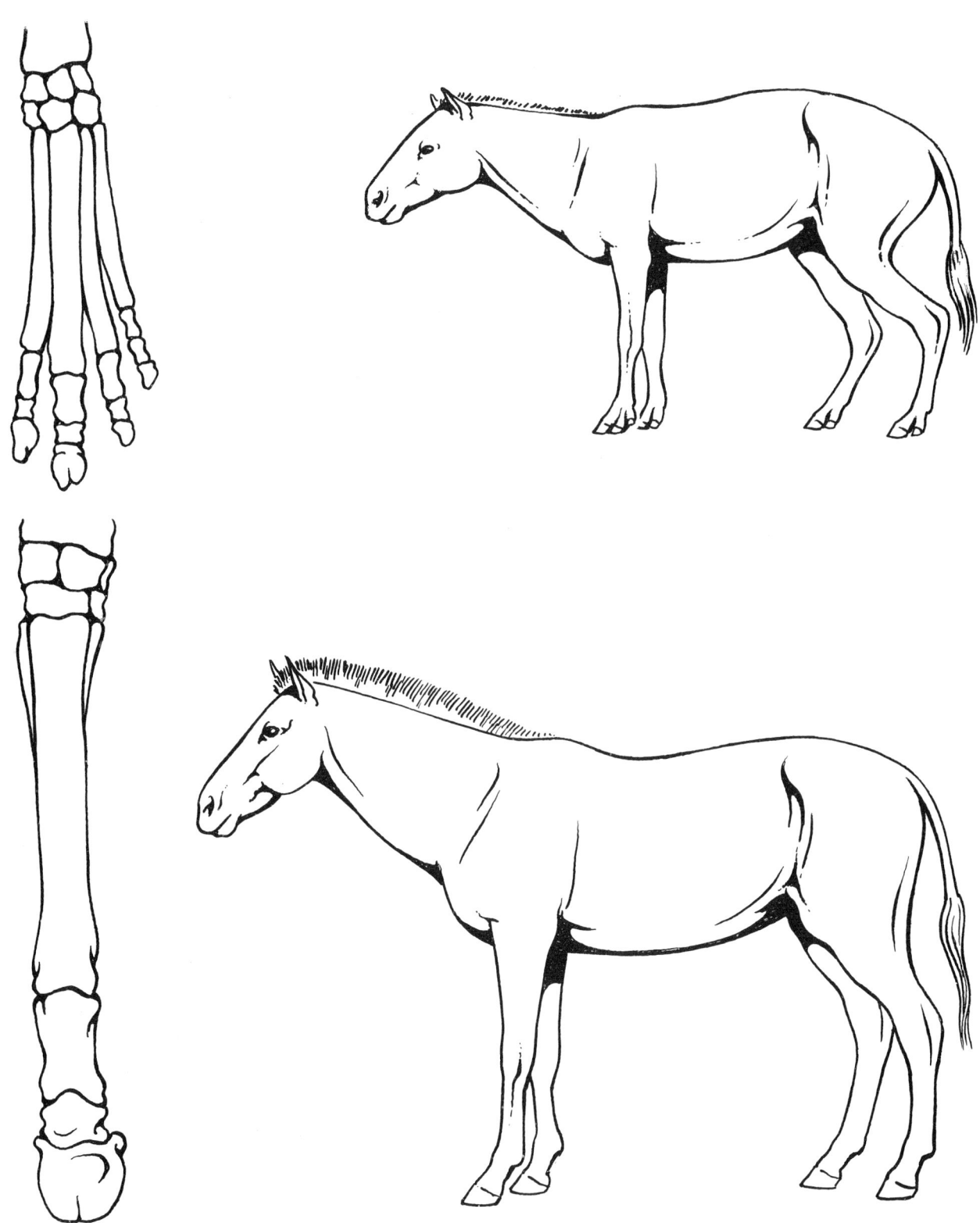

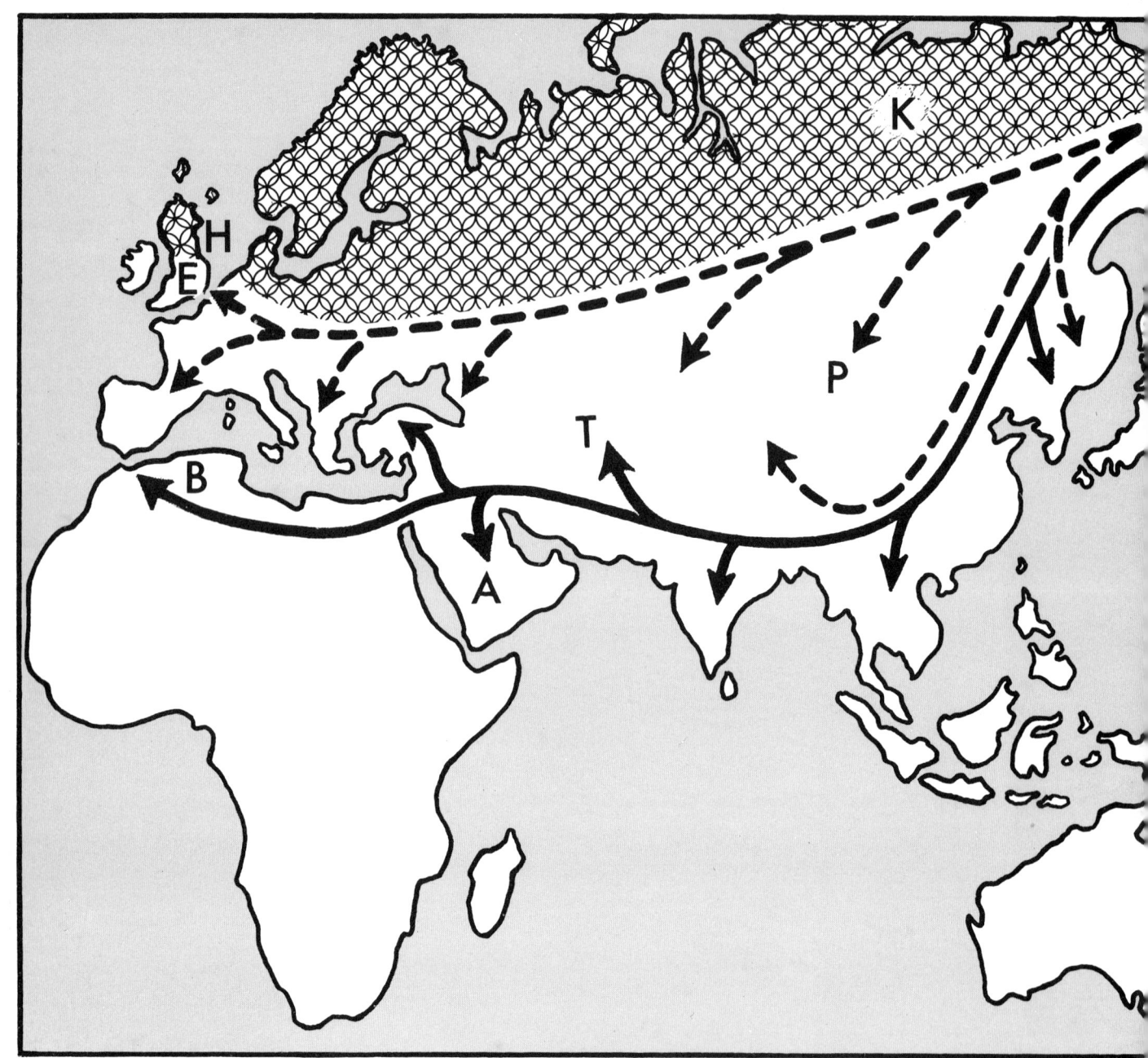

Vermutliche Wanderwege der Nachfahren des Pliohippus von Nordamerika nach Eurasien. Die ersten Pferdegruppen (Südpferde) verließen ihre Heimat noch in der Warmzeit am Ende des Tertiärs, etwa zwischen 1 Million und 600 000 v. Chr. Sie fanden auch in Asien und Afrika stets nahezu die gleichen Klimata vor. Durch unterschiedliche Lebensbedingungen entwickelten sich später während der Eiszeit zwei verschiedene Urformen. Der Urvollblüter bevölkerte die südlichsten Regionen, das großwüchsige Ramskopfpferd lebte mehr am Nordrand der Warmklimazone. Spätere Pferdeformen (Nordponys), bereits in Nordamerika dem zunehmend kälteren Klima angepaßt, gingen erst dann auf Wanderschaft, als die Gletscher zu Beginn der Eiszeit um 600 000 v. Chr. nach Süden vordrangen. In Eurasien zogen sie am Südrand der Kaltklimazone entlang. Immer wieder wurden größere Populationsgruppen von Gletschern eingeschlossen. Sie wandelten sich durch Umwelteinflüsse zum Tundrenpony. Spätere Formen, die den Gletschern wieder entrinnen konnten, paßten sich der Steppe an. Das Przwalskipferd ist deren Nachkomme. Andere Nordponys stießen ungehindert bis nach Europa vor, und wieder andere erreichten in kleinen Gruppen sogar Südasien. Durch seinen

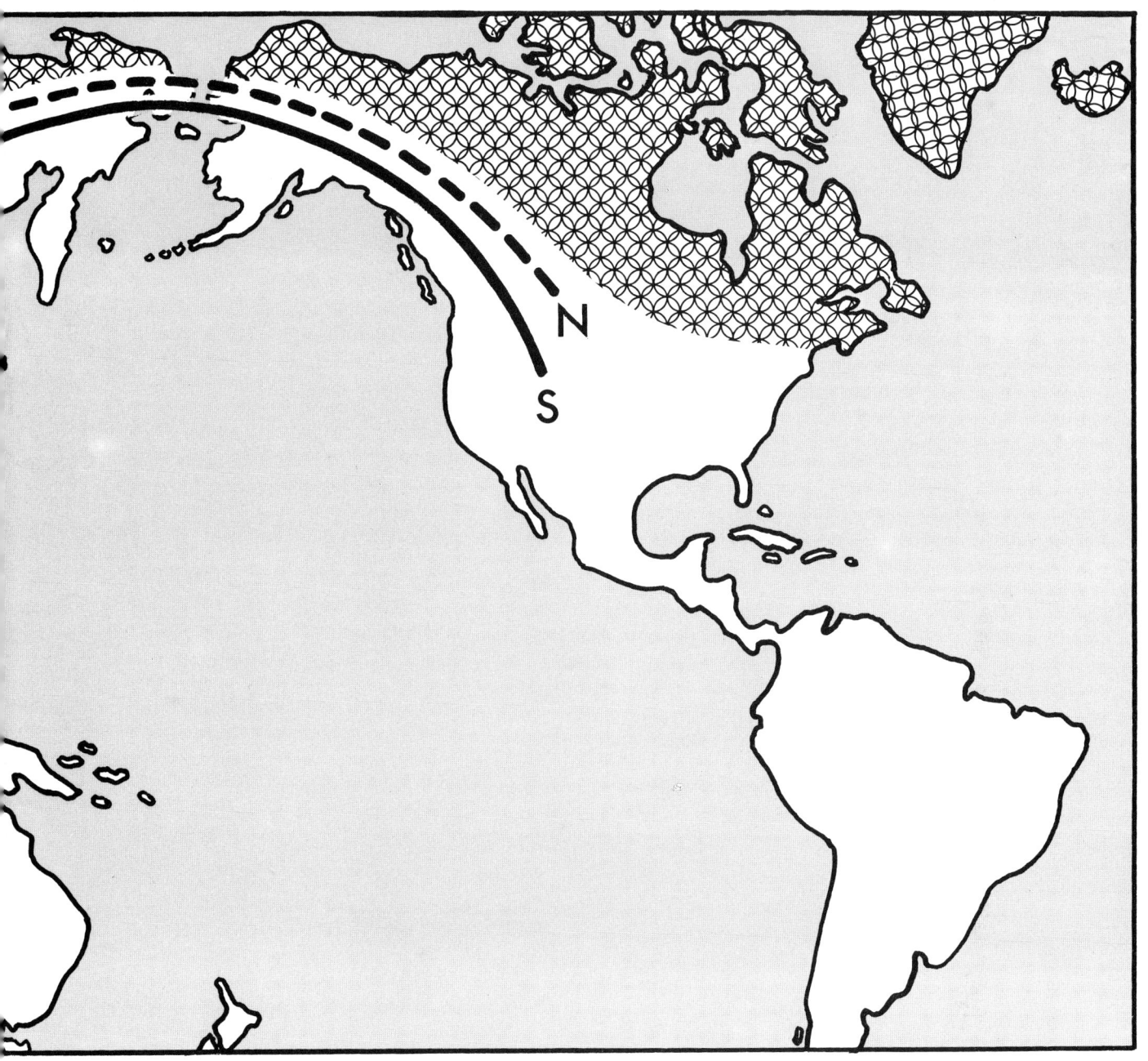

rastlosen Wandertrieb war das Urpony am weitesten verbreitet. Die Ausdehnung der Kaltklimazonen und Gletscher, in deren Bereich die Nordponys nicht existieren konnten, wechselte mehrmals. Deshalb kann die südliche Grenze dieser Zonen nur ungefähr bezeichnet werden.

S = Wanderweg der Südpferde und Verbreitung von Urvollblüter und Ramskopfpferd.
N = Wanderweg der Nordponys und Verbreitung von Urpony und Tundrenpony.
A = Lebensraum des Araberpferdes, Nachfahre des Urvollblüters.
T = Lebensraum des Turkmenenpferdes, Nachfahre des Ramskopfpferdes.
B = Lebensraum des Berberpferdes, Nachfahre des Ramskopfpferdes.
E = Lebensraum des Exmoorponys, Nachfahre des Urponys.
P = Lebensraum des Przwalskipferdes, Nachfahre des Tundrenponys.
H = Lebensraum des Highlandgarrons, Nachfahre des Tundrenponys.
K = Kaltklimazone

sche Verkreuzungen dieser Pferdeform in der Domestikation unter widernatürlichen Bedingungen zufällige Koppelungen von Merkmalen entstanden sind, die als Spielarten immer wieder in Erscheinung treten. Nach Ansicht dieser Forscher ist allein das mongolische Przwalskipferd der Stammvater der heutigen Rassen.

Die anderen sind der Auffassung, daß unsere recht verschiedenartigen Pferde von mehreren Urahnen abstammen. Deren Erbgut ist in den gegenwärtigen Rassen mehr oder weniger vermischt, kann aber durch Rückzüchtung wieder aufgespalten werden. Gestützt auf praktische Zuchterfahrung führen diese Forscher die Herkunft aller Pferde auf vier klar unterscheidbare Urformen der Eiszeit zurück, die in verschiedenen Klimazonen geprägt wurden.

Zwei Forscher der letztgenannten Gruppe vermochten ihre Theorie besonders eindrucksvoll zu beweisen. Der deutsche Pferdezüchter Ebhardt und der schottische Veterinäranatom Speed entdeckten mit Hilfe röntgenologischer Vergleichsuntersuchungen, daß bestimmte Merkmale im Knochenbau fossiler und heutiger Pferde genau übereinstimmen. Rückzüchtungsversuche ergaben, daß diese Knochenmerkmale mit gewissen Eigenheiten im äußeren Erscheinungsbild und in den Verhaltensweisen verbunden sind.

Die Forscher kamen zu dem Ergebnis, daß sich die Pferde der Eiszeit, analog zum nördlichen und südlichen Einwanderungsstrom aus Nordamerika, in zwei Gruppen teilen lassen. Die im Norden lebende Gruppe nannten sie *Ponys*, die in der südlichen Zone *Pferde*. Damit wird kein Hinweis auf die Größe gegeben, denn beide Gruppen brachten Zwerg- und Riesenformen hervor. Die heute im Turniersport übliche Klassifizierung in Pony, bis Stockmaß 147,3 cm, und Großpferd bezeichnet die Widerristhöhe, sie hat mit der hier erwähnten Unterscheidung spezieller Merkmale nichts zu tun.

Nordponys und *Südpferde* ließen jeweils zwei Unterformen erkennen. Diese vier Urpferde unterschieden sich in Knochenbau, Funktion und Verhalten deutlich voneinander. Der Reiz von Umwelteinflüssen, wie Klima, Landschaft und Feindbedrohung über einen sehr langen Zeitraum, machte das Erbgut unveränderlich. Die Natur hatte vier verschiedene Landschaftsprägungen derselben Tierordnung geschaffen. Wüstenpferde mußten zwangsläufig anders geartet sein als

---

Seite 21. Przwalskipferd im Zoologischen Garten (oben). Die letzten echten Wildpferde auf unserer Erde! Diese noch in wirklicher Freiheit lebenden Przwalskipferde wurden 1954 in der dsungarischen Wüste aus großer Entfernung fotografiert (unten)

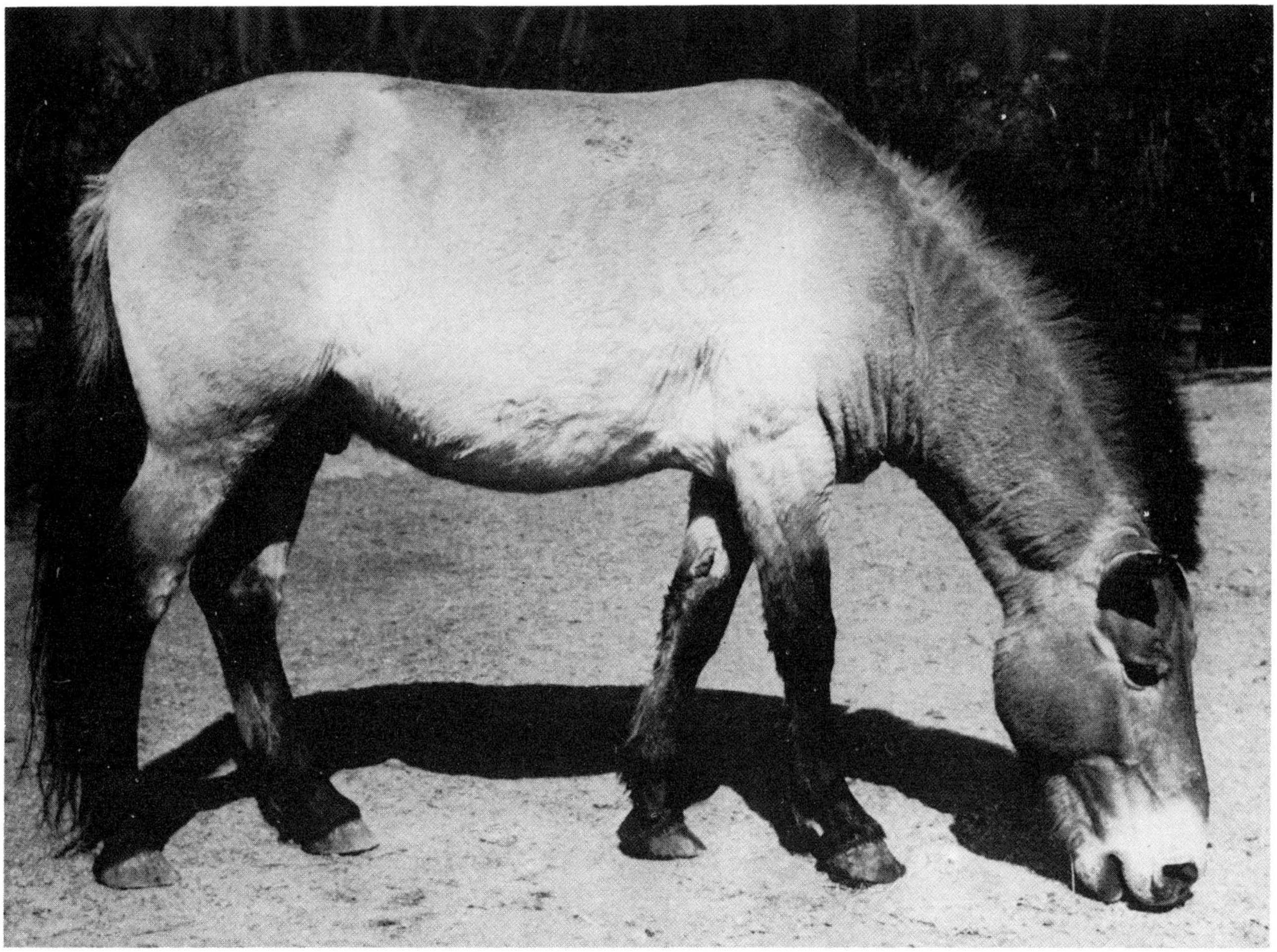

Tertiär

Eozän 70 bis 40 Mill. Jahre v. Chr.

Oligozän 40 bis 25 Mill. Jahre v. Chr.

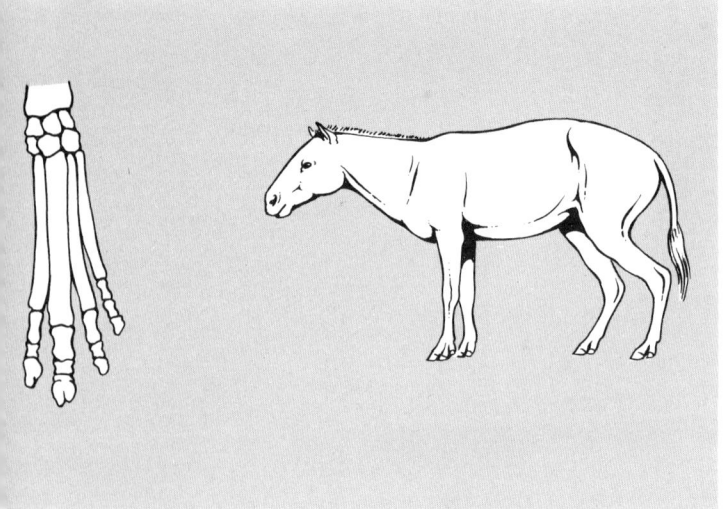
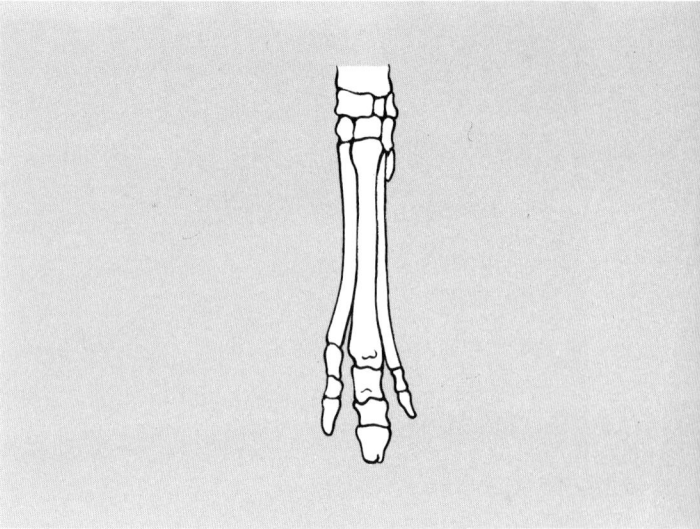

Eohippus, Mehrzeher, früheste Pferdeform

Übergangsformen vom

Quartär

Pleistozän 1 Mill. bis 10 000 Jahre v. Chr.

Urpferde der Eiszeit 600 000 bis 10 000 v. Chr. Erbkonstante Formen. Urpony (oben links), Tundrenpony (unten links), Ramskopfpferd (oben rechts) und Urvollblüter (unten rechts)

Miozän 25 bis 10 Mill. Jahre v. Chr.

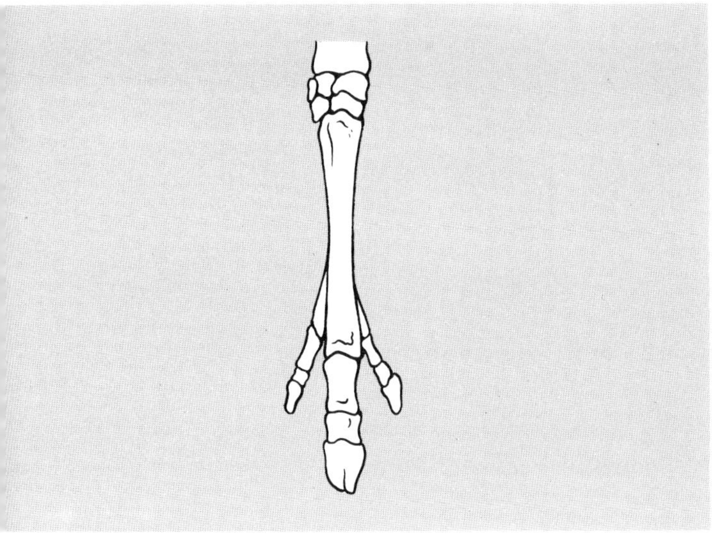

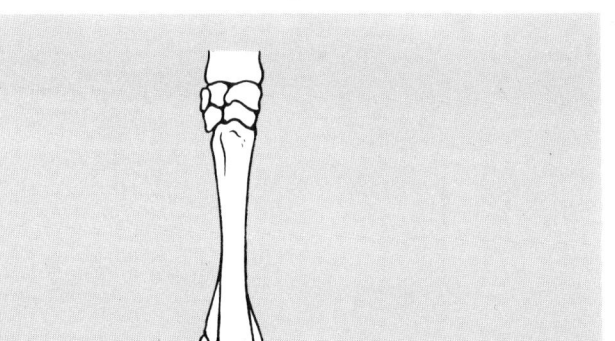

Mehrzeher zum Einhufer

Pliozän 10 bis 1 Mill. Jahre v. Chr.

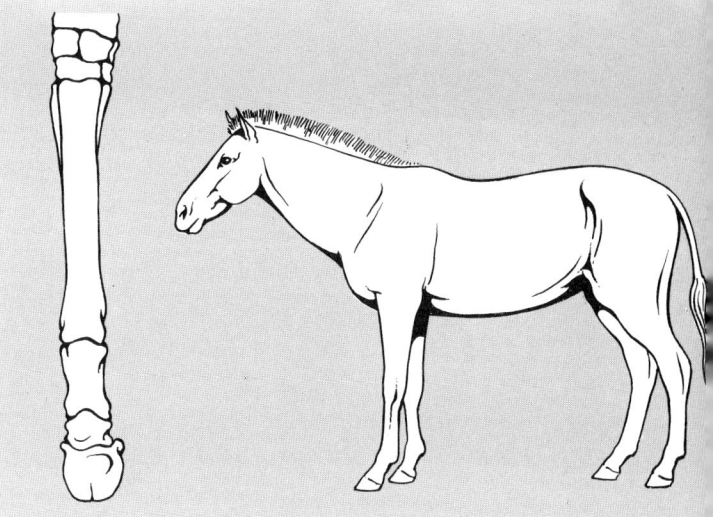

Pliohippus, erster Einhufer, Nachfahren dieser Pferdeform wanderten von Amerika nach Asien

Holozän 10 000 Jahre v. Chr. bis Gegenwart

Wildpferde, nacheiszeitliche Mischformen; z. B. Przwalskipferd

Hauspferde, gezüchtete Mischformen; z. B. Warmblüter

Pferde im Norden Europas. Araberpferd und Exmoorpony zeigen deutlich den Unterschied.

Die vier *Urwildpferde* lebten bis zum Ende der letzten Eiszeit. Sie waren frei von Einmischungen fremden Erbgutes. Gegensätzlichen Lebensbedingungen unterworfen würden sie selbst in vielen Generationen, durch die Festigkeit ihrer reinen Erbmasse, weder Erscheinungsbild noch Verhalten ändern. So wird das reingezüchtete Exmoorpony, als direkter Nachkomme eines der Urwildpferde, in der Weiterzucht durch extreme Überfütterung nicht größer, wie das bei vermischten Rassen der Fall sein kann.

Wildpferde hingegen haben Einmischungen anderer Pferdeformen erfahren, sei es im Wildzustand oder durch Einwirkung des Menschen. Ihre Existenz reicht vom Ende der letzten Eiszeit bis in die Gegenwart. Unter anderen Lebensbedingungen ändern die Nachkommen Erscheinungsbild und Verhalten, weil sie verschiedenartige Erbanlagen in sich vereinigen. Veränderte Lebensbedingungen bringen neue, bisher schlummernde Erbanlagen zur Entfaltung, die der neuen Umwelt entsprechen, wie das Beispiel des Przwalskipferdes zeigt. Dieses falbfarbene bis rötlichbraune Steppenpferd hat sich in echter Wildnis bis in unsere Tage erhalten. Die letzten Tiere leben in der dsungarischen Wüste, einem Grenzgebiet zwischen der Sowjetunion und China am Fuße des Altaigebirges. Russische Forscher beobachteten und fotografierten im Jahre 1954 kleine Rudel von insgesamt etwa 40 Przwalskipferden in jenem Gebiet. In zoologischen Gärten in aller Welt existieren etwa 200 gezüchtete Tiere.

Wildlebende Pferde haben sich, eingekreist von Kulturland, in einigen Ödlandgebieten erhalten. Durch ständigen Zulauf entflohener Hauspferde erfolgten starke Vermischungen. Ihre Existenz wird vom Menschen beeinflußt. Er bestimmt die Zuchtwahl, den Lebensraum und das Nahrungskontingent.

In allen gegenwärtigen Pferderassen ist das Erbe der vier Urwildpferde aus der Eiszeit vorhanden. Freilich erfolgten seit der Haustierwerdung fortlaufend Vermischungen, so daß es heute bei oberflächlicher Betrachtung zuweilen schwerfällt, dieses oder jenes Erbgut klar zu identifizieren. Wer aber intensiver Beobachtung fähig ist und sich häufig mit Pferden befaßt, zumal mit freilebenden, wird in Erscheinungsbild und Verhalten sehr bald die Bausteine des Erbmosaiks erkennen können. Einige wesentliche Merkmale der Urpferde mögen den aufmerksamen Betrachter anregen, den Nachlaß in heutigen Pferden zu entdecken.

Urwildpferde des Nordens

Der Begriff *Pony* kennzeichnet gemeinsame Merkmale der zwei nördlichen Urformen, die auf das Kaltklima ihrer Umwelt hinweisen. Unterschiede zwischen beiden beruhen auf der Anpassung an verschiedene Landschaftsgefüge, in denen sie während der Eiszeiten überlebten.

Das Urpony. Das kleinere der beiden Nordponys stand der voraufgegangenen Urform am nächsten. Ausgrabungen in Alaska und Texas beweisen, daß dieses Urwildpferd bereits vor der Einwanderung nach Asien in gleicher Form in Nordamerika beheimatet war. Durch seine weiträumige Verbreitung, man fand fossile Skelette in Europa, Kleinasien, Zentral- und Ostasien, geriet es zu Beginn der Domestikation vielerorts in die Hand des Menschen. Das Urpony war ein rastloser Wanderer. Auf seinen Streifzügen durchquerte es Gebiete verschiedenster Struktur. Der häufige Standortwechsel verlangte ständige Wachsamkeit und schnelle Reaktion in fremder Umgebung. Das Aufderhutsein vor immer neuen Gefahren verhinderte die einseitige Ausrichtung des Tieres auf eine bestimmte Landschaft. Es bildete daher auch keine Unterformen, sondern zeigte überall das gleiche Erscheinungsbild. Der gewaltige Expansionsdrang des Urponys entwickelte sich während einer Gletscherumklammerung Alaskas zu Beginn der Eiszeit. Der Zwang, auf eine begrenzte Fläche mit zunehmender Futterknappheit beschränkt zu sein, ging den lebhaften Tieren wider die Natur. Als der Weg nach Eurasien wieder frei wurde, hatte sich der Drang zur Futtersuche so stark im Erbgedächtnis verankert, daß kleinere Gruppen in ihrem Flucht-eifer sogar bis Südasien und Afrika vorstießen.

Das kleine flinke Pony, dessen Herkunft wir von allen Urpferden am weitesten zurückverfolgen können, hatte eine Widerristhöhe von 122 bis 125 cm. Es war so beschaffen, daß es in feuchtkaltem Klima hervorragend zu überleben vermochte. Dauerhafte Kauwerkzeuge ermöglichten ihm ein langes Leben. Die breiten Schneidezähne, mit denen es hartes Gras bis auf den Grund ohne ruckhafte Kopfbewegung mühelos abschnitt, trafen nahezu senkrecht aufeinander. Die langen Mahlzähne steckten tief im Kiefer und waren für langdauernde, scharfe Abnutzung bestimmt. Der tonnige Rumpf barg kräftige Verdauungsorgane, die große Mengen nährstoffarmen Futters gewinnbringend verarbeiteten. Große Nasenräume erwärmten bei der Atmung die Kaltluft und schützten die Lungen vor Erkältung. Ein kurzer kräftiger Kopf mit geradem Profil, kleine spitze Ohren, breite Stirn, weit auseinanderstehende runde Augen und ein geringer Augen-Nüstern-Abstand ergaben das intelligente Ponygesicht. Der auch unterwärts stark bemuskelte massive Hals war hoch aufgesetzt und begann in einem flachen Widerrist. Der lange Rücken endete in der sehr breiten runden Kruppe. Die Schulter war besonders schräg gelagert. Die stämmigen kurzen

Gliedmaßen mit kräftigen Gelenken standen auf kleinen festen Hufen. Bevorzugte Gangart des Urponys war ein kurzgreifender Trab in schneller Fußfolge. Dieser Zuckeltrab, wie wir heute sagen, wurde hervorgerufen durch die Gleichrangigkeit von Vorhand- und Hinterhandantrieb.

Seite 27. Das unverkreuzte Exmoorpony hat das gleiche Aussehen wie das Urpony und vererbt sich genauso konstant (oben). Merkmale des Urponys finden sich in vielen Pferderassen, zum Beispiel im schwedischen Norrlandtraber (links unten) und im Hannoverschen Warmblüter (rechts unten)

Die torfbraune Fellfarbe mit Aufhellungen an Maul, Augen, Flanken und Unterseite ist typisch für Säugetiere des atlantischen Regenklimas. Bison, Wisent, Elch und Wildschaf zeigen die gleiche Färbung. Im Winter bildete das Haarkleid als Wärmespeicher eine dichte wollige Unterschicht, während das darüberstehende Grannenhaar die Feuchtigkeit abwehrte. Sinnreich angeordnete Haarwirbel ließen das Regenwasser an den Haarspitzen abfließen und hielten die Haut auch in der feuchtkalten Jahreszeit trocken. Der eng anliegende, breite und lange Schweif schützte die Analgegend vor Nässe und Kälte. Schopf und Fallmähne waren dicht gewachsen und leiteten Schnee- und Regenwasser ebenfalls nach unten ab.

Urponys lebten innerhalb einer großen Herde unter Führung eines Leithengstes. Die Nahrungsaufnahme erfolgte stetig wandernd ohne futterneidisches Verhalten der Tiere untereinander. Der Hengst war bestrebt, die Herde stets eng zusammenzuhalten. Bei Gefahr flohen alle dicht aufgeschlossen im Galopp gegen den Wind. Im jahreszeitlichen Wechsel wurden große Entfernungen in kurzer Zeit überwunden, um günstige Weideplätze zu erreichen. Im Frühjahr zogen die Ponys nach Norden oder in höher gelegene Gebiete, im Herbst nach Süden oder in fruchtbare geschützte Täler.

Eigenschaften des Urponys sind in den heutigen Ponyrassen, aber auch in fast allen Großpferdezuchten zu erkennen. Liegt der Haarwirbel auf der Stirn eines Pferdes oberhalb einer gedachten Linie, die den oberen Rand beider Augen verbindet, so überwiegen die Ponyanteile in der Erbmasse. Der sogenannte gute Futterverwerter mit kräftigem Gebiß und tonnigem Bauch kann seine Urahnen nicht verleugnen. Die geräumigen Nasenhöhlen des Ponykopfes zum Vorwärmen der Kaltluft verringern die Erkältungsgefahr. Braune Fellfärbung gilt seit altersher als Zeichen großer Widerstandskraft und Ausdauer. Als Wanderer zwischen Bergland und buschbestandener Steppe bevorzugte das Urpony festen ebenen Boden. Die Gangmechanik blieb daher unspezialisiert. Vorhand und Hinterhand beteiligten sich gleichmäßig an der Fortbewegung. Die Folge waren kurze schnelle Tritte in Schritt und Trab, ein Merkmal, das in der Gangart Tölt des Islandponys wiederkehrt. Des Urponys kurze Röhrbeine und kräftige breite Gelenke sind im Einklang mit weiteren günstigen Exterieureigenschaften die

---

Seite 29. Der Dalai Lama, Tibets Priesterkönig, flieht vor chinesischen Truppen nach Indien. Die Reittiere sind Nachkommen jener Gruppen von Urponys, die nach Südasien vorstießen und sich in der kälteren Gebirgsregion ansiedelten (oben). Aus vielen Kunstepochen sind Darstellungen von Urponys und deren Nachfahren erhalten. Japanischer Holzschnitt um 1700 (Mitte links) und Exmoorpony heute (Mitte rechts). Felsbild der Eiszeit in der Höhle von Lascaux, Frankreich (unten links) und Islandpony heute (unten rechts)

Ursache für den erwünschten flachen raumgreifenden Gang heutiger Renn- und Springpferde. Unerwünscht ist das konstante Ponyerbe geringen Größenwachstums in der Reitpferdezucht. Ponyfohlen kommen wohlproportioniert, mit kurzen Beinen und schon dem Erscheinungsbild der Eltern gleichend, zur Welt. Zeigt ein Großpferdfohlen die gleichen Merkmale und läßt es die langen Stakelbeine vermissen, wird es sicher einmal zu den kleinen seiner Rasse zählen.

Das charakterliche Erbgut im Hauspferd erweist sich im Umgang mit dem Menschen als freundlich gelehrig und lebhaft. Enges Zusammenleben im großen Herdenverband zu Urzeiten hinterließ bis heute tolerante Verträglichkeit der Tiere untereinander, sogar beim Füttern. Die innige Bindung an die Artgenossen äußert sich für den Reiter weniger erfreulich im Kleben, einer Widersetzlichkeit beim Fortreiten von anderen Pferden. Des Urahnen große Vorsicht, Ängstlichkeit und schnelle Flucht im Sprung nach vorn ohne Abwehr lernt der Ausbilder bei der ersten Erziehung junger Pferde an der Leine kennen. Erst der Trab zeigt, daß sie aufgeben und allmählich Vertrauen gewinnen.

Im Frühjahr und im Herbst wird das Erbgedächtnis durch die Witterung an den jahreszeitlichen Fernwandertrieb erinnert. Dann kann sich das Temperament durch Überspringen der Weidezäune oder Abwerfen des Reiters ein Ventil schaffen. Auf ihren Streifzügen waren die Urponys häufig gezwungen, Flußläufe zu durchschwimmen. Im Erbgut ist die Wasserfreundlichkeit, aber auch die Furcht vor Sumpf und Moor des an festen Boden gewöhnten Tieres erhalten. Das Urpony war, oft mit dem größeren nordischen Tundrenpony vermischt, als Reitpferd unter den Germanen weit verbreitet. Ponyerbgut ist im Kuhaylanaraber, im englischen Vollblüter, in fast allen Warmblut- und Kaltblutzuchten und natürlich in den Ponyrassen vorhanden. Das Exmoorpony ist ein nahezu reiner Nachkomme des Urponys.

Das Tundrenpony. Das größere der beiden Nordponys war der am weitesten im Norden lebende Einhufer. Im Wechsel der wärmeren und kälteren Eiszeitperioden wurde es durch Gletscherverschiebungen immer wieder langzeitig in eisfreie Enklaven eingeschlossen und mußte sich nach seiner Einwanderung aus Nordamerika vorwiegend an trockenkalte sumpfige Tundragebiete am Rande der Waldzone gewöhnen. Seine Verbreitung reichte von Nord- und Mittelasien bis Europa. Das Tundrenpony war von seiner engbegrenzten Umwelt geprägt. Es überlebte die langen Winter und kurzen Sommer in Schneeharsch und Sommersumpf. Das gefährliche Gelände verlangte ein umsichtiges, ruhiges Verhalten. Zum Schutz vor Feinden verkroch es sich in Wald und Gebüsch und tarnte sich durch Erstarren. Die Lebensbedingungen innerhalb der verschiedenen eiszeitlichen Enklaven waren nicht immer gleich. Die erzwungene Standorttreue spezialisierte das Tundrenpony jeweils so stark auf seinen Lebensraum, daß sich auch vom Urtyp abweichende Großformen und sogar schnellfüßige Steppenformen entwickelten.

Das massige grobknochige Tundrenpony ist der Urahn aller kaltblutähnlichen Pferderassen. Die Widerristhöhe betrug 135 cm, bei einigen Unterformen auch 180 cm. Die Funktion dieses Urkaltblüters war auf sehr kalte, aber trockene

Lebensbedingungen ausgerichtet. Die Kauwerkzeuge waren noch robuster und dauerhafter, der Verdauungstrakt noch voluminöser als beim Urpony, um selbt hartgefrorenes Futter aufschließen zu können. Die besonders hohe, ramsnasige Aufwölbung der Nasenhöhlen zum Vorwärmen extremer Kaltluft, die schmale Stirn und mittellange Ohren, die tiefliegenden kleinen Augen, der lange Augen-Nüstern-Abstand und die abgeschrägten Nüstern verliehen dem Kopf ein plumpes Aussehen. Fast waagerecht mündete der tiefangesetzte massige Hals in den Rumpf. Ein flacher Widerrist, der sehr lange Rücken und eine stark abschüssige gespaltene Kruppe bildeten die Oberlinie. Die Schulter war steil. Die starkknochigen Gliedmaßen endeten in breiten Hufen. Die Bodenverhältnisse zwangen den Urkaltblüter zu stärkerer Benutzung der Vorhand. Die bevorzugte Gangart wurde der Schritt.

Die Fellfarbe ist nicht sicher nachgewiesen. Vermutlich war das Sommerhaar hellgrau und das lange Winterhaar fast weiß, während Kopf und Gliedmaßen ganzjährig eine schwärzliche Färbung beibehielten. Über den Rücken verlief ein dunkler Aalstrich. Mähne und Schweif, ebenfalls dunkel, wurden von helleren Haaren gesäumt. Spätere Steppenformen haben sich wahrscheinlich, wie das Przwalskipferd, durch bräunlichfalbe Haarfarbe ihrer Umgebung angepaßt. Das auch im Sommer rauhe Haarkleid wuchs im Winter zum dichten Pelz mit Kinnbart und Kötenbehang. Die kurze Stehmähne ohne Stirnschopf blieb erhalten, und auch der Schweif war weniger dicht, weil der Wachstumsreiz durch Feuchtigkeit im regenarmen Trockenklima fehlte. Der Urkaltblüter war imstande, das härteste Klima zu ertragen. Sein Körper war vor allem auf Futterauswertung und Kaltlufterwärmung spezialisiert.

Tundrenponys blieben auch im Wechsel der Jahreszeiten ihrem Standort treu. Die aufgelockerte Herde setzte sich aus einzelnen Rudeln zusammen, die jeweils von einer Leitstute geführt wurden. Die gemeinsame Nahrungsaufnahme reizte nicht zum Futterneid, aber die Stuten wachten eifersüchtig bis zur Aggressivität über ihre Rangordnung. Der Hengst verweilte mit dem männlichen Nachwuchs außerhalb der Herde. Bei plötzlicher Gefahr erstarrten alle Tiere zur Bildsäule mit dem Blick in die verdächtige Richtung. Näherte sich der Feind, wichen sie einige Schritte zurück und versuchten mit unbeholfenen Galoppsprüngen zu entkommen. Auf weitere Entfernung zogen sie dann im Schritt gegen den Wind davon, der Hengst am Schluß.

Erbanlagen des Urkaltblüters finden wir in allen Kaltblutzuchten. Vor allem jedoch die schweren Ponyrassen bewahrten die unübertreffliche Futtergenügsamkeit und Wetterhärte ihres Urahnen. Die abgeschrägten verschließbaren Nüstern des Tundrenponys, Schneepflugnase genannt, waren eine Folge dauernden Beiseiteschiebens von Schnee bei der Futtersuche. Islandponys und Camarguepferde befähigt diese Eigenheit noch heute zum Äsen junger Schilftriebe unter der Wasseroberfläche. Das trittsichere Standwild der eiszeitlichen Waldgebiete und Schottersümpfe war keineswegs schnellfüßig zu nennen. Der meist morastige, schneeharschige oder geröllige Boden erlaubte keine flüchtigen Bewegungen und verlieh ihm ein bedächtiges Temperament. Durch ständiges Abtasten des trügerischen Grundes mit den Vorderhufen entwickelte sich eine überwiegende Vorhandbetätigung in der Gangmechanik. Die steile Schulter erleichterte das stete Anheben der nur langsam einsinkenden breiten Hufe. Geriet ein Tier in ein Sumpfloch, wurde es nicht von panischer Angst ergriffen. In aller Ruhe stemmte es die Hinterbeine nach vorn ein und zog sich beharrlich nach rückwärts in derselben Spur wieder heraus. Die Winkelung der Hinterhand, abschüssige Kruppe mit säbelbeinigen unterständigen Gliedmaßen, ermöglichte auch in Fels und Geröll ausdauerndes und trittsicheres Klettern. Auf ebenem Boden zeigte der stampfende Gang wenig Raumgriff.

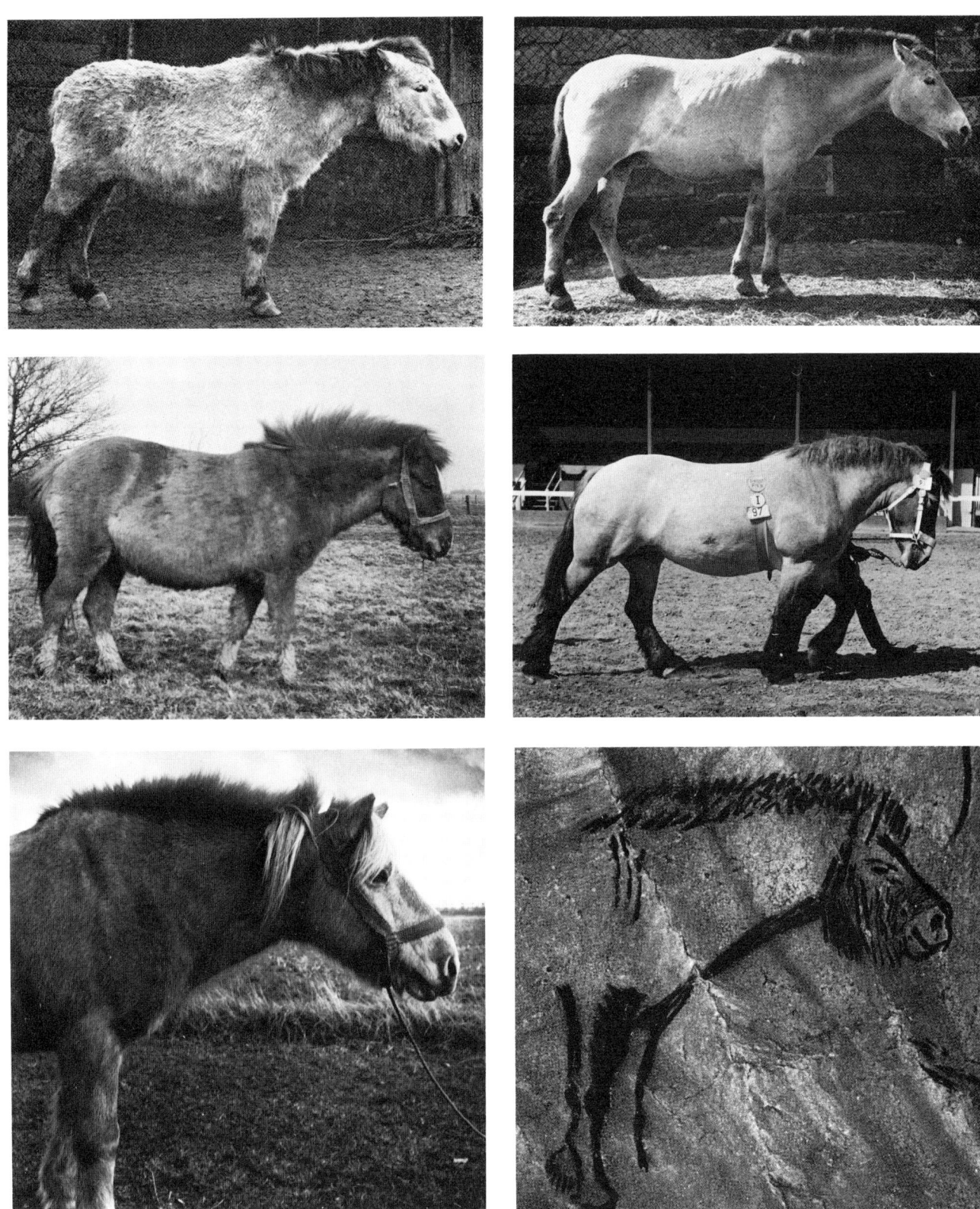

Pferde mit überwiegenden Merkmalen des Tundrenponys. Przwalskipferd im Winterkleid (oben links) und im Sommerhaar (oben rechts). Islandpony, schwerer Typ (Mitte links) und Kaltblutpferd (Mitte rechts). Islandpony heute (unten links) und Tundrenpony vor etwa 20 000 Jahren, Felsbild in der Höhle von Niaux, Frankreich (unten rechts)

Massiger Körperbau und überwiegende Vorhandbetätigung im Schritt sind auch Merkmale des schweren Zugpferdes, das sein Körpergewicht bei der Arbeit auf die Vorhand verlegt. Die Gliedmaßenfunktion des Tundrenponys hinterließ in heutigen Gebirgspferden die Gewandheit zum Klettern. In der Gangart Tölt des Islandponys mit Einzelaktion jeder Gliedmaße scheint sich das Gangverhalten des Urkaltblüters, Hochziehen der einzelnen Gliedmaße aus dem Sumpf, zu bestätigen. Zudem ist Töltveranlagung stets mit abschüssiger Kruppe gekoppelt.

Der Körperbau des Tundrenpferdtyps ist für reiterliche Verwendung wenig geeignet. Vor allem die unbiegsamen Ganaschen, der tiefgetragene Hals und das Gangvermögen widersprechen unserer Vorstellung vom Reitpferd. Dennoch wird die Pferdezucht auf die Vorzüge des Größenwachstums und der Knochenstärke nicht verzichten können.

Merkmale charakterlichen Erbgutes im Hauspferd sind Duldsamkeit und phlegmatische Gelassenheit. Pferde dieser Art zeigen kaum widersetzliches Verhalten. Sie lassen eher eine gewisse Kontaktfreude im Umgang mit dem Menschen vermissen. Der Beginn der Erziehung verlangt viel Geduld, will man das Tier zu fleißigem Vorwärtsgehen veranlassen. Sobald es eine Situation nicht versteht, zerrt es an der Leine unbeirrbar nach rückwärts und blickt den Menschen ängstlich an, analog zum Verhalten seines Vorfahren, der sich durch beharrliches Rückwärtsstreben aus dem Sumpfloch zu retten suchte. Eine Hilfsperson, ein Pferd zum Anführen und viel Geduld ohne Zwang führen meist am schnellsten zum Ziel.

Das ruhige Temperament, im Reitpferd oft unerwünscht, hat seine Vorzüge für den reiterlichen Anfänger. Der Freizeitreiter schätzt die überlegene Gelassenheit seines Ponys im morastigen und wasserreichen Gelände und auf verkehrsreichen Straßen. Den Ponyhalter erfreut die Bequemlichkeit seiner Lieblinge, die nicht durch tägliche stürmische Galoppaden die Grasnarbe der Koppel aufreißen und wenig Neigung zum Ausbrechen verspüren. Erbanteile des Urkaltblüters finden wir außer in der Kaltblutzucht und einigen Warmblütern auch im Haflingerpferd, im Fjordpferd, im Highlandgarron, im schweren Typ des Islandponys und in vielen anderen europäischen und asiatischen Ponyrassen. Eine noch lebende Steppenform des Tundrenpferdes verkörpert der schwere Typ des Przwalskipferdes, der jedoch nicht frei von Einmischungen mongolischer Hauspferde ist.

Urwildpferde des Südens

Die beiden südlichen Urformen verweilten im Laufe ihrer Entwicklung stets im Warmklima. Ihre Herkunft geht auf jene feingliedrigen Equiden zurück, die bereits im warmen Tertiär, noch vor den Urponys, aus Nordamerika in die südlichen Zonen Asiens und Afrikas einwanderten. Das Leben in andersartigen Umwelten prägte auch hier zwei verschiedene *Pferdeformen*, deren größere wiederum sich als Standwild ihrer engeren Umgebung anpaßte.

Das Ramskopfpferd. Das größere Südpferd bevölkerte vorwiegend Marschland- und Auewaldgebiete und später auch trockene Bergsteppen im nördlichen Bereich der Warmklimazone. Seine Verbreitung reichte von Asien über Südeuropa bis Nordafrika. Nach der Eiszeit wurde es aus seinem natürlichen Lebensraum verdrängt und zog sich in unzugängliche Sumpfgebiete oder felsiges Bergland zurück. Stark auf seine Umwelt spezialisiert zeigt es ein von den übrigen Urpferden abweichendes Herden- und Fluchtverhalten. In trockenheißen Bergland- und Steppengebieten entwickelten sich kleinere Unterformen.

Das schlanke, langgestreckte und hochwüchsige Südpferd ist der Vorfahr unserer großrahmigen Reit- und Springpferde. Die Widerristhöhe lag zwischen 170 und 180 cm. Nacheiszeitliche Formen maßen 150 bis 160 cm, und Steppenformen erreichten nur etwa 150 cm. Die Substanz der Kräuter und Pflanzen in der gemäßigten Zone war weicher als im Norden. Deshalb wurden die Kauwerkzeuge des Südpferdes weniger scharf beansprucht als die der Nordponys. Die Mahlzähne waren kürzer und die Schneidezähne wuchsen schräger nach vorn zum Schneide- und Rupfgebiß. Das saftige Gras wurde mit leichten ruckartigen Kopfbewegungen mehr abgerupft als abgezwickt. Durch den höheren Nährwert des Futters benötigten die Tiere geringere Mengen. So blieb das Darmvolumen des schmalen, aber tiefen Rumpfes kleiner und die Rippenwölbung flacher. Der in ganzer Länge konvex gebogene schlanke Ramskopf mit sehr langen Ohren, schmaler Stirn, schrägovalen Augen, die das Weiße sehen ließen, und langem Augen-Nüstern-Abstand besaß weniger hohe Nasenhöhlen als es zunächst scheinen mochte. Extrem kalte Atemluft, die erwärmt werden mußte, war nicht vorhanden. Der lange Hals begann in einem hohen Widerrist und ging mit tief ausgeschnittenem Kehlgang in den Kopf über. Der sehr lange Rücken endete in einer abschüssigen Kruppe. Die Schulter war lang und ermöglichte hochausgreifende Bewegungen. Hohe Gliedmaßen mit langen Röhrbeinen, weichen Fesseln und hohen schmalen Hufen vollendeten das Erscheinungsbild des Urpferdes. Bergiges Gelände mit festen Hindernissen, wie Felsbrocken und Dorngestrüpp, die fortwährend übersprungen werden mußten, forderte die Hinterhand zu vermehrter Schubkraft. Der überwiegende Hinterhandantrieb entwickelte ein hervorragendes Springvermögen. Die lange Ramskopfform ist ein Ergebnis der Freßgewohnheit. Gehaltvolle Blätter und saftige Kräuter wurden von den senkrecht aufeinanderdrückenden langen Kiefern nur

Seite 37. Pferderassen mit dem Erbe des großwüchsigen Ramskopfpferdes. Rückgezüchtetes Sorraiapferd in Portugal, es gleicht dem Erscheinungsbild seines Urahnen (oben links). Marokkanisches Berberpferd gegen Ende des 19. Jahrhunderts (oben rechts). Kladruberpferd in Böhmen Ende des 19. Jahrhunderts (Mitte links). Achal-Tekkinerpferd heute (Mitte rechts). Englischer Vollblüter um die Jahrhundertwende (unten links). Hannoversches Pferd heute (unten rechts)

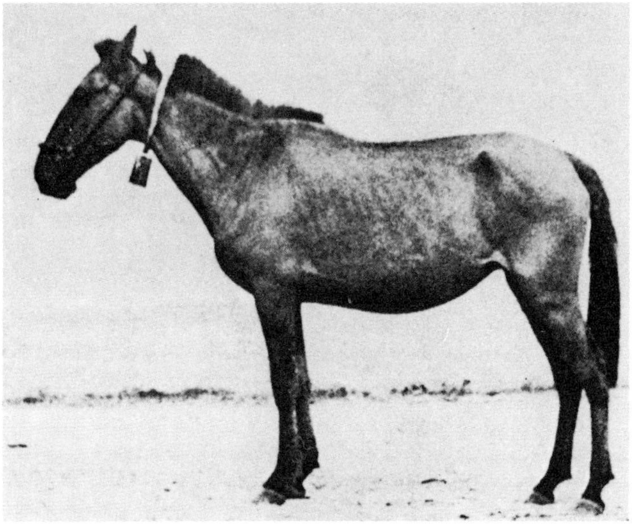
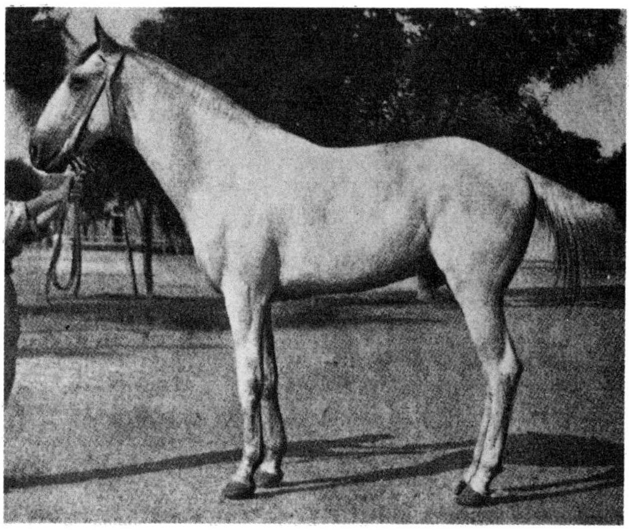
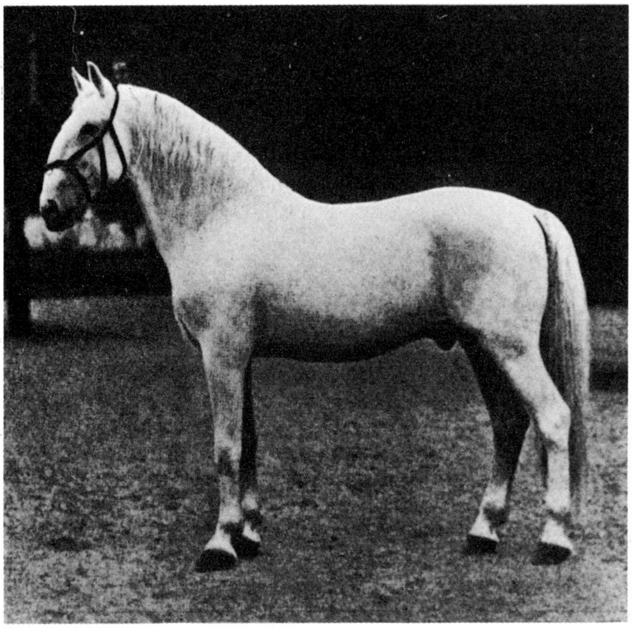
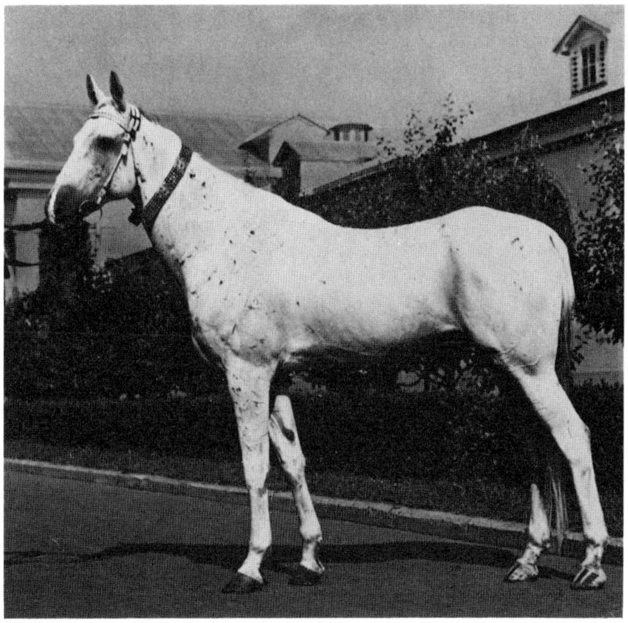
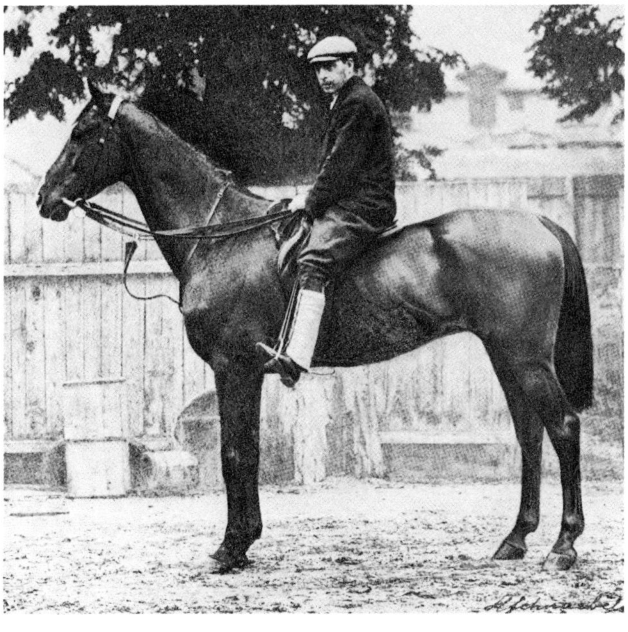
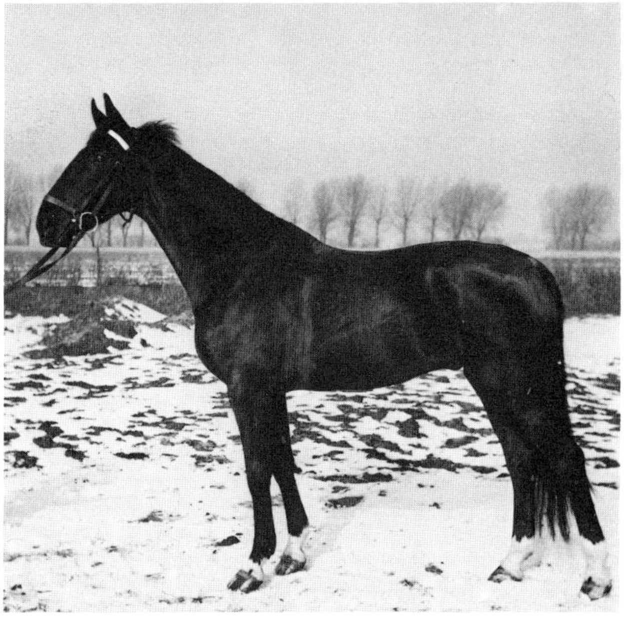

zerquetscht. Die kurzen Kiefer der Nordponys dagegen zerrieben hartes Gras durch geringe waagerechte Verschiebung, um auch den letzten Nährstoff herauszuholen.

Die Haarfärbung war vermutlich grau mit dunklem Langhaar, Aalstrich und Querstreifen an den Beinen. Das Fell war dünner und glatter als das der Nordponys und veränderte sich zu den Jahreszeiten nur wenig. Das feuchtere Klima begünstigte den Wachstumsreiz zur Fallmähne. Die Steppenform variierte in Angleichung an ihre trockene Umgebung zur Falbfarbe mit Stehmähne.

Der Nahrungsreichtum der gemäßigten Zone machte jahreszeitliche Fernwanderungen überflüssig. Kleine Ausflüge innerhalb eines bevorzugten Gebietes führten stets zu ergiebigen Weideplätzen. Das ramsköpfige Südpferd wurde Standwild. Der Futterreichtum verführte die Tiere zu weiter Streuung. Sie grasten vereinzelt oder in kleinen Gruppen auf engem Radius. Die Auflösung des Herdenverbandes, in dessen Gemeinschaft viele aufmerksame Gefährten für Sicherheit sorgten, verlangte von jedem Tier nunmehr ständige erhöhte Wachsamkeit und notfalls Verteidigung seiner selbst. War es dem Feind gelungen, die Fluchtdistanz zu unterschreiten, erhob das Ramskopfpferd die Vorhand und griff mit Zähnen und Vorderhufen an. Die einzelgängerischen Altstuten führten neben ihrem Saugfohlen höchstens zwei ältere weibliche Jungtiere und verteidigten die Tagesweide futterneidisch gegen ihre Artgenossen. Die Hengste lebten zusammen mit dem männlichen Nachwuchs isoliert und fanden sich, wie etwa die Elche, nur im Frühjahr zur Deckperiode bei den Stutenfamilien ein.

Das Urpferd der gemäßigten Zone hinterließ sein Erbe weitgehend im reingezüchteten Berberpferd Nordafrikas und überdies in allen ramsköpfigen und vielen großwüchsigen Pferderassen. Die Leistungen heutiger Sportpferde geben Zeugnis davon. Schubkraft und Bau der Hinterhand lassen Springpferde über Hindernisse fliegen, die ihre eigene Körpergröße überragen. Einer der Stammväter der englischen Vollblutzucht war der marokkanische Berberhengst Godolphin Barbe. Der schnittige Körperbau, die überlangen Hintergliedmaßen und ein tiefer Brustraum mit großem Herzen und dehnfähigen Lungen befähigen das

---

Seite 39. Neapolitanische Pferde des 17. Jahrhunderts beeinflußten die Pferdezuchten Europas. Ohne ihr Erbe wären die heutigen Dressurreitpferde undenkbar (oben). Die Aggressionslust des Neapolitaners wurde durch Ausbildung systematisch genutzt. Er sollte den berittenen Soldaten im Kampf unterstützen. „Reizübungen" zum Auskeilen nach hinten (Mitte). Der marokkanische Berberhengst Godolphin Barbe war ein Stammvater der englischen Vollblutzucht. Er kam um 1734 nach England (unten links). Eclipse, berühmtestes englisches Rennpferd, lebte um 1770 (unten rechts). Beide Vollblüter waren als aggressiv bekannt, auf den zeitgenössischen Bildern durch drohend angelegte Ohren gekennzeichnet

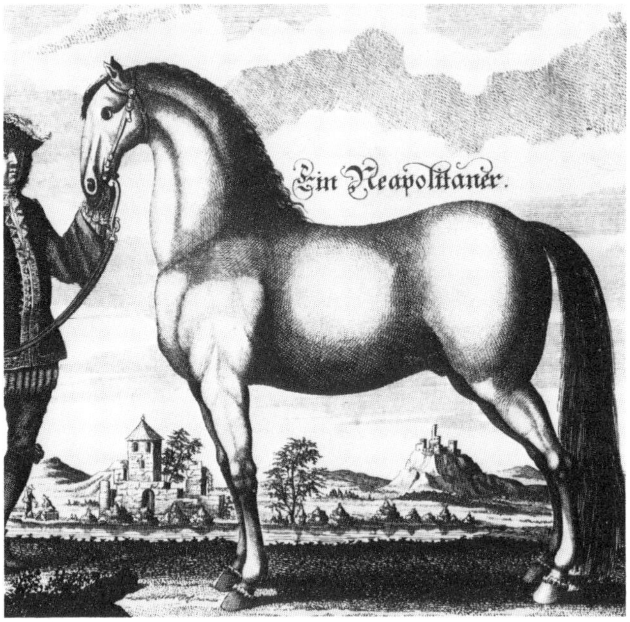
Ein Neapolitaner.

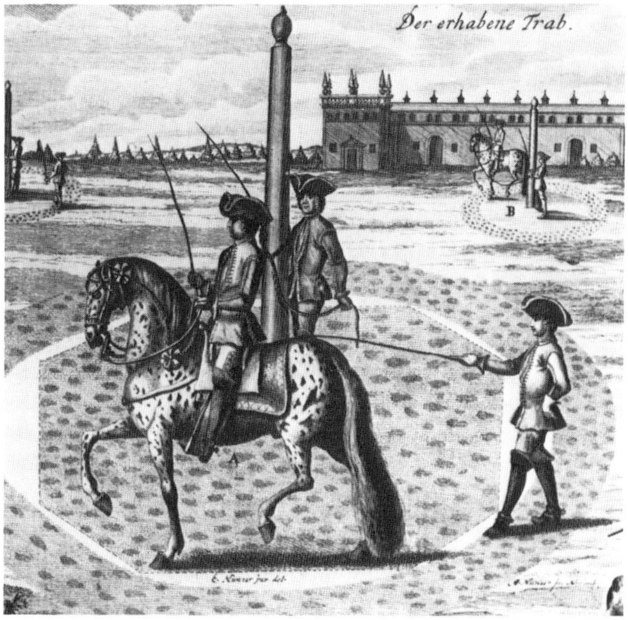
Der erhabene Trab.
A
B

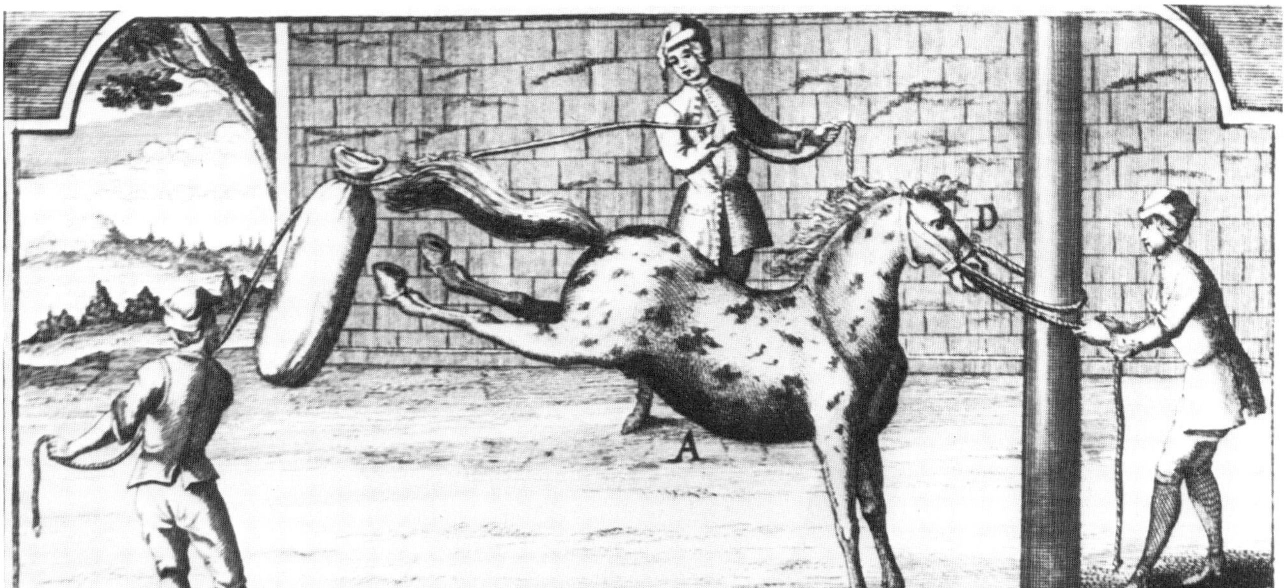
D
A

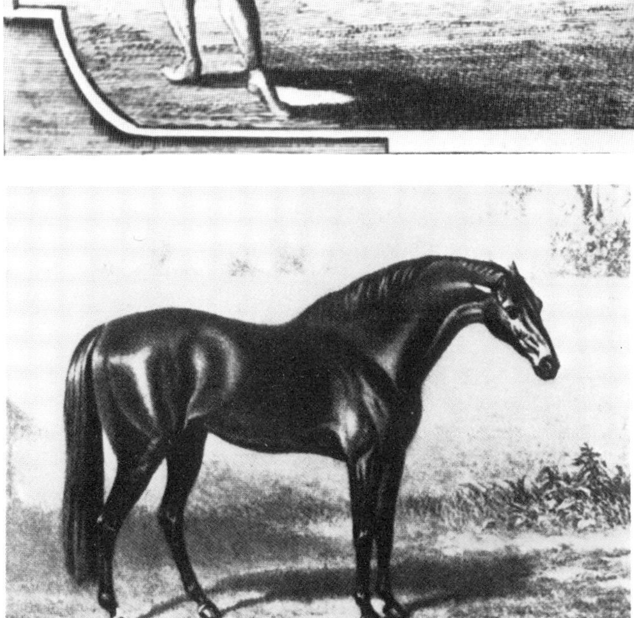

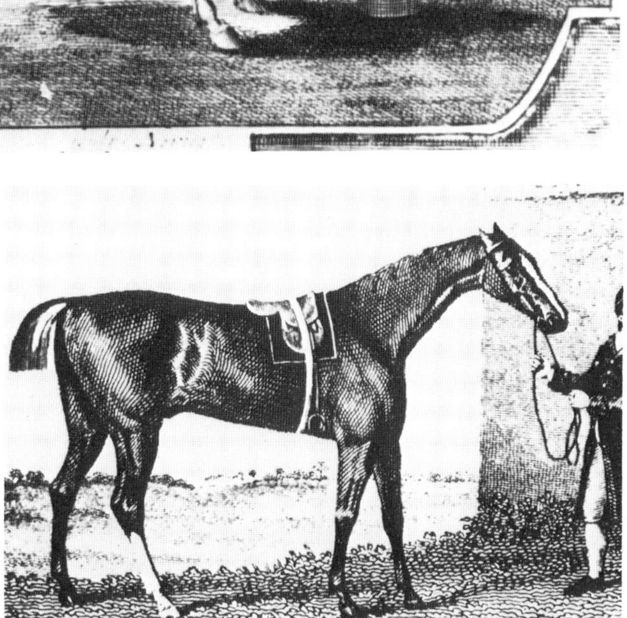

großrahmige Vollblutpferd zu großer Schnelligkeit. Turan in Mittelasien ist ein Zentrum der Vollblutzucht des Ostens, wo das Erbe des großen Südpferdes, wenn auch mit Araberblut vermischt, im Achal-Tekkinerpferd systematisch weitergezüchtet wird. Byerly-Turk, ein anderer Stammvater der englischen Vollblutzucht, war vermutlich ein Turkmenenpferd.

Im Westen war die spanische Pferdezucht, namentlich die Andalusierrasse, entscheidend durch das Berberpferd geprägt. Um größere Dressurreitpferde zu erhalten, begann man in Neapel zu Anfang des 16. Jahrhunderts mit der Zuchteinmischung spanischer Pferde, die wenig später als Neapolitaner Weltruhm erlangten. Die Reitmeister Federigo Griso und Pasquale Caracciolo verfaßten Dressuranleitungen und gründeten renommierte Reitschulen, die den Fürstenhäusern Europas als Ausbildungsstätten dienten. Der Neapolitaner stand in dem Ruf, das fähigste Dressur- und Streitroß zu sein. Viele Gestüte waren bestrebt, die begehrten Eigenschaften auch in ihre Zuchten einzubringen. Relikte dieser züchterischen und reiterlichen Tradition haben sich in den Lippizanern und der Spanischen Reitschule erhalten. Die Kunst der Hohen Schule gründet auf den vererbten Eigenschaften des Neapolitaners.

Futterneid, Unverträglichkeit und Angriffslust sind Merkmale im charakterlichen Erbgut dieser Urpferdeform, die dem Menschen Schwierigkeiten bereiten. Diese Tiere sind nicht grundsätzlich bösartig, sie werden aber durch falsche Behandlung, die nicht ihrem Urverhalten entspricht, leicht zum Widerstand gereizt. Vielleicht mag einst das Geltungsbedürfnis von Stammesoberen, durch Überragen der übrigen Reiter ihrer Persönlichkeit ein denkmalähnliches Image zu verleihen, der Grund für die Zähmung dieses großen schwierigen Pferdes gewesen sein. Sicher aber schätzte der Krieger die Angriffslust seines Streitrosses, das ihn durch Auskeilen mit den Vorder- und Hinterhufen im Gefecht unterstützte und seinen Leib durch Heben der Vorhand vor den Waffen des Feindes schützte. Der fehlende Herdentrieb des einzelgängerischen Urpferdes ließ das im Kampf so verderbliche Kleben nicht aufkommen. Der Überlieferung zufolge soll das Berberpferd in frühhistorischer Zeit ein ebenbürtiger Gegner des Löwen gewesen sein.

Laien ist vom Umgang mit Nachfahren des schwierigen Ramskopfpferdes abzuraten. Diese sind nur durch sachkundige Behandlung, die ihre Verhaltensnormen berücksichtigt, zu willigen Gefährten zu erziehen. Züchterischen Bemühungen gelang es, die negativen Eigenschaften aus manchen Rassen zu verdrängen. Über den Berber, den Andalusier und den Neapolitaner kam das Südpferderbe in den großrahmigen Vollblüter, in bestimmte Zuchtlinien des Lippizaners, in den Frederiksborger, den Hannoveraner, den Holsteiner und in viele andere Warmblutzuchten. In Portugal gelang es, das Urpferd im rückgezüchteten Sorraiapferd wiedererstehen zu lassen.

Der Urvollblüter. Als das kleinere der beiden Südpferde in der ersten Pferdegruppe aus dem warmtertiären Nordamerika durch Asien und den Orient bis nach Nordafrika einwanderte, fand es stets die nahezu gleichen Lebensbedingungen vor. Es mußte sich nicht einer andersartigen Umwelt anpassen und bewahrte annähernd sein ursprüngliches Erscheinungsbild. Das feuchtwarme Klima bot üppigen Pflanzenwuchs. Vom Ende des Tertiärs bis zur Eiszeit, viele Jahrzehntausende vor der Einwanderung der nördlichen Ponygruppe nach Eurasien, bevölkerte das kleine Südpferd bereits die subtropische Zone der Alten Welt. Als jedoch mit dem Ende der Eiszeit die Gletscher zurückwichen und die Temperaturen stiegen, verdorrte der einst so fruchtbare Lebensraum des kleinen Urpferdes. Es war gezwungen, sich den Lebensbedingungen der entstehenden Wüste anzupassen. Mit klimatischen Wärmeschwankungen gelangte es gelegentlich nach Europa und begegnete dem weit umherstreifenden Urpony des Nordens. Aus der zeitweiligen Verschmelzung dieser beiden Urpferde im

Wildzustand nach der Eiszeit ging der Tarpan, ein europäisches Wildpferd, hervor. Sicher haben dann in historischer Zeit Einmischungen entlaufener Hauspferde stattgefunden. Der mausgraue Tarpan bevölkerte vorwiegend die Steppen Südrußlands. Das letzte wilde Exemplar soll im neunzehnten Jahrhundert erlegt worden sein. Noch heute sind unter polnischen Koniks und Panjepferden viele tarpanähnliche Tiere anzutreffen. Durch gezielte Rückzüchtungen versucht man das Erscheinungsbild des Tarpans zu rekonstruieren.

Merkmale des zierlichen und temperamentvollen Urpferdes sind in allen araberähnlichen Pferden vertreten. Die Widerristhöhe betrug 115 bis 120 cm. Nahrungsreichtum und Konsistenz der Pflanzen erforderten weder robuste Kauwerkzeuge noch kräftige Verdauungsorgane. Schmale Kiefer mit kleinen kurzen Mahlzähnen zerkleinerten mühelos die weichen Kräuter. Mit den schräg gewachsenen Schneidezähnen wurde das Futter gerupft. Die Nahrung war so gehaltvoll, daß jeweils geringe Mengen ausreichten. Das Darmvolumen blieb klein. Das grazile Erscheinungsbild des Urvollblüters glich einer Gazelle. Der kurze konkav gebogene Kopf mit kleinen, nach innen geschweiften Ohren war markant und trocken geformt. Die großen hervorstehenden Augen erweiterten den Blickwinkel nach hinten. Die beweglichen dehnfähigen Nüstern waren auf feinste Witterung eingerichtet. Ein schlanker hochaufgesetzter Hals ging in einen hohen Widerrist über. Der kurze Rücken und die waagerechte Kruppe deuteten auf hochentwickeltes Galoppiervermögen. Der hochangesetzte Schweif begünstigte die Luftzufuhr zur Trocknung und Kühlung der Analgegend in heißem Klima. Die Schulter war steil und lang. Die feinknochigen, relativ langen Gliedmaßen endeten in kleinen festen Hufen. Das unübersichtliche Gelände verlangte schnelle Reaktion zum Überleben. Vor anschleichenden Raubtieren schossen die Urpferde aus dem Stand im Schnellspurt davon. Nur der geschwind einsetzende Galopp verhieß Rettung und wurde so die bevorzugte Gangart. Der absolute Hinterhandantrieb in der Gangmechanik bewirkte eine steile Halsaufrichtung. Das Fell des Urpferdes war dünn und seidig und zeigte keine jahreszeitlichen Veränderungen. Vermutlich war die Isabellfarbe vorherrschend.

Seite 43. Pferde mit Merkmalen des Urvollblüters. Saqlawiaraber (oben links). Kuhaylanaraber (oben rechts). Zierlicher Vollblüter (Mitte links). Frederiksborger Hengst (Mitte rechts). Historische Darstellungen von Nachfahren des Urvollblüters. Etruskisches Fresko aus dem 5. Jahrhundert v. Chr. (unten links). Das griechische Basrelief (unten rechts) ist älter und stammt aus der Zeit vor der klassischen Periode

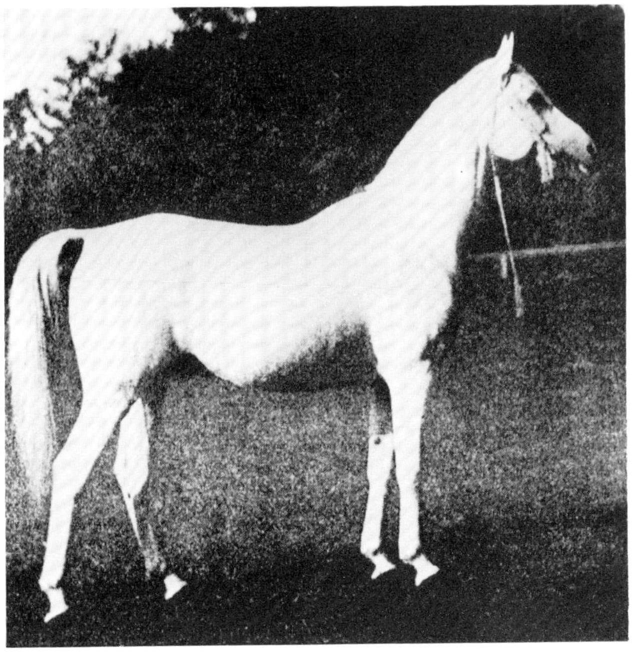
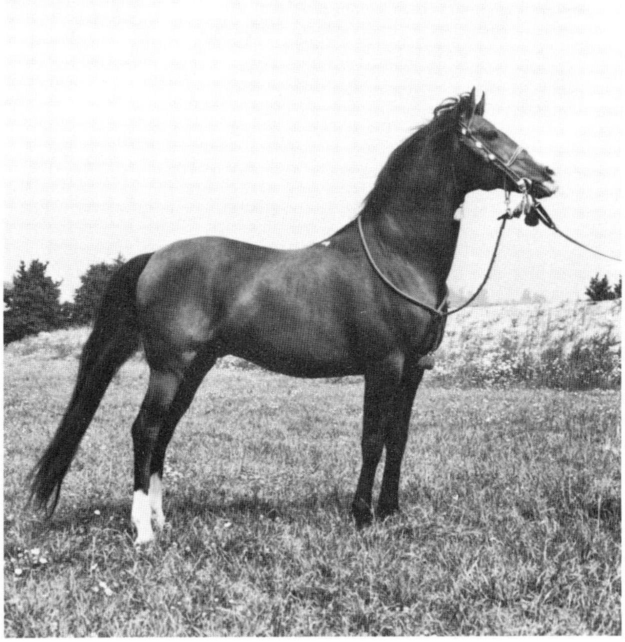
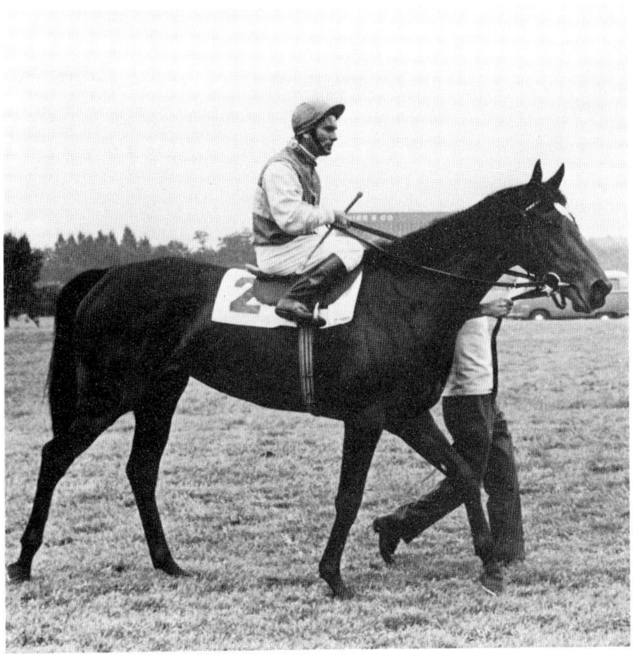
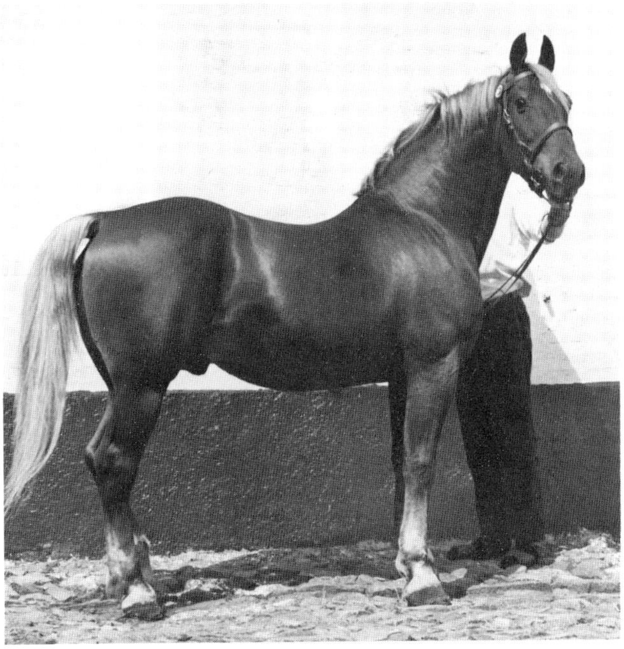
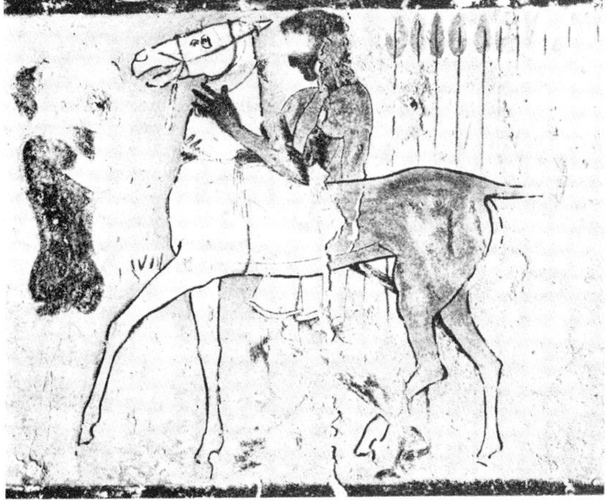
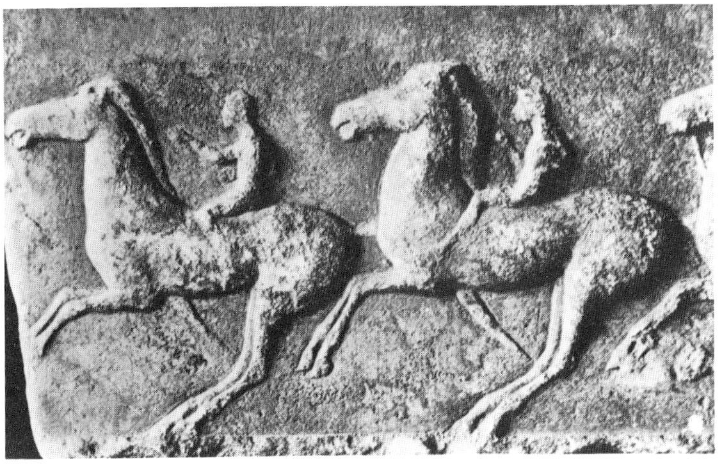

Vor ungefähr 12 000 Jahren setzte das Ende der Eiszeit endgültig ein. Mit dem Temperaturanstieg wandelten sich einstmals fruchtbare, subtropische Landstriche zur Wüstensteppe. Üppiger Pflanzenwuchs trat nur noch in Oasen oder nach Regenfällen auf. Seit vielen hunderttausend Jahren an feuchte Wärme gewöhnt, mußte sich der Urvollblüter nun allmählich an trockenheißes Klima anpassen. Zu Beginn der Umentwicklung stellte er zunächst seine Funktionen auf die neuen Verhältnisse ein. Er lernte, wie kein anderes Pferd, mit erhobenem Kopf Feuchtigkeit auf große Entfernung zu wittern und bildete seinen kurzfristigen Schnellstart zu ausdauerndem Langstreckengalopp. In diesem Stadium geriet das Urpferd in den Dienst des Menschen.

Pflanzennahrung für die Huftiere der Wüstensteppe fand sich meist nur an den spärlich verteilten Wasserstellen oder nach Regenfällen. Große Herden konnten sich nicht ausreichend ernähren, nur kleine Gruppen hatten Überlebenschancen. Die kleinen südlichen Urpferde wurden Fernstrichwild, das über weite Entfernungen den Regenfällen folgte, die frischen Pflanzenwuchs verhießen. Sie zeigten große Kontaktfreude untereinander und waren auf engen Zusammenhalt bedacht. Wenige Tiere bildeten einen Familienverband, der auch die Junghengste einschloß. Der erfahrene Leithengst war rastlos um die Sicherheit seiner Familie bemüht und sah auf strenge Disziplin. Er schritt erst zur Nahrungsaufnahme, wenn seine Tiere längst damit begonnen hatten. Sie empfanden keinerlei Futterneid, und auch das Verhalten der Hengste zueinander war äußerst friedfertig. Bei Gefahr flohen alle im schnellsten Galopp gegen den Wind ohne Wiederkehr. Dabei umkreiste der Leithengst mehrmals seine kleine Herde und trieb die einzelnen Tiere immer wieder durch Anstoßen mit dem Maul zur Eile an. Schließlich übernahm er die Führung.

Das Urpferd der subtropischen Zone ist der Stammvater vieler Pferderassen in Südasien, im Orient und in Nordafrika. Ausgrabungen ließen erkennen, daß die Kelten auf ihrer großen Wanderung zwischen 800 und 400 v. Chr. aus dem Donauraum nach Spanien noch das fast reine, aber bereits gezähmte Urpferd mit sich führten. Es ging unter der Bezeichnung Keltenpony in die Geschichte ein. In jüngster Zeit entdeckte man am Südufer des Kaspischen Meeres ein kleinwüchsiges, bodenständiges Pferd, das mit dem Urahnen nahezu identisch ist. Auch im Saqlawiaraber ist das Erbgut ziemlich rein erhalten. Wenngleich der Wüstenaraber nicht als Reitpferdideal des modernen Sportes gilt, vererbt er doch Eigenschaften, ohne die unsere Sportpferde ihre Leistungen nicht erbringen könnten. Der zierliche Typ des heutigen Vollblutrennpferdes, dessen Stärke der Schnellspurt über kurze Strecken ist, erinnert an das fliehende Urpferd der subtropischen Zone. Gelehrigkeit, rasche Auffassungsgabe und flinkes Reaktionsvermögen sind Merkmale, die als Zusatz in der Zucht schwerfälliger Pferde geschätzt sind. Nicht zuletzt ist das hübsche Erscheinungsbild des

Arabers Ursache weltweiter Verbreitung in den Zuchten als eingekreuzter Veredler. Alle Pferderassen, die mit den Begriffen Vollblut, Adel, Nerv, Schnelligkeit und Temperament in Verbindung gebracht werden, tragen das Erbe des südlichen Urpferdes.

Das charakterliche Erbgut erweist sich als sehr günstig im Umgang mit dem Menschen. Die einstmals innige friedfertige Bindung im kleinen Familienverband fand ihren Niederschlag im allzeit gutartigen, kontakfreudigen und anhänglichen Wesen des Saqlawi- und Kuhaylanarabers. Aber auch Sensibilität und Furchtsamkeit sind Merkmale dieser Pferde, die besonders das Wasser scheuen. Der Ausbilder hat zu Beginn der Erziehung kaum mit Schwierigkeiten zu rechnen. Nach anfänglicher Ängstlichkeit setzt alsbald Vertrauen ein und die Tiere begreifen rasch, was der Mensch von ihnen verlangt. Die steile Halsaufrichtung des Galoppferdes gepaart mit der fast waagerechten fernwitternden

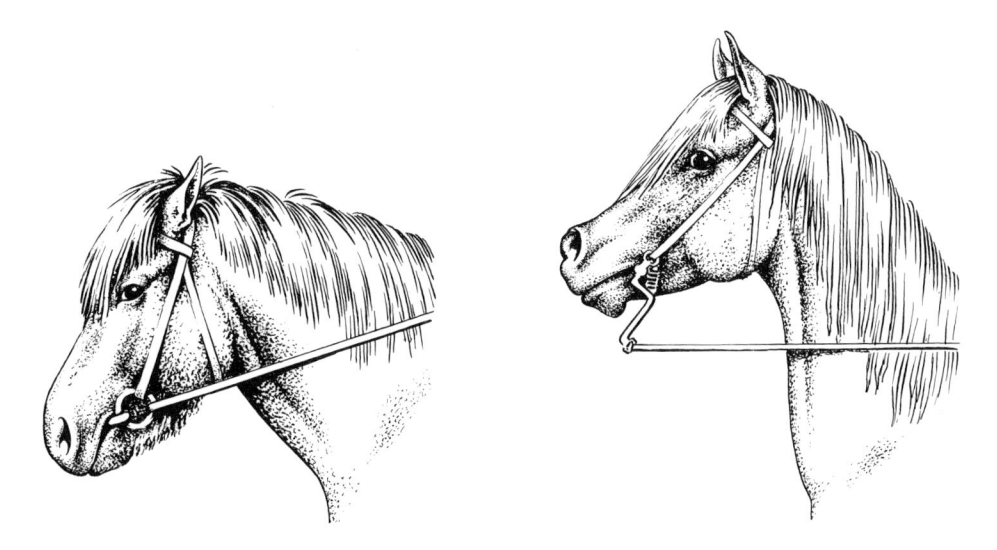

Im Domestikationsbereich der Nordponys lenkte der Reiter sein Pferd mit der Trense (links). Die höhere Kopfhaltung der Südpferde aber ließ ihn die Kandare erfinden (rechts)

Kopfhaltung des Wüstentieres gab dem orientalischen Reiter einst die Frage auf, wie denn nun sein Pferd zu lenken sei. Eine Trensenzäumung wäre wenig wirksam gewesen. Er löste das Problem, indem er die Kandare erfand. Die Hebelarme dieses Instrumentes verlängerten den Pferdekopf nach unten und erleichterten die Lenkbarkeit seines wendigen Renners.

Die arabische Vollblutzucht Europas unterscheidet drei Haupttypen, die jedoch selten ganz rein auftreten. Mehr oder weniger stark sind in einem Tier fast immer auch Merkmale des einen oder anderen Typs enthalten. Der arabische

Seite 46. Die gedrungenen, kräftigen und groben Kopfformen der Nordponys. Exmoorpony (oben links) und Przwalskipferd (oben rechts). Die schlanken und zierlichen Kopfformen der Südpferde. Sorraiapferd (unten links) und Araberpferd (unten rechts)

Seite 47. Saqlawiaraber vor 150 Jahren (oben links) und heute (oben rechts). Kopf des Muniqiarabers, er verrät das Erbe des Ramskopfpferdes, gebogene Stirn und langer Augen-Nüstern-Abstand (Mitte links) und des Saqlawiarabers mit der geradezu gegenteiligen Hechtkopfform (Mitte rechts). Zwei der drei berühmten Stammväter der englischen Vollblutzucht: Darleys Arabian, Araberhengst im Muniqityp, kam um 1706 nach England (unten links) und Beyerley Turk, wahrscheinlich ein Turkmenenhengst, kam um 1689 nach England (unten rechts)

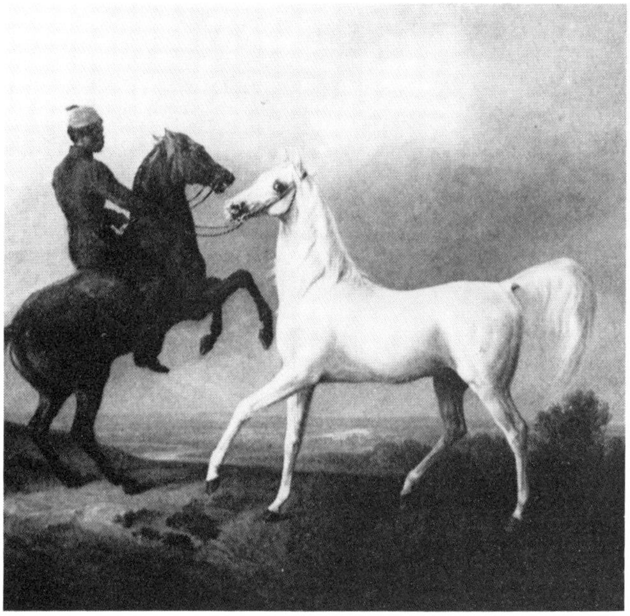
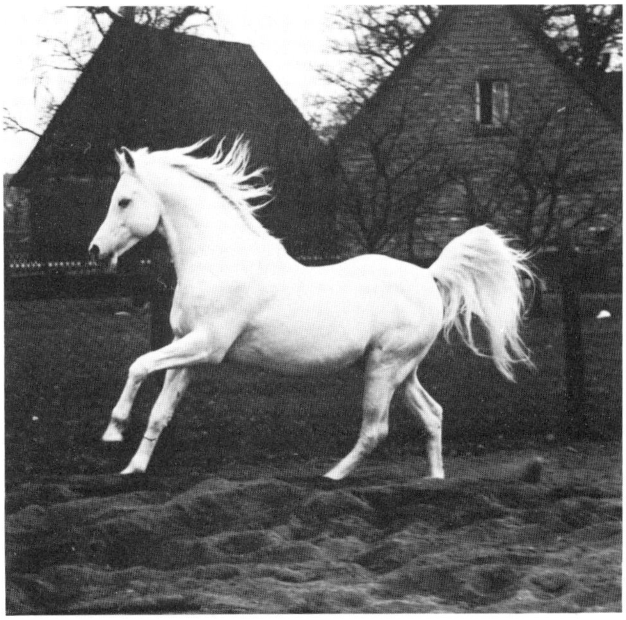
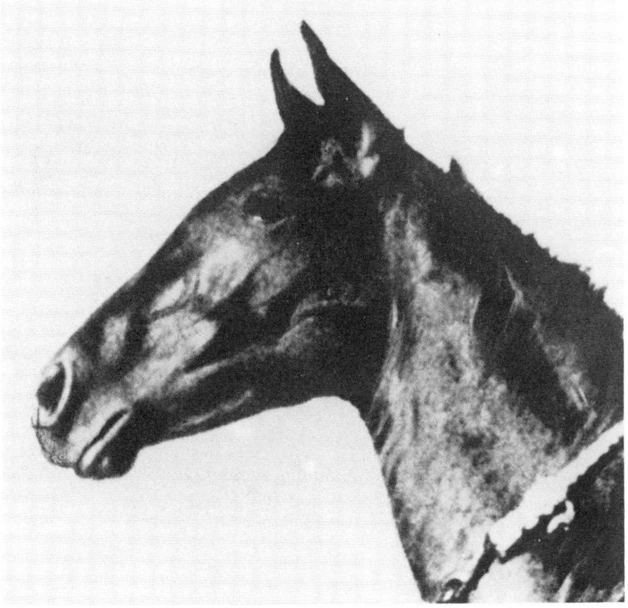
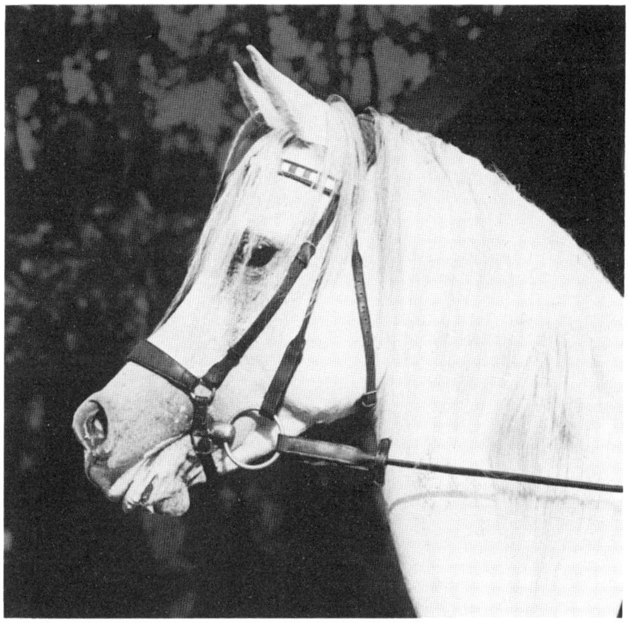
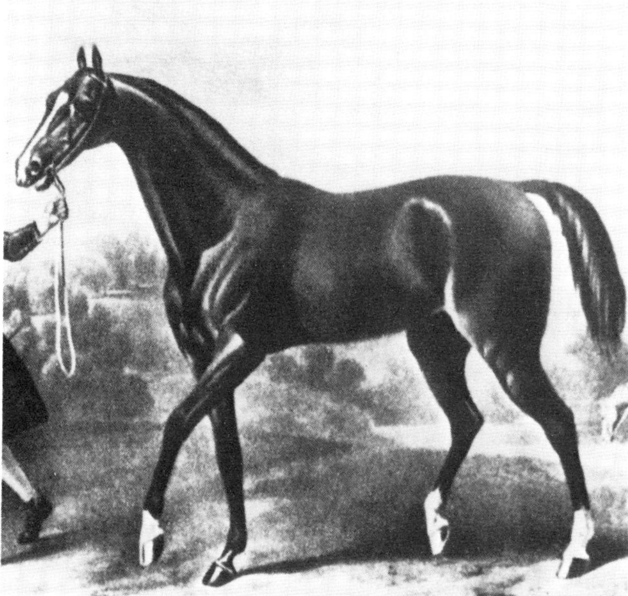
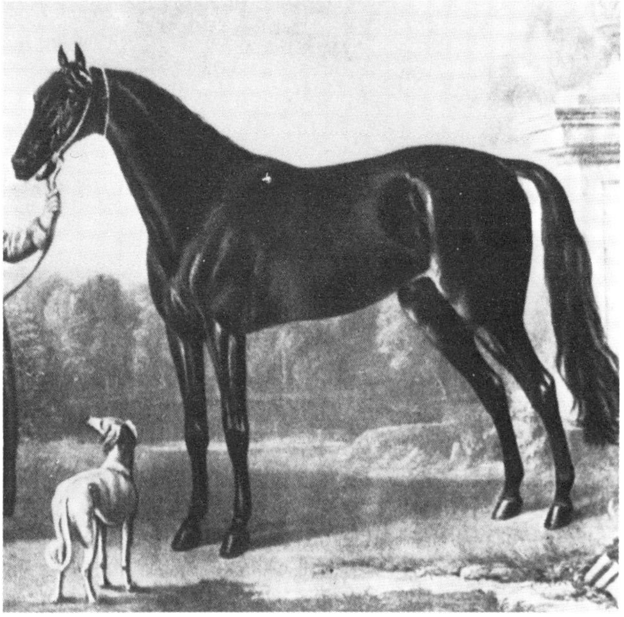

Urwildpferde der Eiszeit

Urpony

Tundrenpony

Im plumpen, grobförmigen Schädel des Tundrenponys entwickelten sich lange Mahlzähne, die eine hohe Lebensdauer besaßen. Es hatte härtestes Futter zu zerkleinern. Die Schneidezähne trafen nahezu senkrecht aufeinander und kniffen das Gras wie eine Kneifzange fast ohne ruckhafte Kopfbewegung ab. Die kräftigen Gliedmaßen hatten breite Gelenke, die Röhrbeine zeigten quergeschnitten eine querovale Form. Das Urpony besaß in verkleinerter Form die gleichen Merkmale (unten)

Im zierlichen, gazellenhaften Schädel des Urvollblüters wuchsen nur kurze Mahlzähne, die aber dennoch ein langes Leben gewährleisteten, weil sie nur weiche Kräuternahrung zu zerquetschen hatten. Die Schneidezähne standen schräg nach vorn und rupften die Blätter wie eine Pinzette ab, unterstützt durch eine ruckhafte Kopfbewegung. Die Gliedmaßen hatten schmale Gelenke, und die Röhrbeine waren im Querschnitt rund. Das Ramskopfpferd zeigte in vergrößerter Form die nahezu gleichen Merkmale (Seite 49 unten)

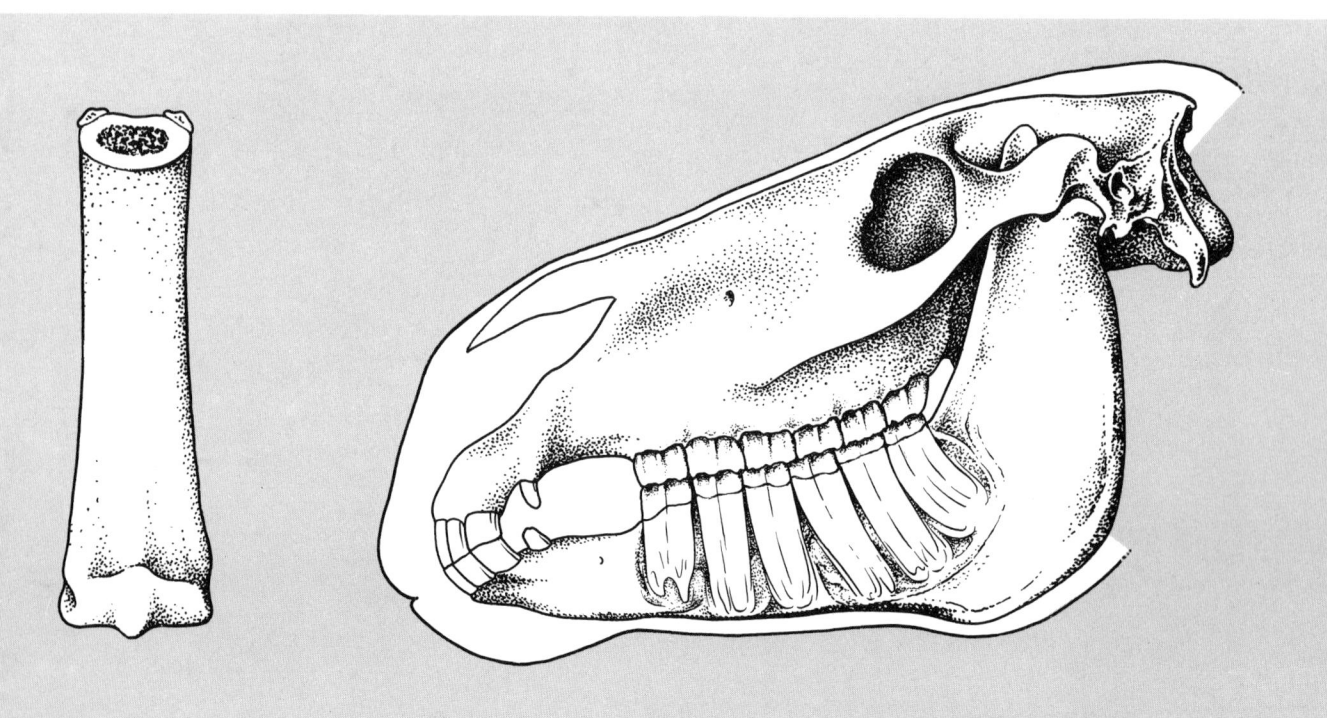

Ramskopfpferd  **Urvollblüter**

	Urpony	Tundrenpony	Ramskopfpferd	Urvollblüter
Gangmechanik:	Trabpferdtyp	Schrittpferdtyp	Springpferdtyp	Galopppferdtyp
Besonders hervorstechende Eigenschaft	Ausdauer	Genügsamkeit	Angriffslust	Schnelligkeit
Reaktion auf menschliches Verhalten:	Sehr vorsichtig und wach	Unempfindlich bis stur	Furchtlos und aggressiv	Sehr sensibel und furchtsam
Zuwendung zum Menschen:	Pfiffig kontaktfreudig	Passiv und kontaktarm aber gutmütig	Abwehrend	Kontaktfreudig bis anhänglich

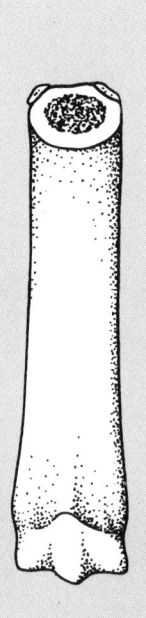

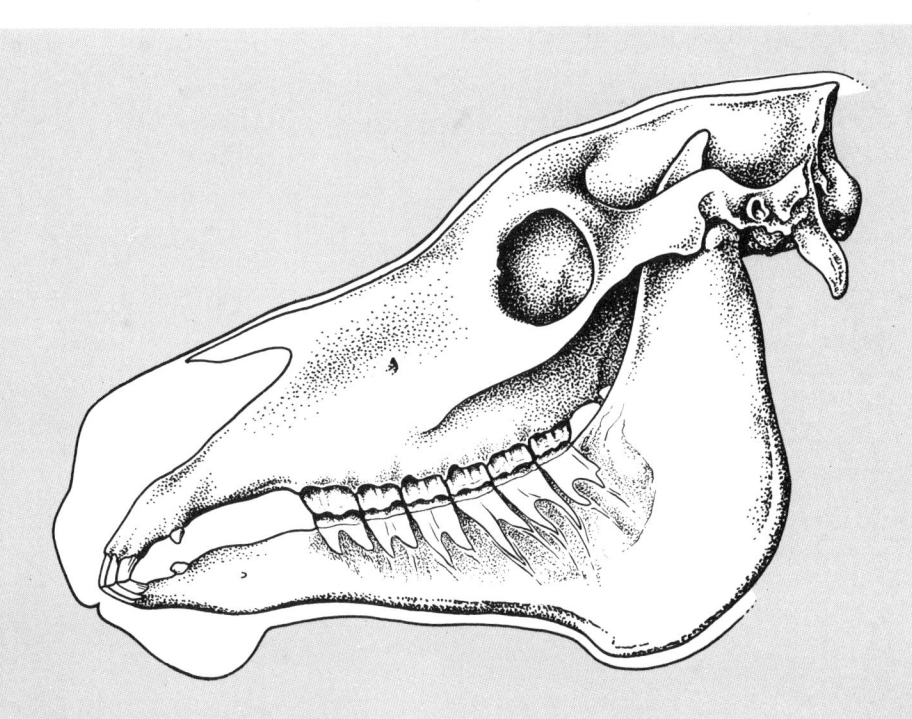

Züchter freilich akzeptiert die von Europäern aufgestellte Unterscheidung nicht. Für ihn gilt seine ganz individuelle Ansicht über die direkte Linie reinen Blutes. Der Saqlawiaraber ist dem Urpferd am ähnlichsten. Die breitere Stirn, das kräftigere Fundament, die häufig braune Fellfarbe und die größere Ausdauer des Kuhaylanarabers lassen erkennen, daß einst Vermischungen mit dem Urpony erfolgten. Der Muniqiaraber jedoch unterscheidet sich erheblich von den beiden vorgenannten Typen. Größenwachstum, Kopfform und Verhalten weisen deutlich auf starke Einmischungen des ramsköpfigen Urpferdes hin. Der Muniqiaraberhengst Darleys Arabien ist ein Stammvater der englischen Vollblutzucht.

Bilder der Eiszeit

Die Urpferde erfuhren ihre letzte entscheidende Ausprägung während der auf- und abklingenden Eiszeiten, die sich wahrscheinlich über einen Zeitraum von insgesamt 600 000 Jahren erstreckten. Fundorte fossiler Skelettfragmente und deren Einlagerung in bestimmte Erdschichten ermöglichten Datierungen über das Leben der Urpferde dieses Zeitalters. Von der Vergangenheit des Pferdes zeugen aber auch Relikte der frühesten Kunst der Menschheitsgeschichte. Auf Fels gemalte und gezeichnete und in Stein und Knochen geritzte Darstellungen von Urwildpferden entstanden gegen Ende der Eiszeit, ungefähr 30 000 bis 10 000 v. Chr. Der künstlerisch interessierte Betrachter ist ergriffen von der zeitlosen Schlichtheit und Monumentalität dieser Bilder, die mit einfachsten Mitteln ein Höchstmaß an Ausdruckskraft erreichen.

Für den Eiszeitmenschen mag der ständige Wunsch nach reicher Beute vorherrschend gewesen sein. Sie bedeutete Nahrung und Überleben. So liegt es nahe, daß sich dieses Begehren in den Bildern niederschlug. Die Künstler gestalteten fette Pferde und häufig sogar tragende Stuten, die vielleicht einen Fruchtbarkeitszauber verkörpern sollten. Die Köpfe der gemalten Pferde sind meist zu klein. Sie wurden wahrscheinlich als Jagdbeute nicht benötigt und in den Bildern vernachlässigt.

Seite 51. Prähistorische Darstellungen von Urwildpferden.
1 = Urponytyp. a Höhle Les Combarelles, Frankreich. b Höhle Peña da Candamo, Spanien. c Kapowa Höhle, Ural, Sowjetunion. d Höhle Le Portel, Frankreich.
2 = Tundrenponytyp. a Höhle La Madeleine, Frankreich. b Höhle La Pasiega, Spanien. c Schweizersbild bei Schaffhausen, Schweiz. d Höhle Les Combarelles, Frankreich.
3 = Ramskopfpferdtyp. a Lontal, Württemberg, Deutschland. b Höhle La Pileta, Spanien. (Alle Bilder etwa 30 000–10 000 v. Chr.). c Aravanfelsen bei Ferghana, Sowjetunion. d Tassili-Ahaggar-Plateau, Zentralsahara. (Beide Bilder 1. Jahrtausend v. Chr.).
4 = Urvollblütertyp, Fezzan, Acacusgebirge, Nordafrika (etwa 6 000 v. Chr.)

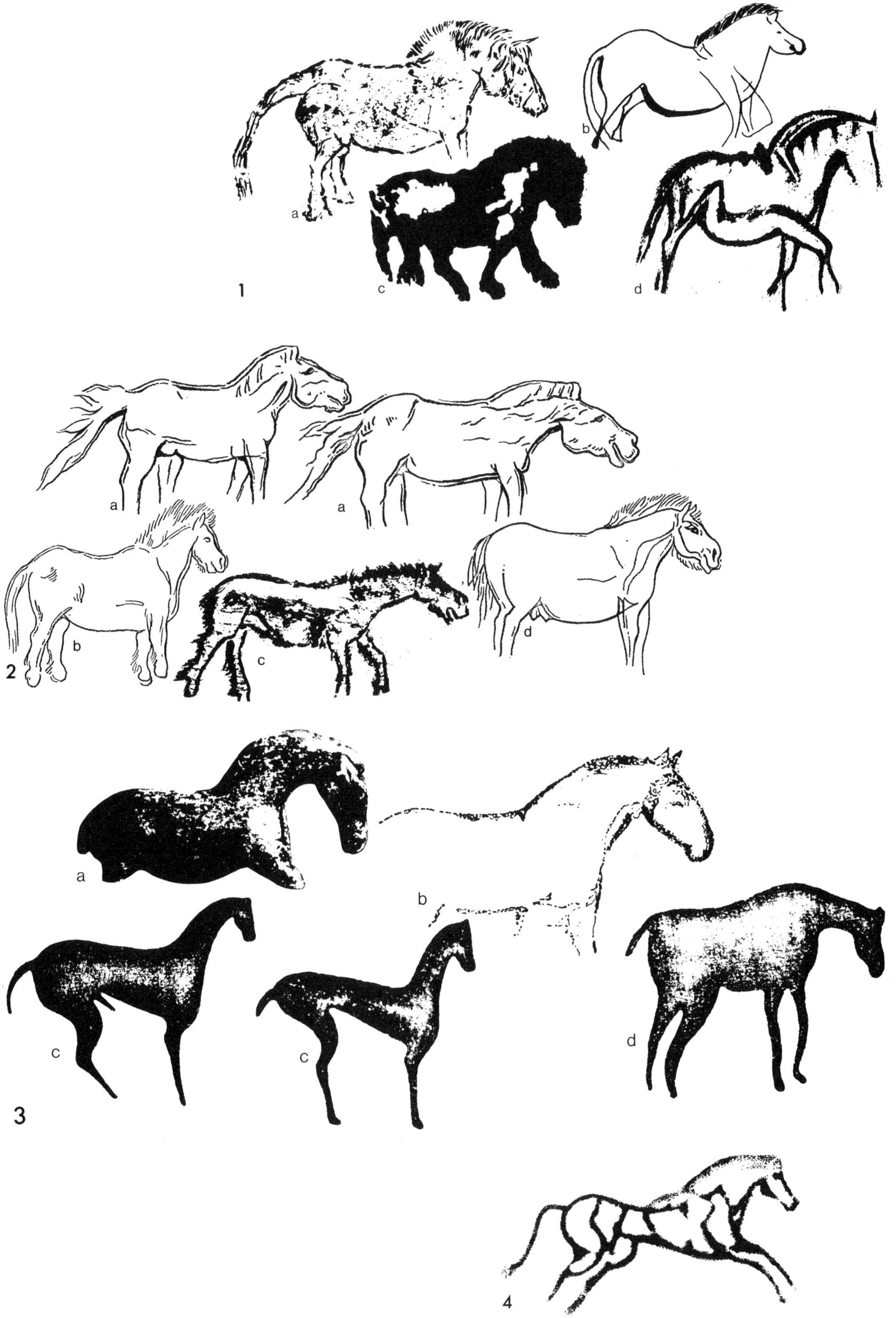

1
a
b
c
d
2
a
a
b
c
d
3
a
b
c
c
d
4

Die Talente, Tiere auf Stein oder Knochen zu malen und zu ritzen, waren gewiß unterschiedlich. So entdeckt man bei intensiver Betrachtung nicht selten, daß die Absicht der Darstellung trotz heißen Bemühens im Unvermögen steckenblieb. Viele Fehler können sich eingeschlichen haben, die zu erkennen wir heute nicht mehr imstande sind. Zudem zeigt die Felskunst im Laufe ihrer Stilentwicklung eine Tendenz zur Abstraktion. Deshalb scheint es zweifelhaft, ob die Eiszeitbilder, im Gegensatz zu den fossilen Knochenfunden, als wissenschaftliche Beweise gewertet werden können. Vermutlich liefert nur die naturalistische Anfangsepoche genaue Anhaltspunkte für das damalige Erscheinungsbild der Pferde.

Domestikation

Der Temperaturanstieg zum Ende der letzten Eiszeit, etwa 10 000 v. Chr., bewog die Urwildpferde zu erheblichen Ortsveränderungen. Verschiedene Urformen trafen aufeinander und vermischten sich. Die *Domestikation des Wildpferdes* durch den Menschen wird in der südosteuropäischen Waldsteppe um 3 000 v. Chr. vermutet. Die Zucht des Pferdes als Fleischtier begann, während seine Nutzung als Transportmittel noch nicht erkannt wurde. Die Lebensgemeinschaft mit dem Pferd wird sich für den prähistorischen Menschen allmählich ergeben haben. Der Jäger war gezwungen, seine Lebensweise unter großen Strapazen dem Verhalten des Wildes anzupassen. Das in Futterabhängig-

Zähmung von Pferden? Felsbild aus der Sahara etwa 1 000 v. Chr.

Bevor man im Pferd das Reittier entdeckte, benutzte man Rentiere. Felsbild in Mittelasien, 1. Jahrhundert v. Chr. (oben links). Reitender Bogenschütze, Felszeichnung aus Ladak, etwa 1 200 v. Chr. (oben rechts). Reiter auf kleinem Pferd, Urvollblüter? Felsbild aus der Sahara, 1. Jahrtausend v. Chr. (unten links). Ägyptischer Reiter, bemalte Holzplastik, etwa 1 600 v. Chr. (unten rechts)

keit des züchtenden Nomaden aufgewachsene Tier hingegen erlaubte ihm, seinen Lebensrhythmus weitgehend selbst zu bestimmen. Durch das jederzeit verfügbare Tier war seine Ernährung gesichert.

Das leichtere Leben stellte aber sogleich Forderungen an die Verstandeskraft des Nomaden. Er hatte für zulängliche Weidegründe im jahreszeitlichen Wechsel zu sorgen und seine Herde vor Räubern und wilden Tieren zu schützen. Die Schicksalsgemeinschaft von Mensch und Pferd hatte begonnen. Der enge Kontakt veranlaßte ihn, sich nunmehr des wendigen und schnellen Tieres als Transportmittel zu bedienen. Bald stand das Pferd an vielen Orten Eurasiens im Dienst des Menschen. Die gezähmten Pferde erinnerten zunächst noch, der Herkunft und dem Lebensraum entsprechend, an ihre Urväter. Durch Handelsbeziehungen, Kriege und Völkerwanderungen jedoch wurden sie allerorts stark verkreuzt. Völlig neue Mischformen entstanden, die kaum noch den Erscheinungsbildern der Urpferde glichen.

Die *Anspannung des Pferdes* erfolgte im Alten Orient etwa 2 000 v. Chr. Um 1 500 v. Chr. wird das *Reiten zu Pferd* für die Menschheit zum verbreiteten Transportfaktor. Das bedeutet nicht Beginn des Reitens überhaupt. Wenige frühe Reiterdarstellungen und Funde bezeugen, daß es in den voraufgegangenen 1 000 Jahren gelegentlich an verschiedenen Orten bereits versucht wurde.

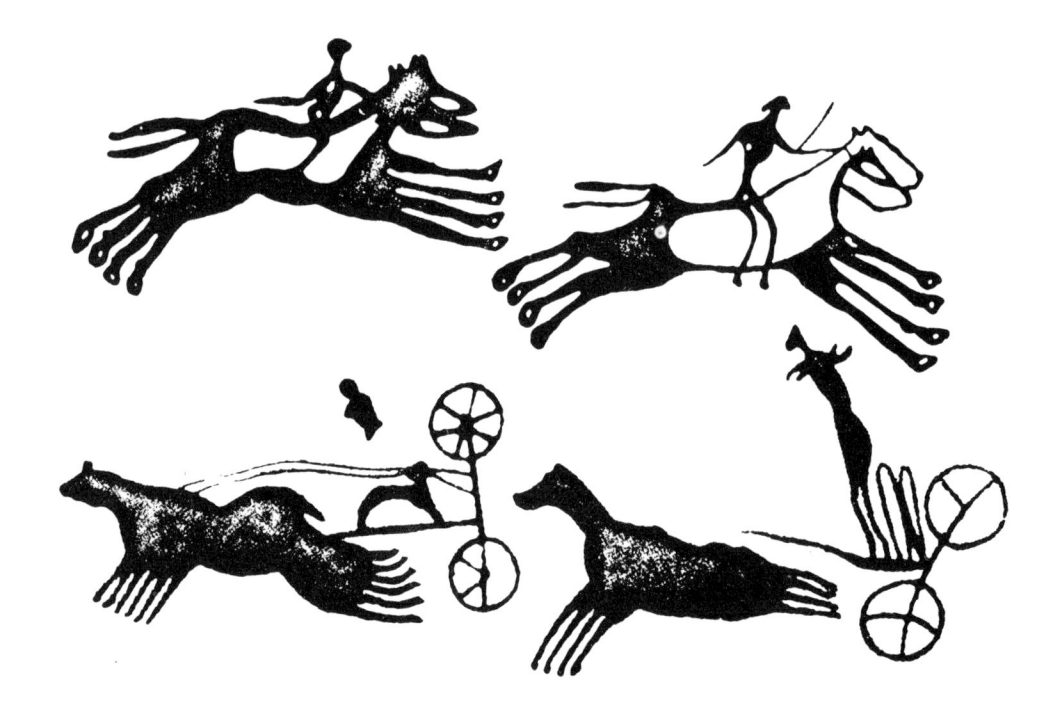

Reiter und Wagenfahrer, Felsmalerei aus der Zentralsahara, 1. Jahrtausend v. Chr.

Alte Hufeisen verschiedener Herkunft. Die ältesten haben wellenförmigen Außenrand. Genagelte Hufeisen wurden wahrscheinlich erst nach Christi Geburt üblich

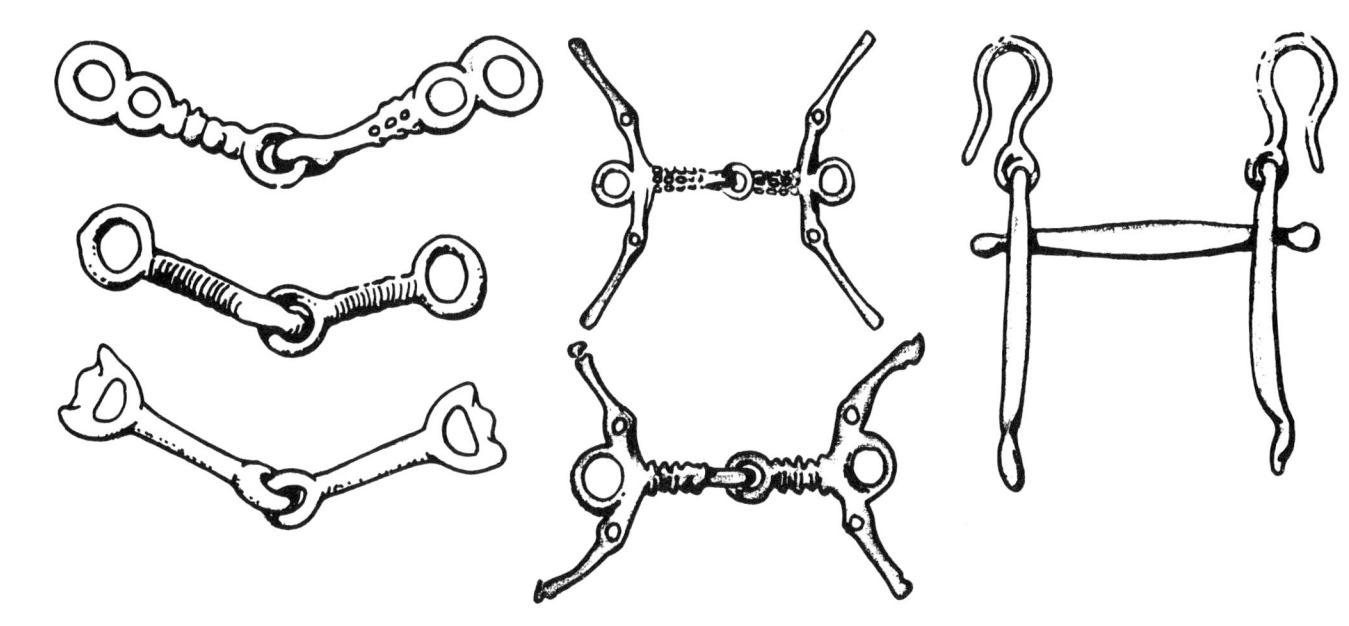

Oben: Trensengebißtypen aus Bronze, etwa 800–500 v. Chr., im Domestikationsbereich der Nordponys gebräuchlich (links). Trensengebisse mit Knebelstangen derselben Zeit, aus dem Übergangsbereich zu den Südpferden. Vermutlich entwickelten sich später aus den unteren Knebelenden die Hebelanzüge der Kandare (Mitte). Kandarengebiß aus einem römischen Reitergrab (rechts)

Unten: Mongolischer Sattel. Reiter des Ostens hockten mit angezogenen Knien und kurzen Bügeln im Sattel (links). Westlicher Schulsattel aus dem 17. Jahrhundert. Die Reiter des Westens ritten kerzengerade mit gestreckten Beinen und langgeschnallten Bügeln (rechts)

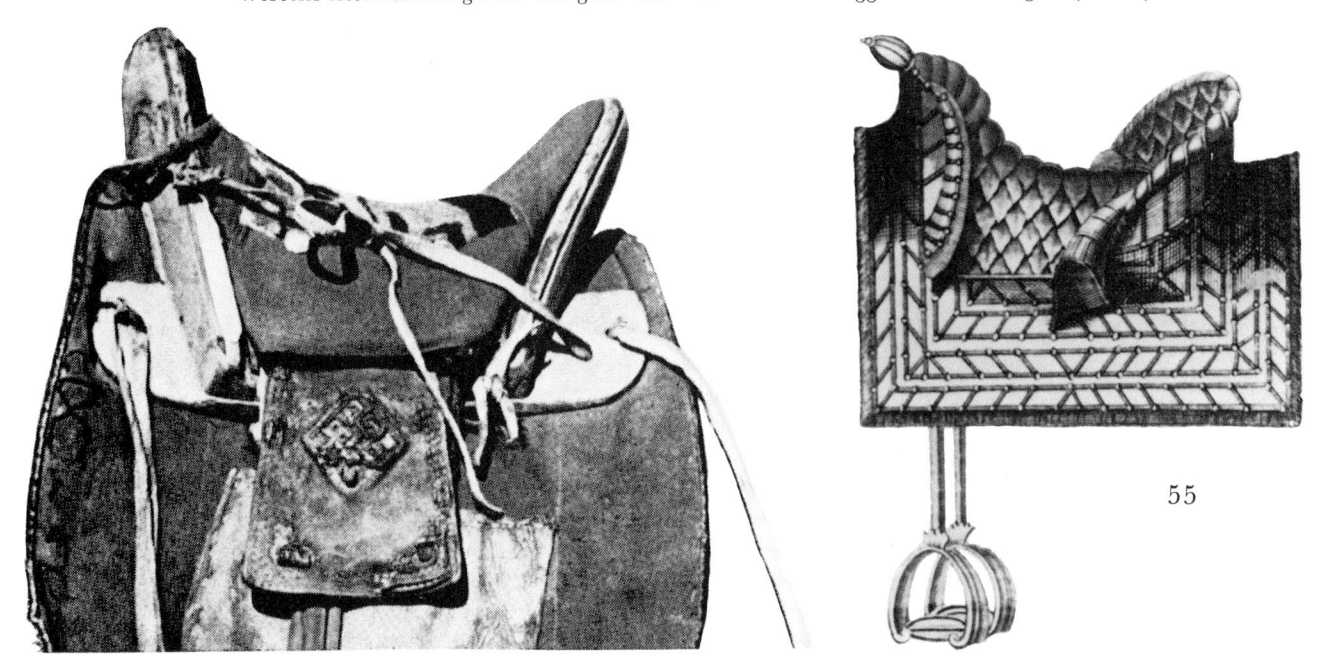

Systematisch ausgebildetes Reiten kann erst nach 1 500 v. Chr. angenommen werden. Berühmt ist die umfassende Reitanleitung des Griechen Xenophon aus dem Jahre 369 v. Chr. Der berittene Krieger, im asiatischen Raum vorwiegend als Bogenschütze und in Europa meist mit Lanze, Streitaxt oder Schwert bewaffnet, ist um 1 000 v. Chr. weit verbreitet.

Das Pferd ermöglichte dem Menschen die Eroberung des Erdkreises. Es hat seinen Anteil an der Menschheitsgeschichte. Als es von der Technik abgelöst wurde, blieb eine kleine Erinnerung an die einstige Bedeutung dieses Tieres: PS = Pferdestärke, die Normbezeichnung für die Kraft eines Motors. Nach über 4 000 Jahren stehen wir am Ende des equestrischen Zeitalters. Welchen Aufstieg verdankt der Mensch dem Pferd! Hat er jemals daran gedacht, seinem duldsamen Helfer auch nur annähernd seine Dankesschuld abzutragen?

Verhaltensweisen

Menschen verständigen sich durch die Sprache, Pferde durch ihr *Verhalten*. Dieses Verhalten zu verstehen, hat der Mensch kaum je versucht, obgleich das Pferd wie kein anderes Tier zu seiner Entwicklung beigetragen hat. Das Verhalten ist die Summe einer in Hunderttausenden von Jahren gesammelten Urerfahrung, die sich im Erbgedächtnis speicherte. Sie wird ergänzt durch individuelle Daseinserfahrungen. Lebensbedingungen und natürliche Feinde waren Ursachen der Verhaltensbildung. Für das Herdentier Pferd sind die Artgenossen ein Teil seiner Umwelt. Verläßt es in der Wildnis den schützenden Herdenverband, ist es meist dem Untergang geweiht.

Absolut echte Verhaltensweisen der Einhufer zeigen wohl nur noch afrikanische Zebraherden. Gezüchtete Stallpferde haben sich durch die Einwirkung des Menschen von ihrem ursprünglichen Verhalten entfernt. Sie sind nicht selten verhaltensgestört und neigen zu psychischer Abnormität. In einigen Landstrichen Europas jedoch entdeckt man noch halbwilde Pferde mit annähernd unverfälschtem Verhalten. Auch Robustpferde, auf größerem Areal gehalten, bieten die Möglichkeit, das Wesen der Pferde verstehen zu lernen. Unaufhörliche Verkreuzungen in aller Welt nach Beginn der Domestikation verwischten die Verhaltensweisen der Urformen. Deshalb kann für die Pferde der Gegenwart nur ein *allgemeines Verhaltensschema* zugrunde gelegt werden. Dominiert aber das Erbe eines Urahnen, so wird dessen spezielles Verhalten entsprechend deutlich hervortreten. Der Mensch vermischte in züchterischer Absicht Pferdeformen, die oftmals nicht ineinander aufgingen. Erbanlagen verschiedener Urpferde trafen sich in einem Tier und blieben nebeneinander erhalten. Ein Pferd mit dem äußeren Erscheinungsbild des Ramskopfpferdes muß deshalb nicht unbedingt auch dessen Verhalten zeigen. Es kann beispielsweise Eigenheiten des Urponys besitzen. Der Variationsbreite sind keine Grenzen gesetzt.

Sozialverhalten besteht aus den Umgangsformen der Pferde untereinander. Das Herdenleben erfordert eine bestimmte Organisation, um den Gefahren der Wildnis begegnen zu können. Die Freiheit der Wildnis ist daher immer begrenzt. Kern der Herde ist der *Familienverband*. Wenn keine gewaltsame Trennung erfolgt, bleibt er das ganze Leben bestehen. Nur die Junghengste wandern regelmäßig ab. *Leittier* ist eine erfahrene Altstute, die ihre weiblichen Nachkommen anführt. Eine strenge *Rangordnung* ergibt sich aus der unterschiedlichen physischen und psychischen Kraft der einzelnen Tiere. Saugfohlen sind in den Rang der Mutter einbezogen. Befehle der Leitstute sind verbindlich für die ganze Familie. Aufbegehrende werden durch Drohmimik oder mit Zähnen und Hufen zurechtgewiesen. Durch außergewöhnliche Umstände veranlaßt, schließen sich manchmal einander fremde Tiere zu einer Gemeinschaft zusammen. In dieser *Ersatzfamilie* wird die gleiche Rangordnung hergestellt. Auch die

Leitstuten genießen, zusammen mit ihrer Familie, unterschiedliches Ansehen innerhalb des Herdenverbandes. Rangstreitigkeiten sind gleichzusetzen mit den Kämpfen um das Futter und den augenblicklichen Standort. Leittiere beanspruchen immer die reichhaltigsten Futterplätze, im Sommer die luftigsten Orte mit dem geringsten Insektenbefall und im Winter windgeschützte und trockene Stellen.

Chef der Herde ist der *Leithengst*. Er hält sich, des besseren Überblicks wegen, stets etwas abseits unter dem Wind. Hier hat er die Duftnoten seiner Stuten, aber auch die seiner Feinde sogleich in der Nase. Bei Gefahr handelt er unverzüglich. Auf der Flucht übernimmt er die Rückendeckung, und bei Verteidigung und Angriff versucht er, den Feind von der Herde abzudrängen. Die tägliche Führung der Herde wird meist von den wachsamen Leitstuten übernommen. Vorsicht und Mißtrauen dieser erfahrenen Damen lassen das Vorhaben anschleichender Feinde fast immer scheitern. Wird der Leithengst aus der Herde entfernt, so übernimmt die rangälteste Leitstute nach heftigen Auseinandersetzungen mit ihren Rivalinnen seinen Posten. Kehrt er nach längerer Zeit zurück, muß er sich sein Amt nicht minder heftig von ihr zurückerobern. Einige Tage nach der Geburt ihres Fohlens sind Mutterstuten den Artgenossen besonders feindlich gesinnt. Niemand, auch kein anderes Jungtier, darf sich nähern. In dieser Lernphase soll das Fohlen die Wesenheit der Mutter ganz in sich aufnehmen. Später darf es sich getrost entfernen, es wird unter vielen anderen Pferden immer zur Mutter zurückfinden.

Der Tagesablauf einer freilebenden Herde, deren Bewegungsfreiheit heutzutage meist durch Zäune eingeschränkt ist, richtet sich nach Witterungsverhältnissen und Nahrungsvorkommen. Sommerliche Mittagshitze läßt die Pferde dösend dicht beieinander stehen, sich gegenseitig schweifwedelnd der Fliegen erwehrend. Die Wahl der Örtlichkeit wird durch Windrichtung und Häufigkeit der Insekten bestimmt. Einige Tiere liegen für kurze Zeit im Tiefschlaf mit gestreckten Gliedmaßen auf der Seite. Andere sitzen mit eingeschlagenen Beinen im Halbschlaf und stützen den Kopf mit dem Maul auf den Boden. Niemals ruhen alle gleichzeitig, immer sichern stehende Wachposten die Herde.

Pferde fressen gewöhnlich vom ganz frühen Morgen bis zum Vormittag und beginnen wieder am späten Nachmittag. Keineswegs wird nur Gras aufgenommen, sondern auch viele andere Pflanzen und Früchte, die neben der Ernährung der Verdauungstätigkeit und Gesunderhaltung dienen. Islandponys versuchen sich im Winter sogar an Fleisch, Fischen, Muscheln und Seetang. An der Tränke sind Pferde besonders vorsichtig. Im Erbgedächnis hat sich die Gefahr des lauernden Raubtieres erhalten. Selbst zahme Hauspferde lassen sich nur ungern stören und werden unruhig, wenn sich fremde Menschen nähern. Das Trinken geschieht nach Rangfolge. Stets sichern einige Tiere, während die anderen beschäftigt sind. Die unbestimmte Gefahr läßt alles schnell und gesittet zugehen, es wird kaum gestritten. Oft wacht das Leittier bis zum Schluß und trinkt erst nach den anderen.

In kühlen Abendstunden wird der Bewegung Genüge getan. Ganz plötzlich galoppieren alle Pferde einige Male aufgeregt hin und her, um anschließend die Mäuler zufrieden schnaubend wieder in das taufeuchte Gras zu senken. Wildlebende Pferde dulden keine Hunde in ihrer Nähe und vertreiben sie mit Zähnen und Hufen. Zahme Hauspferde hingegen können mit ihnen befreundet sein.

Das starke *Anschlußbedürfnis* überträgt die Stimmung eines Pferdes alsbald auf die Artgenossen. Wälzt sich eine Leitstute, so folgt die Familie nach Rangordnung ihrem Beispiel. Gähnen ist unter Pferden ebenso ansteckend wie beim Menschen. Harn- und Kotlassen erinnert die Gefährten an inneres Rühren. Ruhen einiger ermüdet auch die anderen, und zum Spielen lassen sich jüngere Tiere immer herausfordern. Heftiger Wind veranlaßt selbst bedächtige Pferde zu munterem Raufen. Gegen die Windrichtung geritten, sind sie oftmals kaum zu halten.

Ein Mensch, der sich beobachtend oder fotografierend tagelang in einer Wildherde aufhält, wird allmählich akzeptiert, wenn er das Herdenverhalten berücksichtigt. Wenn sich die Tiere auch nicht berühren lassen, so sind sie doch vertraut und fliehen nicht bei Einhaltung einer geringen Individualdistanz. Läßt er sich jedoch auf alle viere nieder und ahmt ein laufendes Raubtier nach, verbreitet sich nicht selten großer Schrecken, und alle ergreifen entsetzt die Flucht. Plötzlichem *Fluchtgalopp* kann keiner widerstehen. Wird ein wildlebendes Pferd durch ein aus dem Gebüsch hervorbrechendes Raubtier überrascht, so spurtet es aus dem Stand erschreckt davon, obgleich es die Gefahr in der Eile gar nicht recht identifizieren konnte. Die gesamte Herde folgt ohne jede Erkundung sogleich seinem Beispiel. Der Mensch pflegt dergleichen Fluchtverhalten kopflos zu nennen. Jede Verzögerung aber würde dem Angreifer ein Opfer bescheren. Das Erbgedächtnis befiehlt sofortige Flucht, nur sie verheißt Rettung. Die Schreckstimmung überträgt sich auf alle anderen Tiere und löst reflektorisch den Fluchtgalopp aus, obwohl auch ihnen die Gefahr nicht be-

---

Seite 61. Zwei Dülmener Stutenfamilien einträchtig nebeneinander. An der Tränke herrscht reibungsloses Kommen und Gehen. Es gibt kaum Ärger. Wenn die Pferde getrunken haben, ziehen sie sogleich wieder davon, um den Nachfolgenden Platz zu machen. Im Erbgedächtnis hat sich die unbestimmte Gefahr des am Wasser lauernden Raubtieres erhalten (oben). Aus Sorge um das Wohlergehen seiner Herde ist der Hengst immer bemüht, die Stuten auf möglichst kleiner Fläche zusammenzutreiben. So hat er alle Tiere im Auge und kann bei plötzlicher Gefahr oder der Annäherung von Rivalen den günstigsten Entschluß fassen. Dülmenerpferde (unten)

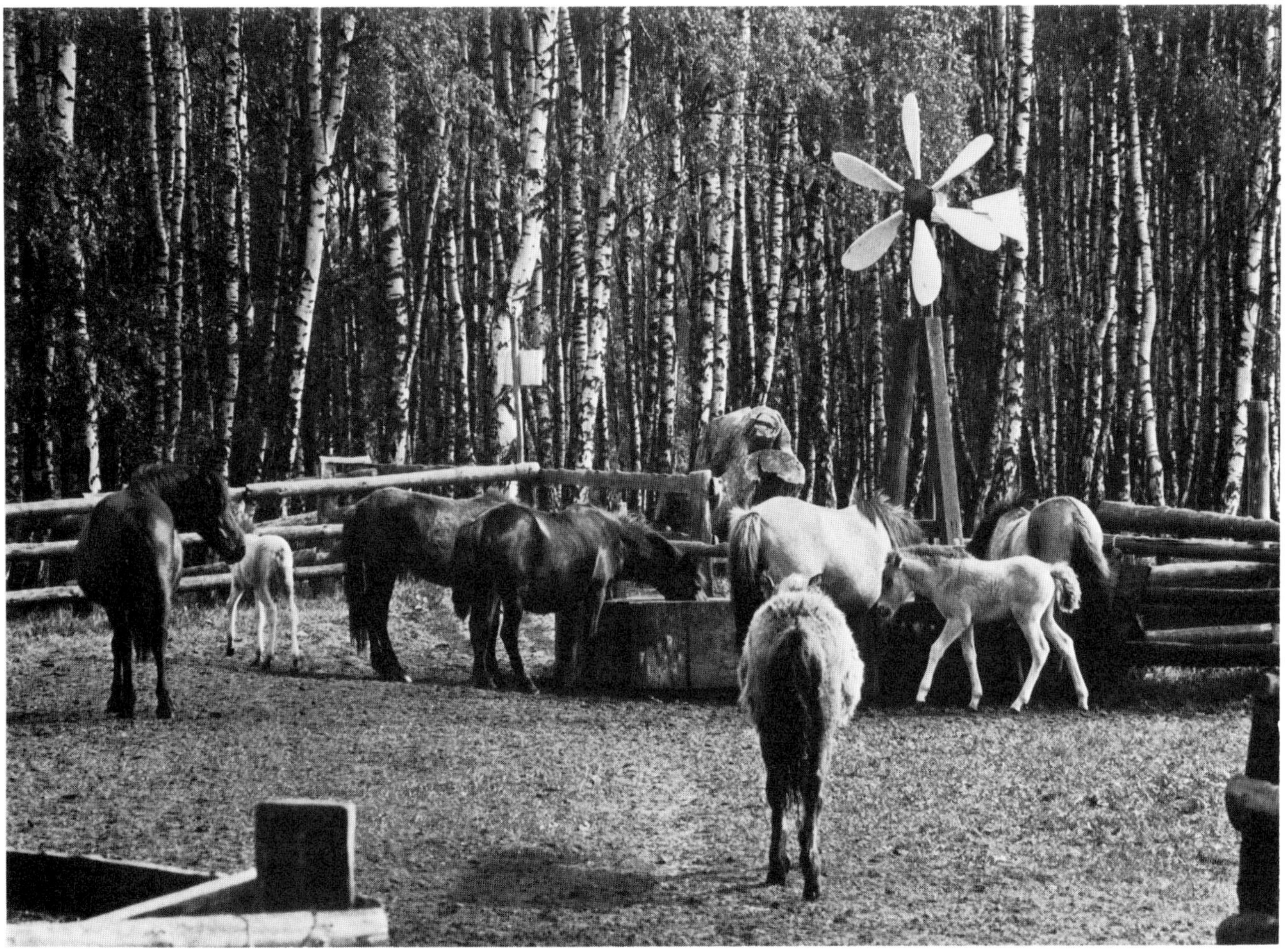

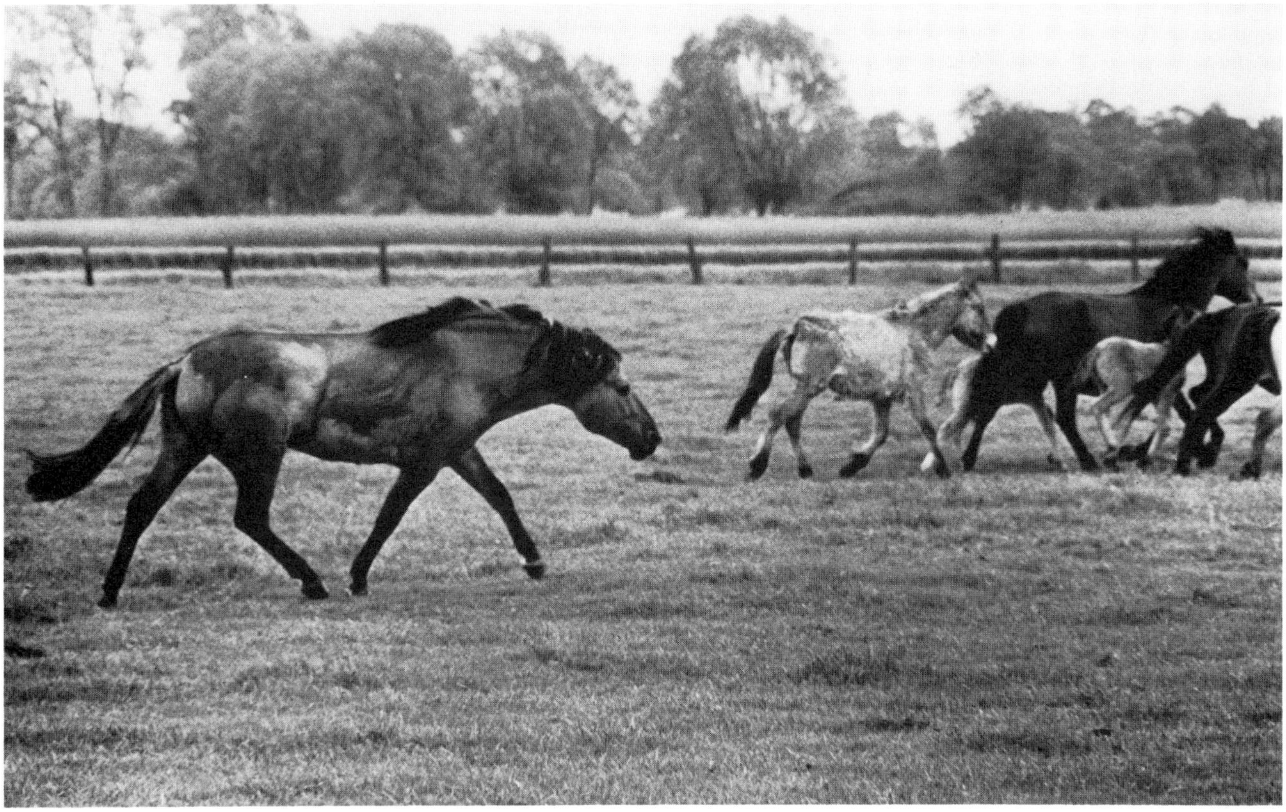

kannt ist. Diese Stimmungsübertragung ist wirksam beim Galopprennen der Vollblüter oder auf der Parforcejagd. Ein Pferd signalisiert dem anderen den Fluchtgalopp, der manchmal reine Lust am Laufen, häufig aber auch aus der Furcht geboren sein kann, wenn zum Beispiel aufmunternde Werkzeuge im Spiel sind. Der Gesichtsausdruck verrät das deutlich.

Herdentiere verständigen sich gegenseitig durch *Mimik* und *Lautgebung*. Der Wechsel im Ausdruck des Pferdegesichtes wird durch Augen, Ohren und Maulpartie hervorgerufen. Die übrige Gesichtsmuskulatur ist nahezu unbeweglich. Wenn zwei Pferde einander in freundlicher Absicht begegnen, zeigen sie das *Begrüßungsgesicht*. Sie stellen die Ohren nach vorn, berühren sich mit den Nüstern und ziehen die Luft des anderen tief ein, um zu prüfen, ob sie sich riechen können. Manchmal ist ein leises Schnauben zu hören. Dann gehen sie entweder auseinander oder beginnen sich gegenseitig zu kraulen.

Das *Drohgesicht* bedeutet dem anderen, daß er Distanz zu wahren hat, weil er vielleicht unsympathisch oder niederen Ranges ist. Auch Futterneid oder Angriffslust können die Ursache sein. Der Gesichtsausdruck ist zurückhaltend feindlich. Die Ohren liegen flach nach hinten, und häufig ist das Weiße im Auge zu sehen. Die Mundwinkel ziehen sich etwas nach unten und die Nüstern nach oben mit kleinen Falten am Oberrand. Kopf und Hals sind dabei oft gesenkt.

Ursache des *Flehmens* ist der Geruch fremder, außergewöhnlicher Duftstoffe. Ursprünglich kam es wohl dem menschlichen Nasenrümpfen gleich, später wurde es hauptsächlich eine Reaktion im Sexualverhalten. Hengste und Wallache flehmen bei Wahrnehmung von Ausscheidungen rossiger Stuten, aber auch Stuten und Fohlen tun dies bei anderen Gelegenheiten. Beim Flehmen sind Kopf und Hals des Pferdes in gerader Linie schräg nach oben gestreckt. Die Oberlippe wird so stark hochgezogen, daß sich die Nüstern schließen. Die Ohren sind seitlich gestellt, die Augen geöffnet und die Schneidezähne liegen fest aufeinander. Flehmen wird durch Reizung eines kleinen sekretgefüllten Organs im Nasenrachenraum ausgelöst. Der allgemeine Geruchssinn ist dabei ausgeschaltet. Flehmen wird oft mit *Gähnen* verwechselt. Hier aber ist das Gebiß weit geöffnet und das Auge geschlossen. Pferde gähnen bei Ermüdung, Langeweile und, wenn man sie einige Zeit zwingend fixiert, auch aus Verlegenheit.

Seite 63. Begrüßungsgesicht. Die Pferde sind einander freundlich gesinnt. Nüster an Nüster ziehen sie die Luft des anderen ein. Die Ohren stehen nach vorn (oben). Drohmimik. Wütend, mit heftig schlenkerndem Kopf, fest anliegenden Ohren und hochgezogenen Nüstern attakiert der Dülmener Konikhengst den Menschen, der ihm im Eifer des Fotografierens zu nahe kam (Mitte). Drohgesicht eines Holsteinerpferdes, das starke Merkmale des Ramskopfpferdes trägt. Im engen Stall, der kein Ausweichen erlaubt, neigen diese Pferde besonders leicht zur Aggression (unten links). Ein Reiter, dessen Pferd dieser Connemarastute unsympathisch ist, kam zu dicht heran. Sie zeigt unmißverständlich ihre Gefühle (unten rechts)

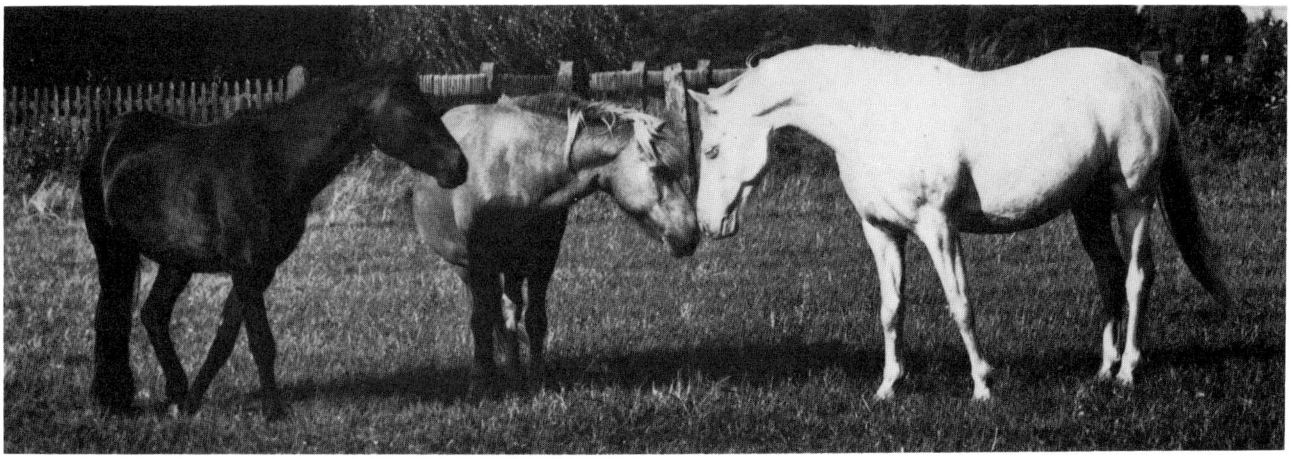

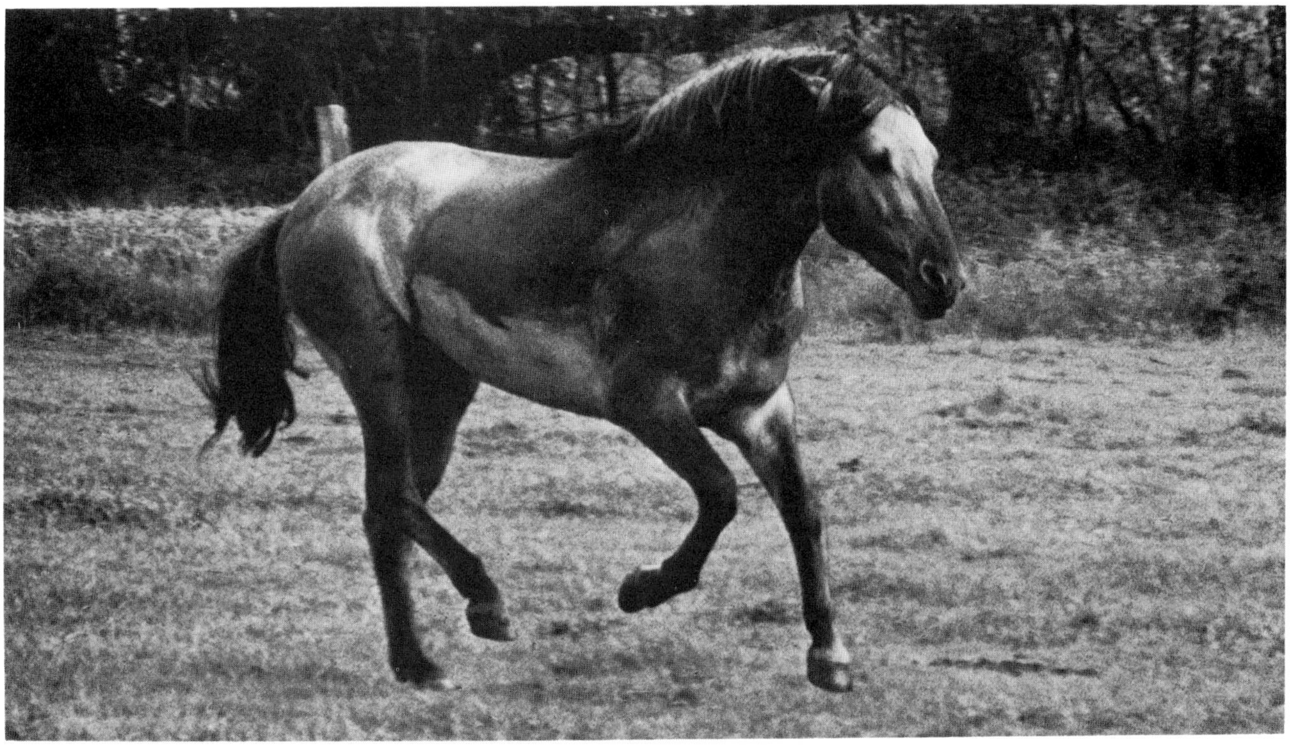

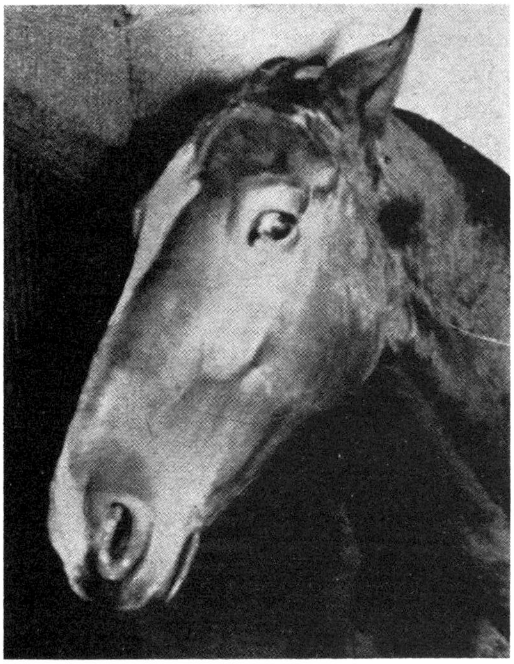

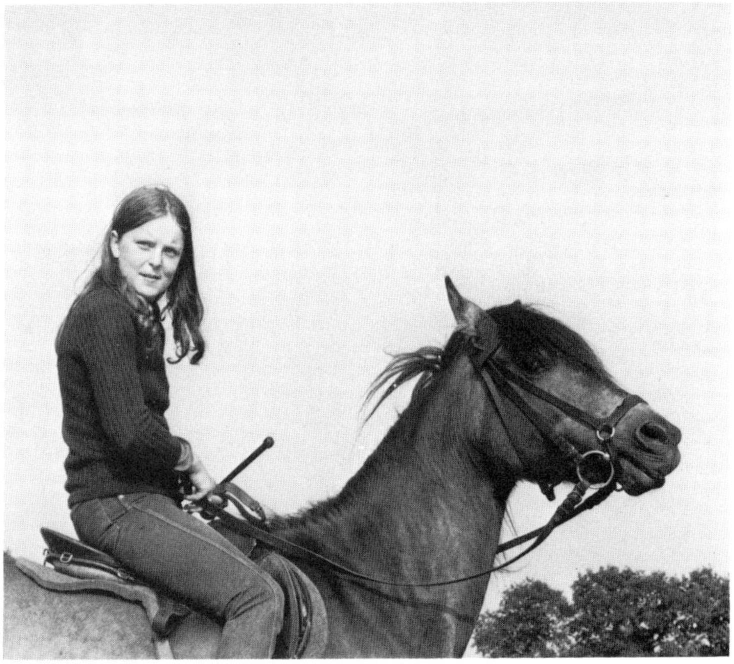

Die *Unterlegenheitsgebärde* schützt junge Pferde vor den Übergriffen älterer Artgenossen. Sie ist bis zur Geschlechtsreife wirksam. Junge Stuten zeigen sie noch bei der ersten Begattung. Bei dieser Schutzbewegung stellt das Fohlen die Ohren zur Seite mit der Öffnung nach unten, hält Kopf und Hals waagerecht, zieht die Mundwinkel etwas nach oben zurück und kaut mit offenem Maul, als hätte es einen großen Kaugummi zwischen den Zähnen. Ältere Fohlen ducken sich zuweilen, um so klein wie möglich zu erscheinen.

Wiehern ist die akustische Steigerung des Begrüßungsgesichtes. Es hat verschiedene Modulationen und dient zur Begrüßung anderer Pferde, aber auch vertrauter Menschen auf geringe und größere Entfernung. Der Kopf ist dabei erhoben und die Ohren stehen nach vorn. Augen, Maul und Nüstern sind weit geöffnet. Pferde sind sparsam mit ihren Lautäußerungen, wohl weil sie sich im Herdenverband dauernd sehen, riechen und berühren können und vielleicht auch, um sich Feinden nicht zu verraten. Lautstärker geht es zu, wenn Mutterstuten ihre Neugeborenen durch tiefes blubberndes Wiehern fortwährend zu sich rufen. Auch in der Großherde mit vielen Familien sind Lautäußerungen häufiger, weil die Vielzahl der Tiere die Übersicht mindert. Pferde, die täglich ungetrennt zusammenleben, wiehern äußerst aufgeregt, wenn einer ihrer Gefährten davongeführt wird. Die Stute läßt beim Auskeilen häufig durchdringendes Abwehrquieken hören. Plötzliches *Schreckschnauben* bewirkt höchste Fluchtbereitschaft. Mit hoch erhobenem Kopf und weit geöffneten Augen und Nüstern wird die gefährliche Richtung sondiert. Schreckschnauben eines Pferdes kann die ganze Herde zur Flucht veranlassen.

Pferde bedürfen der Artgenossen besonders zur täglichen *Körperpflege*. Sie massieren sich gegenseitig Körperstellen, die sie selbst nicht erreichen können. Ersatzgefährte des einzelinhaftierten Stallpferdes ist der putzende Pferdepfleger. Sachgerechtes Putzen ist ein bewährtes Mittel, scheue Pferde mit dem Menschen vertraut zu machen. Da Pferde nicht sehr gelenkig sind, pflegen sie ihr Fell auf verschiedene Weise. Mit den Zähnen werden alle erreichbaren Körperpartien beknabbert. Die Hinterhufkante kratzt sehr vorsichtig an Hals, Kopf und Ohren. Der Vorderhuf wird nicht benutzt. Gern scheuern sich die Pferde an Bäumen, Pfählen, Zäunen und anderen festen Gegenständen. Das gegenseitige Fellknabbern einander sympathischer Pferde ist ein gern und ausgiebig geübtes freundschaftliches Ritual. Zuweilen scheint es höchste Lustgefühle zu wecken. Neben der reinen Pflegeabsicht kann es auch sexuelle Reize hervorrufen. Steigerung der Körperpflege ist das Wälzen im Gras, im Sand oder gar im Schlamm unter wohligem Stöhnen. Sehr umständlich legt sich das Pferd langsam auf die Seite und rollt sich über den Rücken mehrere Male hin und her. Nach dem Aufstehen, das wie das Hinlegen immer zuerst mit den Vorderbeinen geschieht, schüttelt es sich ausgiebig. Soeben geputzte Stallpferde, die ins Freie

Das Flehmen, mit geschlossenen Zähnen und Nüstern, wird durch unangenehme Düfte ausgelöst (oben). Beim Gähnen sind die Augen geschlossen und die Zähne geöffnet (unten links). Der erregte Gesichtsausdruck des wiehernden Pferdes konzentriert sich oft auf eine bestimmte Richtung. Die Ohren stehen nach vorn, Augen, Nüstern und Zähne sind geöffnet (unten rechts)

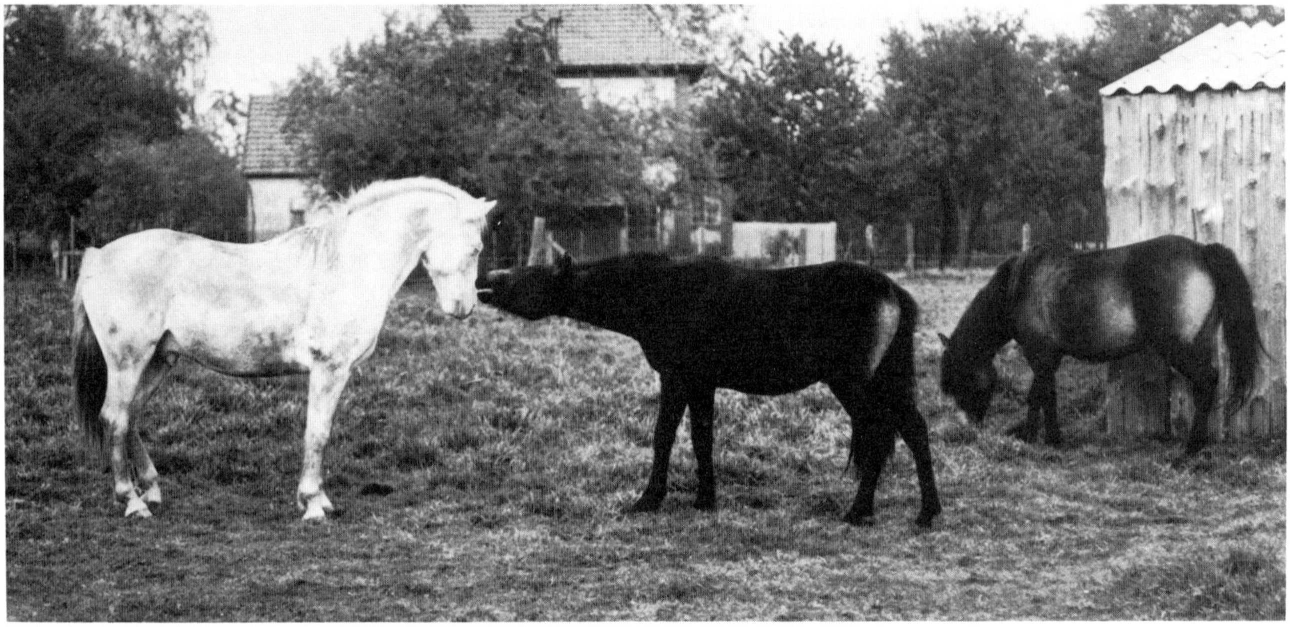

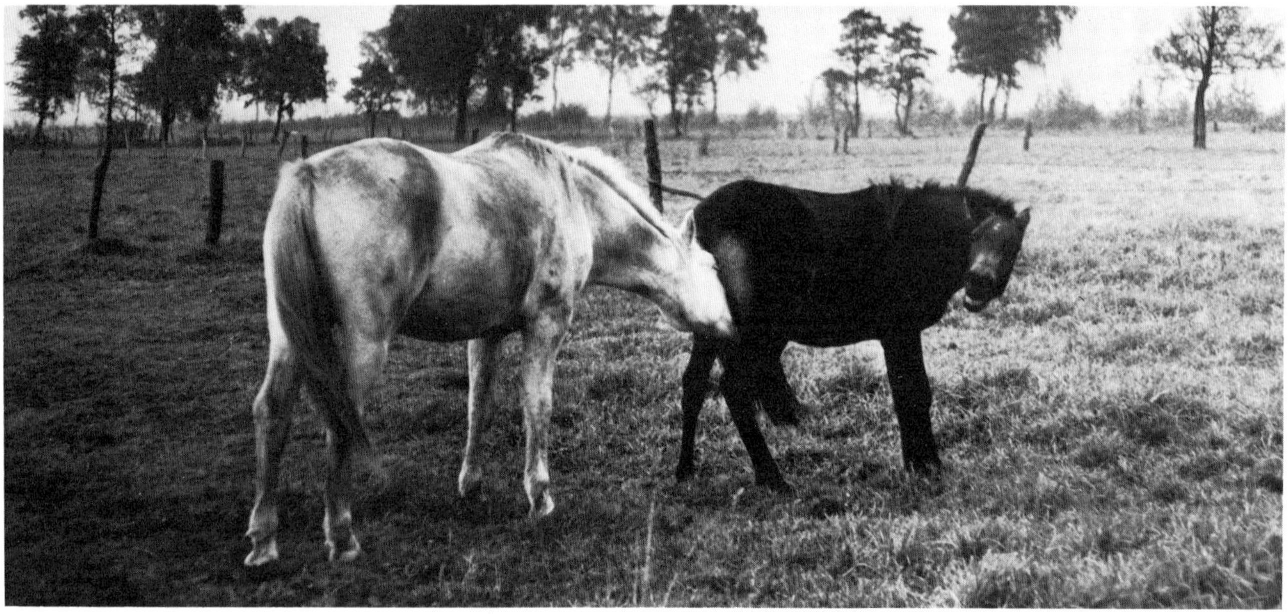

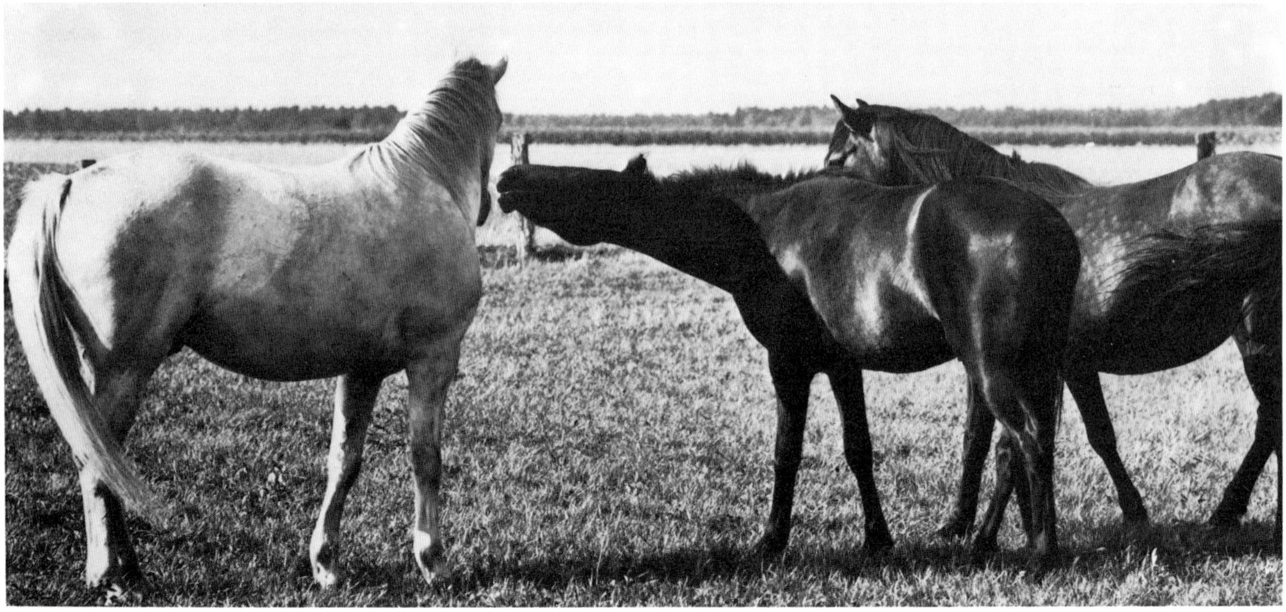

kommen, versuchen sich alsbald zu wälzen. Die Hautreizung des Putzens gibt den Anlaß. Ursache der Hautpflegehandlungen sind hauptsächlich Haarwechsel und Insektenbefall.

Das *Liebesspiel* des Pferdes in freier Wildbahn kann vom Beginn der Rosse bis zur Begattung einige Tage andauern. Während der Decksaison ist der Hengst rastlos beschäftigt. Zunächst muß er die Hinterlassenschaft jeder Stute mit der Nase prüfen. Der Geruch verrät ihm, ob er unerwünscht ist oder mit ihrem Wohlwollen rechnen kann. Zielsicher setzt er einige Tropfen Urin auf jede Harn- und Kotstelle, um sein Besitzrecht zu markieren. In dieser Zeit scheint er schier unerschöpfliche Reserven zu besitzen. Verheißt der Duft eines Häufleins Liebeswonnen, so flehmt er und eilt, der Bereitwilligen seine Reverenz zu erweisen. Einen kühnen Bogen schlagend nähert er sich im eleganten Imponiertrab mit stolz gebogenem Hals und treibt sie ein wenig vor sich her. Empfängt sie ihn mit freundlichem Begrüßungsgesicht, beginnen beide sich an Nüstern und Hinterteil zu beschnuppern. Er flehmt wiederholt. Dann folgt gegenseitiges zärtliches Beknabbern mit Lippen und Zähnen. Schließlich wendet sie breitbeinig ihr Hinterteil und dreht den Schweif zur Seite, die Aufforderung für den Hengst zur Begattung. Beim Aufreiten umklammern seine Vorderbeine Brustkorb oder Hüften der Stute. Oftmals beißt er sich an ihrem Mähnenkamm fest und läßt ein tiefes Grunzen hören.

Ist eine Stute noch nicht zur Paarung bereit, so schlägt sie erbost quieckend mit Vorder- und Hinterhufen um sich. Der Hengst zieht sich dann sofort zurück und wartet geduldig, bis seine Zeit gekommen ist. Stets trifft er den genauen Zeitpunkt erfolgreicher Befruchtung. Der Deckakt wird meist nachts vollzogen. Manchmal auch ergreift eine Stute die Initiative zum Liebesspiel. Sie umwirbt den Hengst mit dessen Imponiergehabe, beknabbert ihn zärtlich wiehernd und stellt sich zur Paarung bereit. Auch Eifersucht kann im Spiel sein. Eine bereits gedeckte, aber noch rossige Stute zeigt keine Hemmungen, eine Rivalin zu verprügeln, die sich soeben der Gunst des Hengstes erfreut.

Das *Paarungsvorspiel* der Hengste ist verschieden. Manche sind aggressiver, andere zärtlicher. Es kommt vor, daß ein Hengst eine Stute nicht bespringen

---

Seite 66. Connemaraponys. Die Unterlegenheitsgebärde junger Pferde verhindert Angriffe älterer Artgenossen. Das einjährige Hengstfohlen kommt nach mehrwöchiger Trennung zusammen mit seiner Mutter zur Herde zurück. Es geht sofort auf den Chef der Herde zu und zeigt die Unterlegenheitsgebärde. Die Ohren des Leittieres sind freundlich nach vorn gestellt. Die sonst sehr um den Schutz des Fohlens bemühte Mutter bleibt uninteressiert (oben). Anschließend untersucht der Hengst die Genitalien des Fohlens, das sich ängstlich duckt und die Kaubewegung zeigt. Das Fohlen ist wieder in die Herde aufgenommen (Mitte). Ein Jahr später der gleiche Vorgang (unten). Seiten 68 und 69. Hautpflegehandlungen. Pferde legen und erheben sich stets zuerst mit den Vorderbeinen

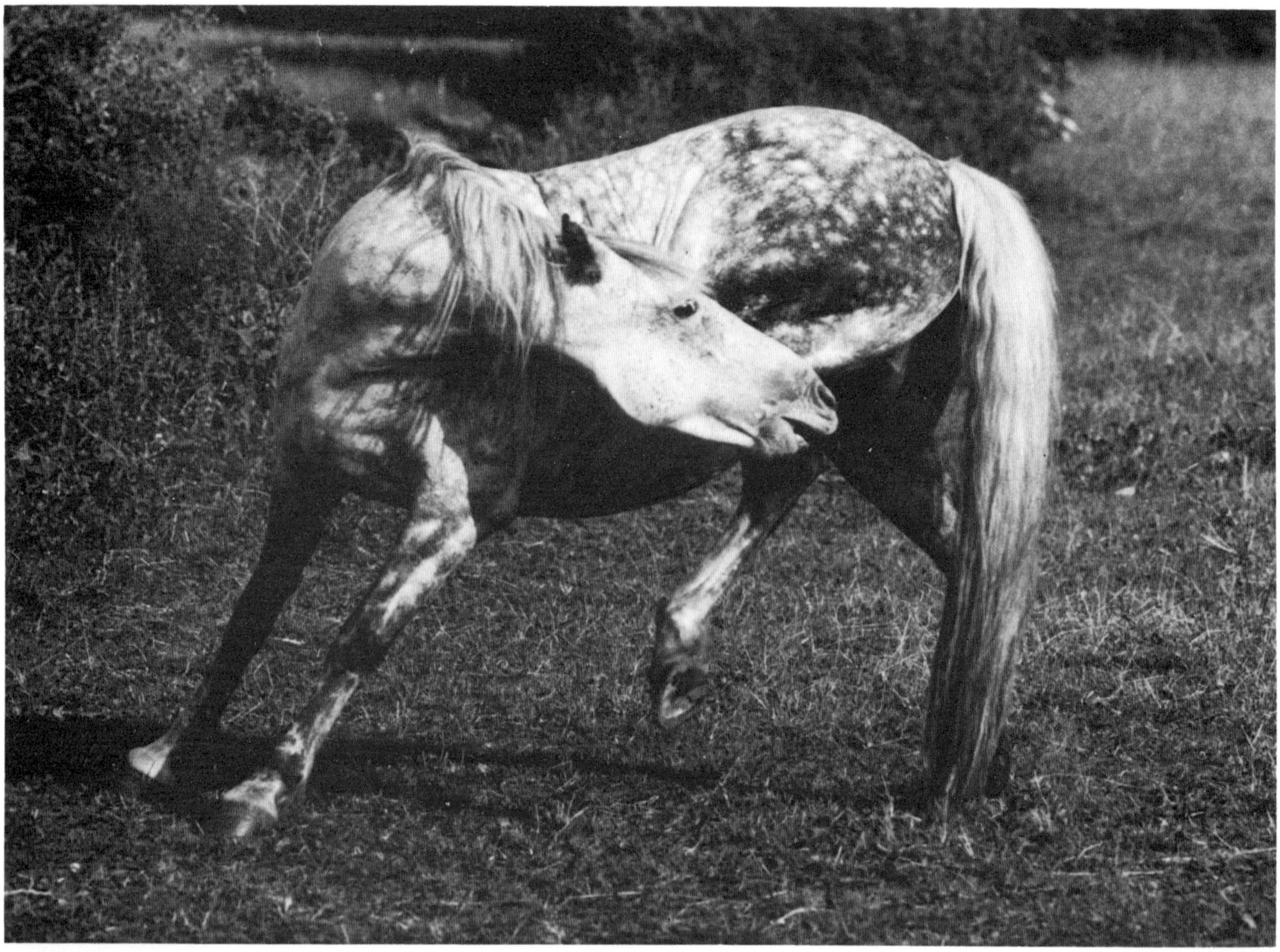

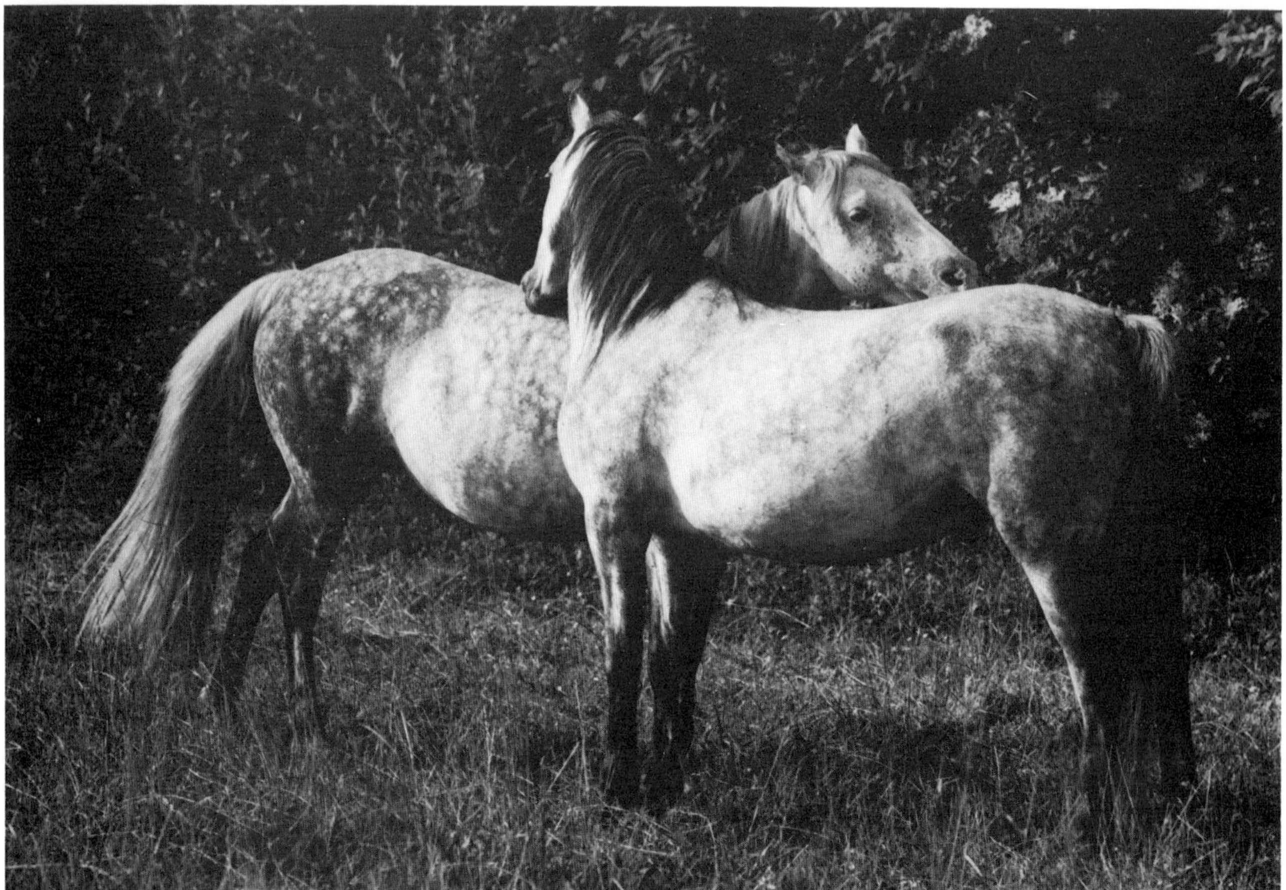

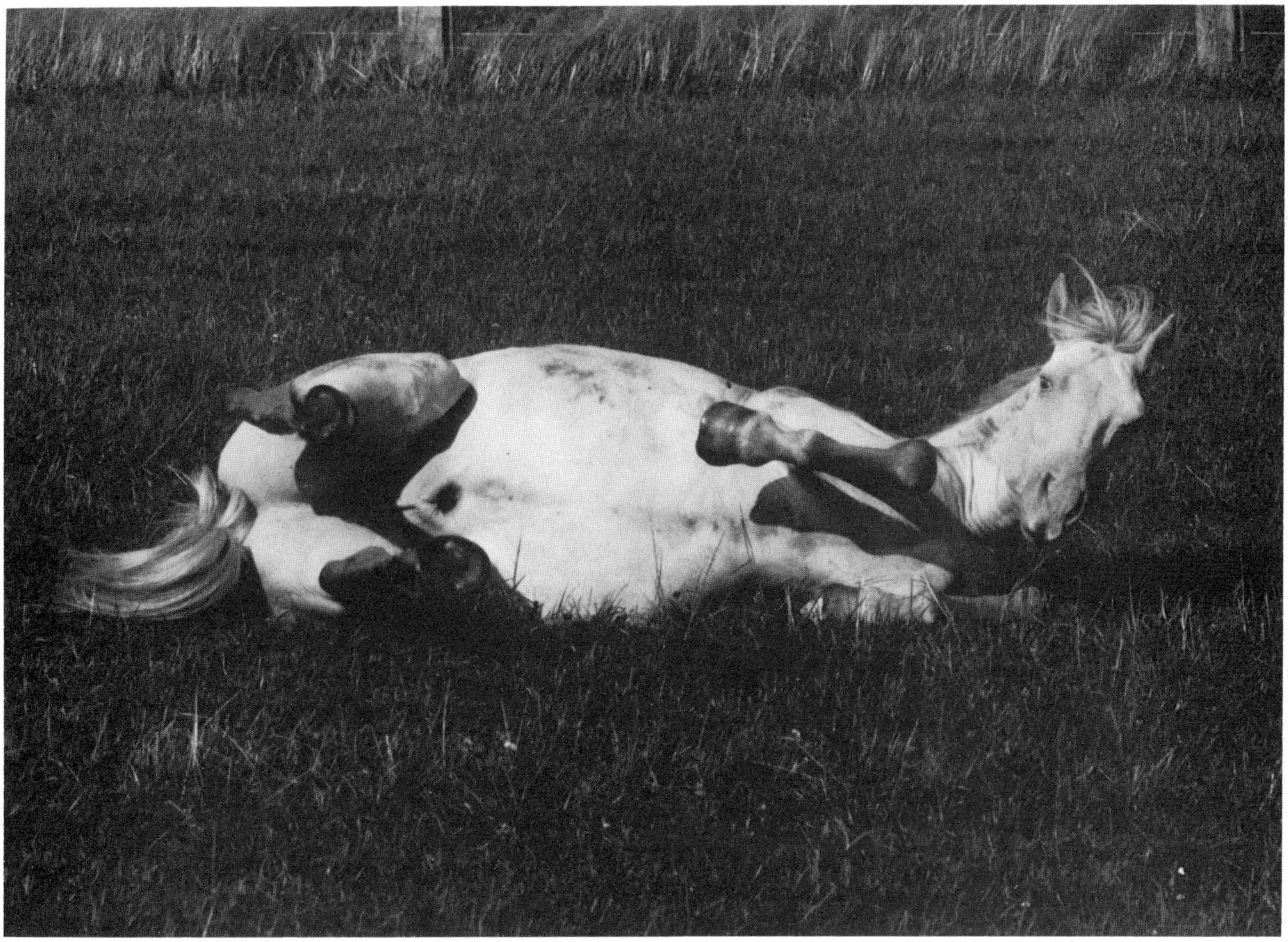

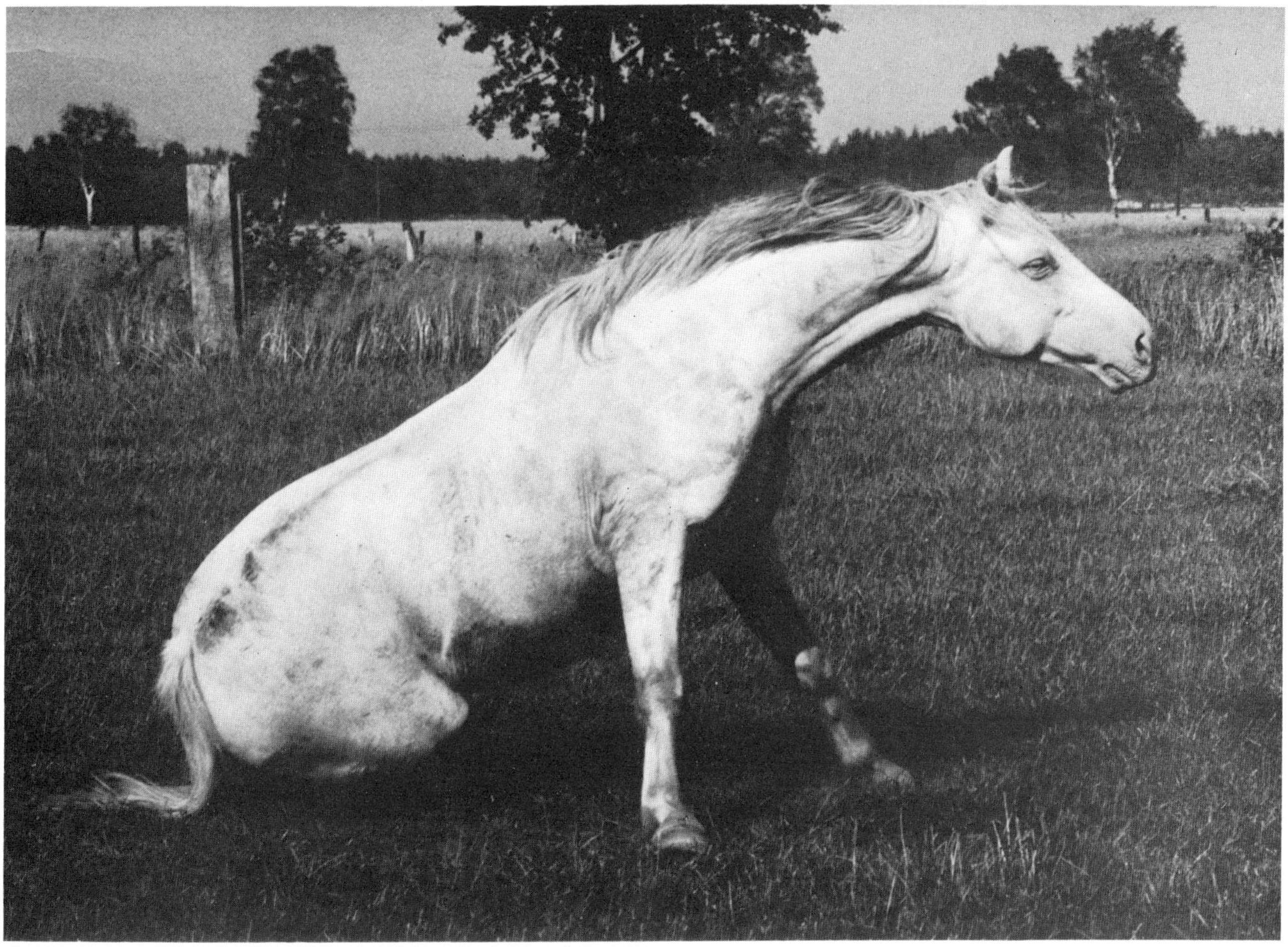

will, und auch, daß eine Stute einen bestimmten Hengst grundsätzlich ablehnt. Die Ursache derartigen Verhaltens liegt in der unterschiedlichen Abstammung. Die vier Urpferde besaßen verschiedenes Sexualverhalten. Dominiert nun in beiden Partnern das Erbe von zwei verschiedenen Urformen, so verstehen sie das Gebaren des anderen nicht. Das Mißverständnis wandelt sich zu feindseliger Abwehr.

Der Leithengst ist unablässig bemüht, seine Stuten zusammenzuhalten. Ungehorsame werden durch Drohmimik und mit den Zähnen auf ihren Platz verwiesen. Im Wildleben sind streunende Hengste ständig auf Damensuche. Bietet sich selten genug die Gelegenheit, so entführen sie einige Stuten vom Rand der Herde auf Nimmerwiedersehen. Meist aber scheitert der Versuch an der Wachsamkeit des Leithengstes. Fühlt sich ein Nebenbuhler ebenbürtig, so greift er an, um sich auf legale Weise zu holen, was ihm heimlich nicht gelingt. Der *Kampf der Hengste* scheint dramatisch, ist aber kaum gefährlich, da nach bestimmten Regeln gefochten wird. Im zwingenden Griff des Überlegenen läßt der Verlierer sich völlig erschlaffen, zum Zeichen, daß er aufgibt. Der Sieger läßt dann sogleich von ihm ab, damit der Besiegte sich eiligst entfernen kann. Kämpfende Hengste heben die Vorhand, um sich gegenseitig durch Biß in den Mähnenkamm und Schlagen mit den Vorderhufen zu Boden zu zwingen. Sie gehen vorn in die Knie und beißen sich in den Oberarm oder trommeln mit den Hinterhufen die Rippen des anderen. Der Wechsel dieser Artigkeiten kann unter tiefen Grunzlauten längere Zeit andauern, bis es dem Stärkeren gelingt, den Rivalen am Boden zu halten. Der kommt meist mit Biß- und Platzwunden davon. Nur selten läßt sich der Leithengst von seinem Posten verjagen. Gefährlich kann die Begegnung zweier Hengste mit verschiedener Urabstammung sein. Sie haben verschiedenes Kampfverhalten, verstehen das Ritual des anderen nicht und sehen nur noch den Feind, der vernichtet werden muß. Hier kann der Biß in die Luftröhre zum Tode führen.

Im Dressurreiten macht man sich das *sexuelle Imponiergebaren* des Hengstes in gesteigerter Form zunutze. Die erhabenen Gangbewegungen, seitwärts und geradeaus, werden ebenso in Freiheit beobachtet. Piaffe und Passage sind von

---

Seite 71. Der Hengst markiert die Kotstelle einer rossigen Stute mit einigen Tropfen Urin. Sein Gebaren bedeutet: Das Weib ist mein (oben). Ist eine willige Stute in Sicht, zeigt der Hengst sein Imponiergebaren. Er nähert sich erhobenen Kopfes und läßt ein herrisches Wiehern hören. Sein erhabener Gang ist im Dressurreiten als Passage bekannt (unten). Seite 72. Connemaraponys beim Deckakt an der Leine. Der Hengst (Lord Dun Carna) schachtet aus, die rossige Stute steht ganz ruhig (oben). Beim Aufreiten beißt er sich im Mähnenkamm der Stute fest (unten). Seite 73. Nach der Begattung gleitet er erschöpft von der Stute herunter (oben) und flehmt ausgiebig (unten)

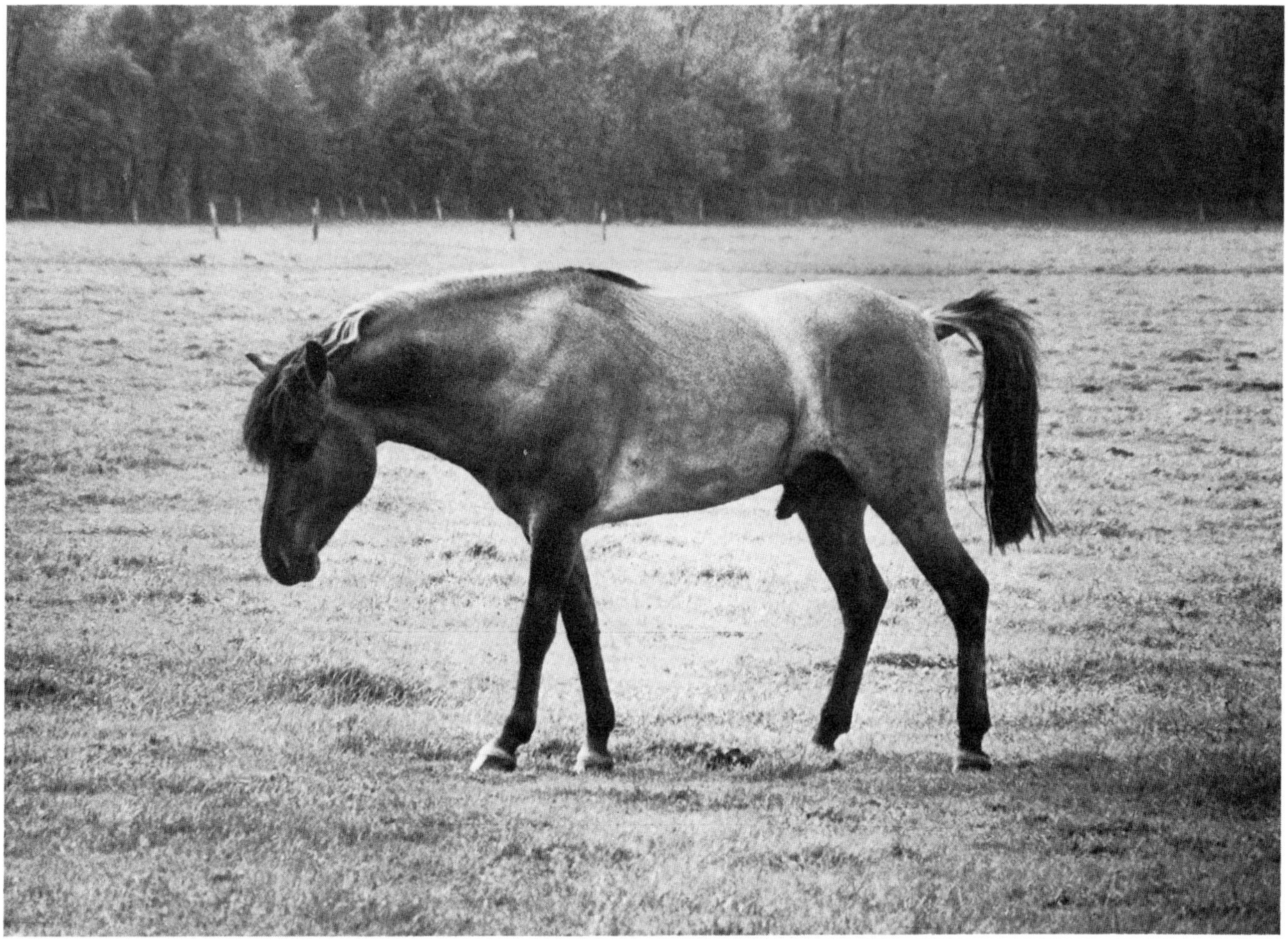

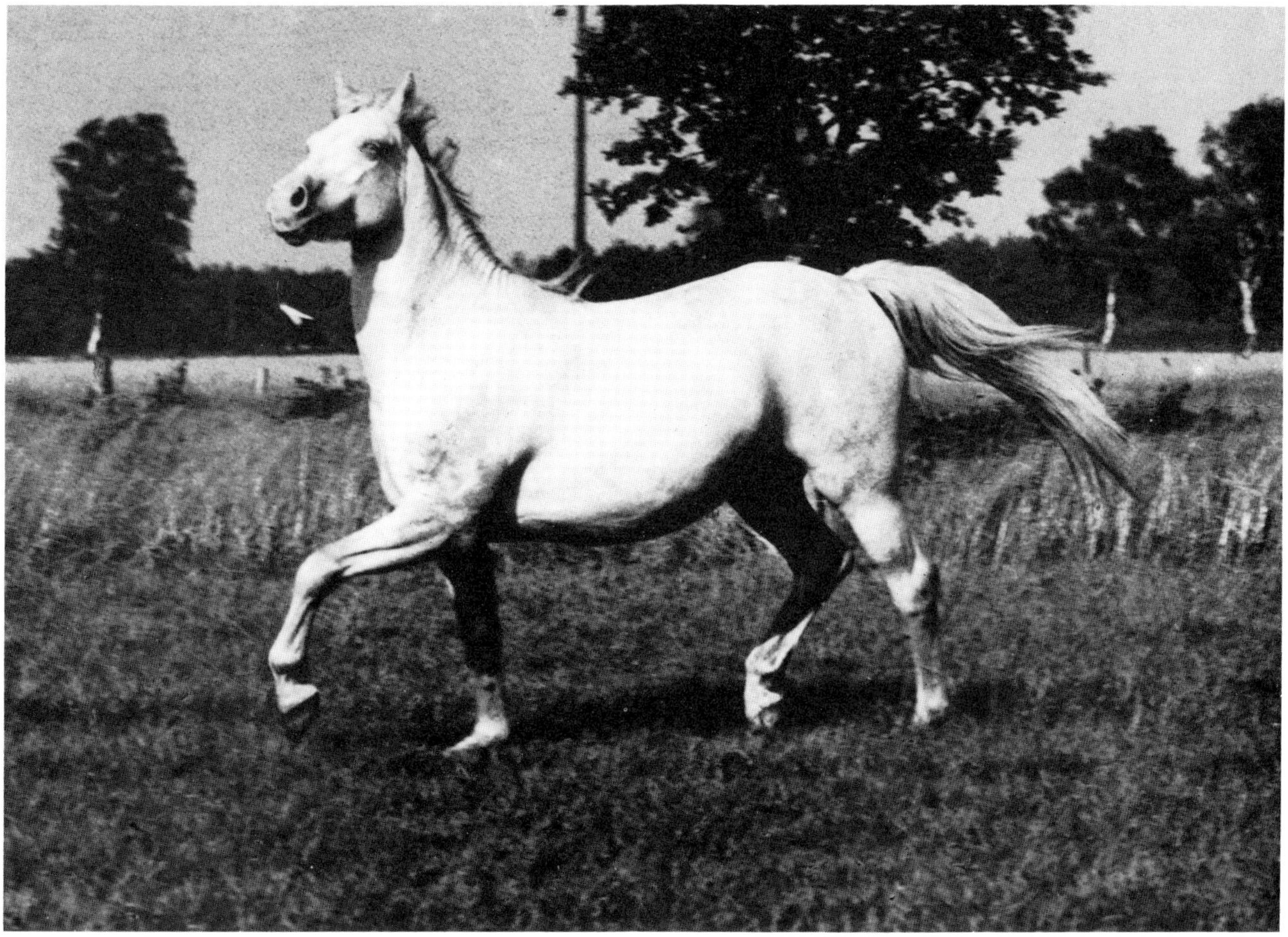

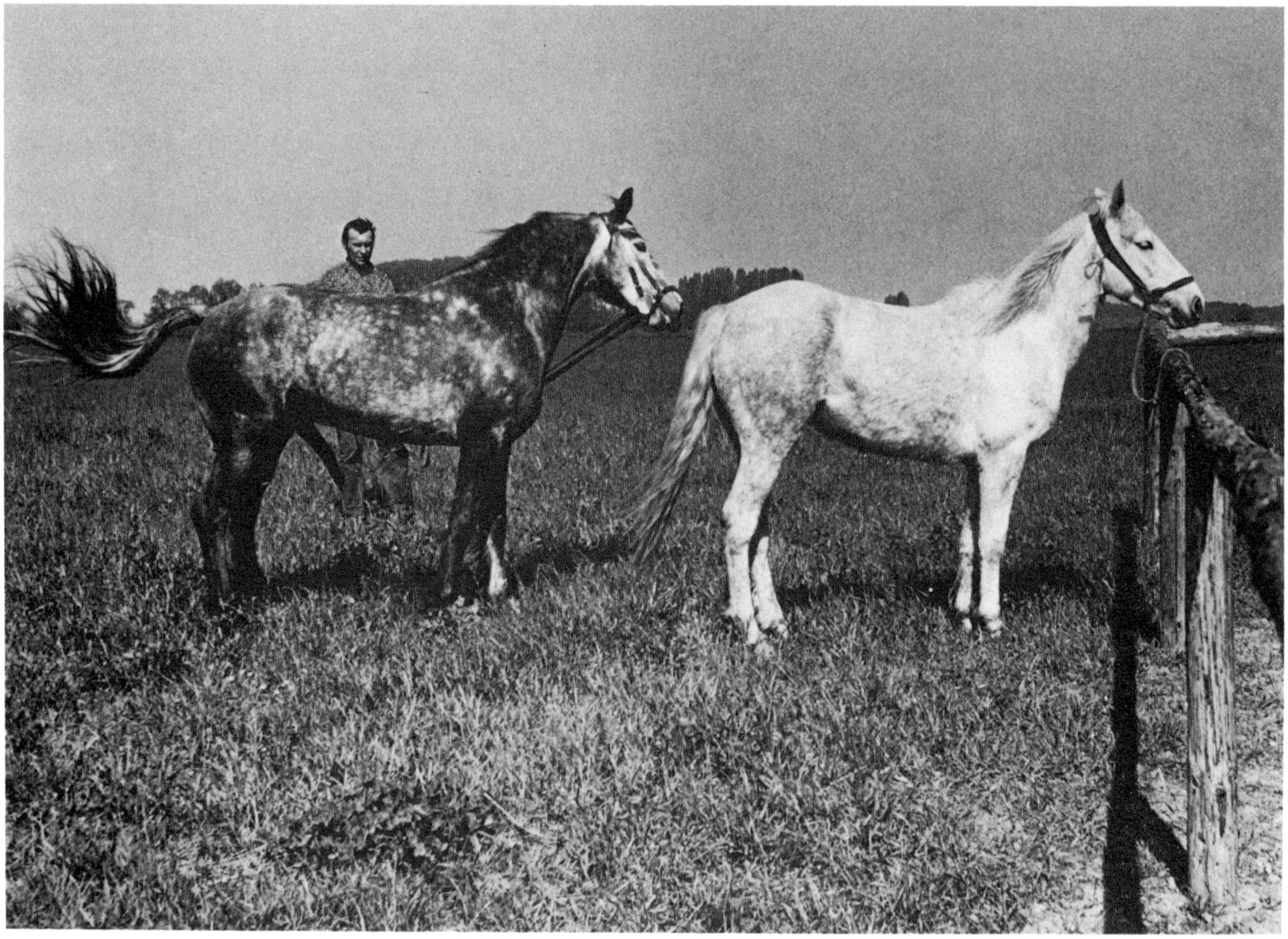

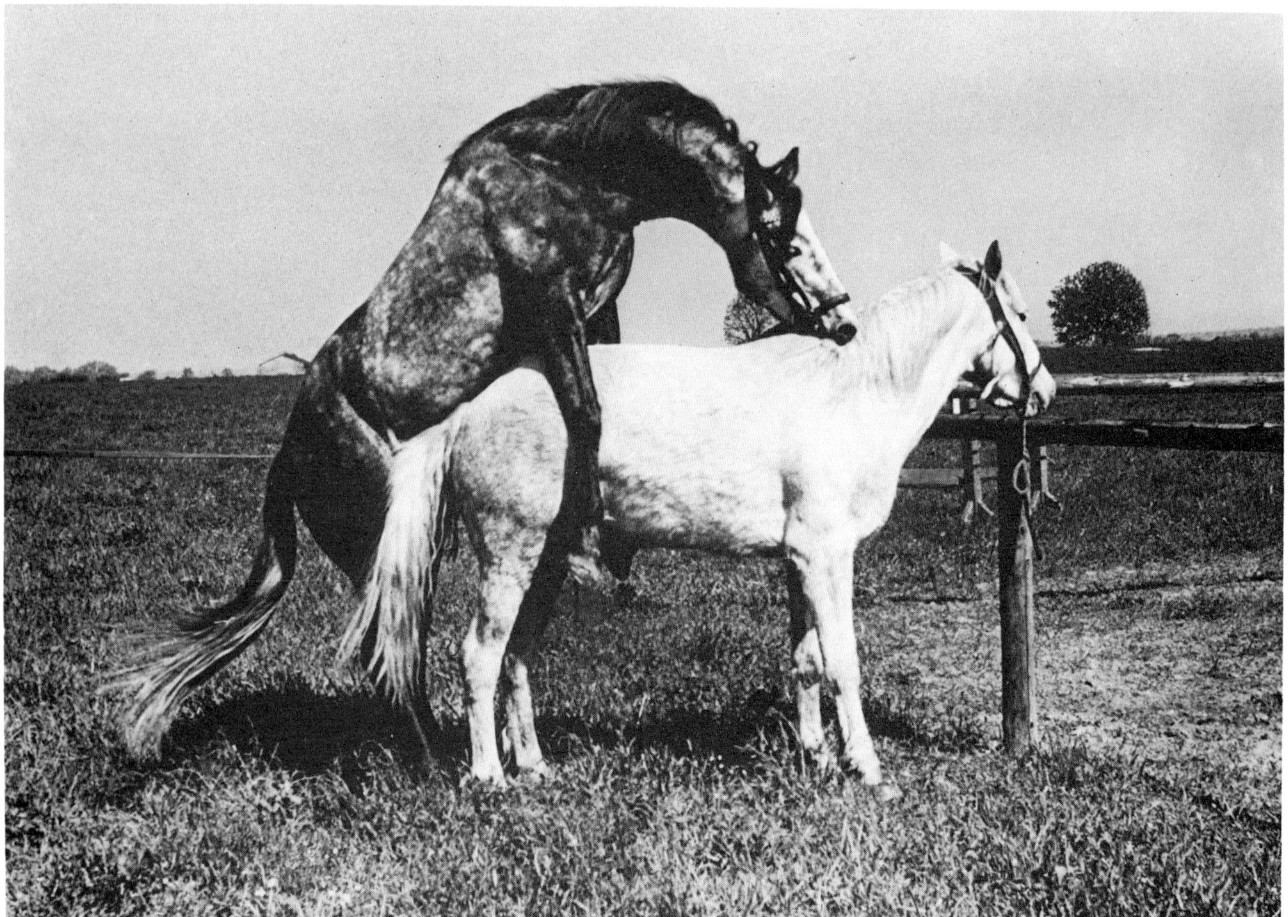

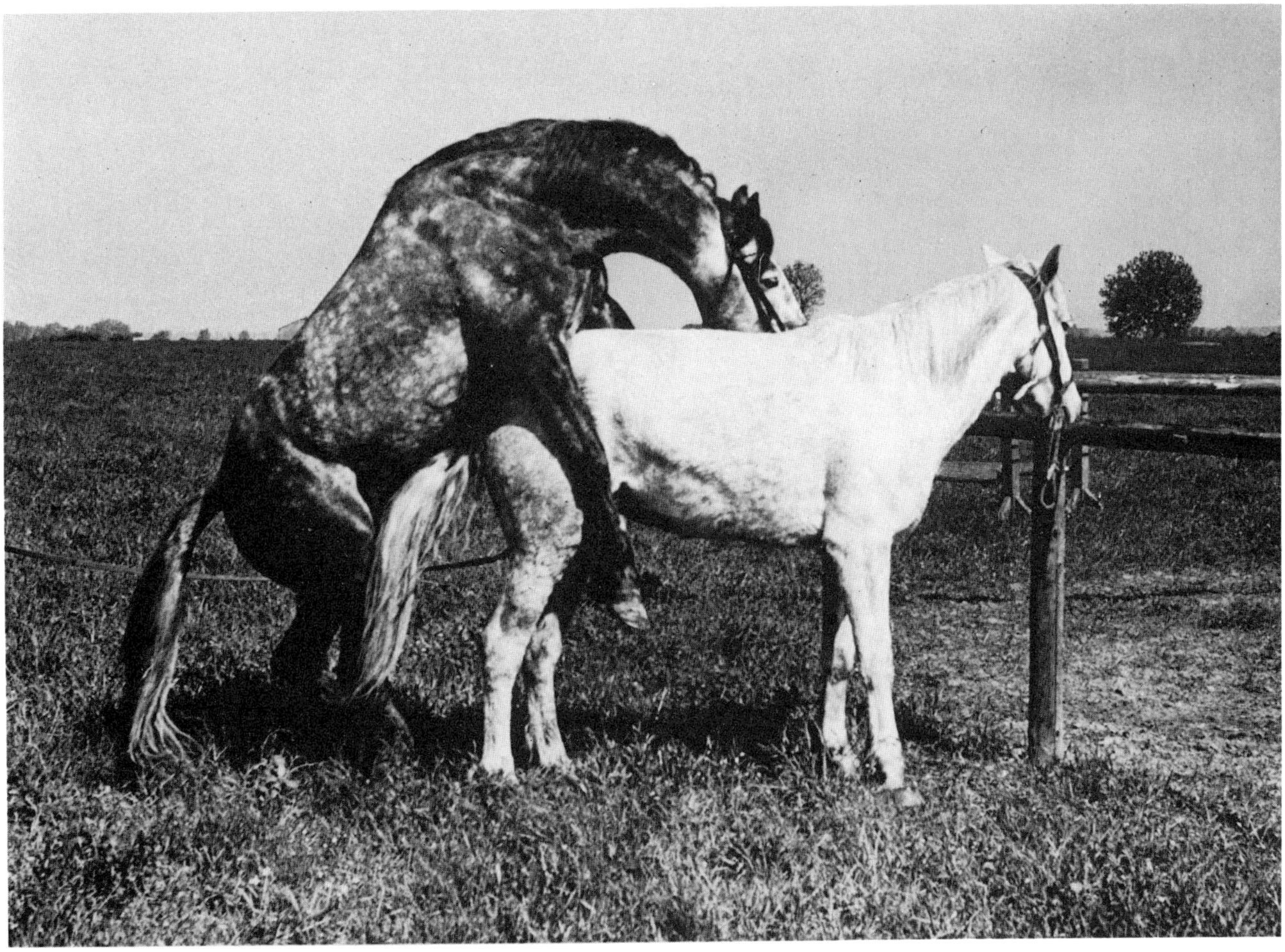

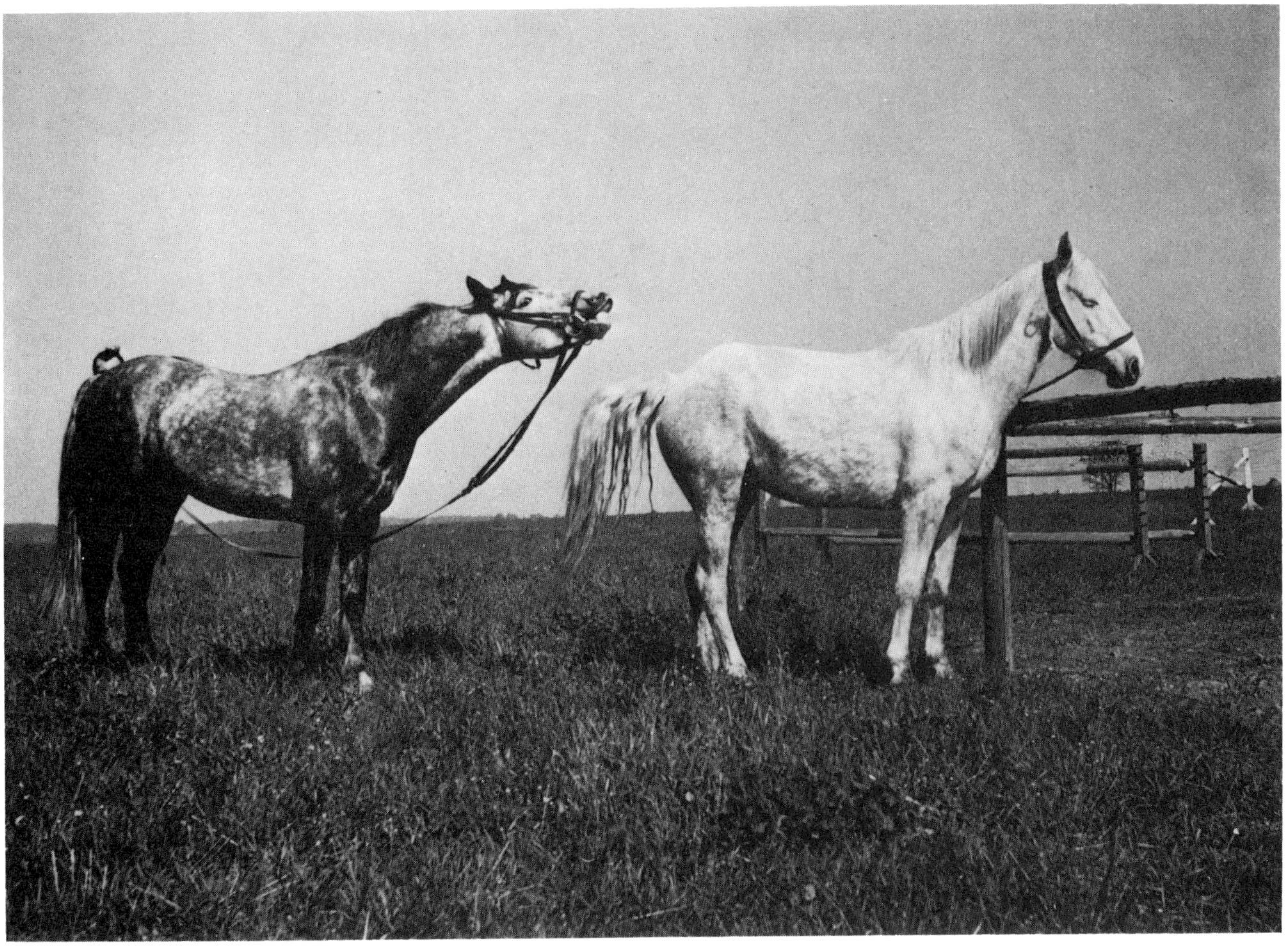

Natur aus dem Hengst eigen, seltener zeigen auch Stuten die Anlage zu stolzem Gang.

Wildlebende Pferde sind neugierig und wachsam. Verdächtiges nehmen sie schon auf weite Entfernung wahr. Bei Gefahr ist *Flucht* die vorherrschende Reaktion. Gehör, Geruchssinn und Sehvermögen sind so scharf ausgebildet, daß sie ihren Feinden rechtzeitig entkommen können. Das *Auge* vermerkt sowohl sehr feine Bewegungen in der Ferne als auch die geringste Mimik des Artgenossen in der Nähe. Die seitliche Stellung ermöglicht weite Blickwinkel nach den Seiten. Die regelmäßig begangenen *Wechsel* des Pferdes verlaufen in Zickzack- oder Schlangenlinie. Diese Vorsichtsmaßnahme soll die toten Blickwinkel nach vorn und hinten ausgleichen und Feinden die unbemerkte Annäherung auch aus diesen Richtungen unmöglich machen. Daß ein Pferdeauge alles Wahrgenommene neunmal vergrößert erscheinen lasse, gehört ins Reich der Fabel.

Das *Witterungsvermögen* dient der Fern- und Nahorientierung. Besonders aber in der Nähe wird alles mit der Nase geprüft, und erst nach gründlichem Beschnuppern ist ein Pferd ganz beruhigt. Das sehr scharfe *Gehör* ist nah und fern an jeder Erkundungssituation beteiligt. Beim Anblick eines unbekannten leblosen Gegenstandes tritt ein Pferd unschlüssig mit auf- und abwiegendem Kopf hin und her. Dann kommt es mit langem Hals näher, beschnuppert das Ding und berührt es mit dem Maul, bis allmählich das Interesse verlorengeht. Leblosen Gegenständen nähern sich wildlebende Pferde ganz. Bei Lebewesen wird immer eine *Fluchtdistanz* eingehalten, die in der Dämmerung am größten ist. Zu dieser Zeit greifen die Raubtiere an, sagt das Erbgedächtnis. Die Annäherung fremder Artgenossen oder Menschen wird zunächst mit der *Achtungstellung* quittiert. Nach eingehender Erkundung werden sie entweder allmählich in den Herdenverband einbezogen oder gemieden. Erscheint die Situation bedenklich, so ergreifen die Pferde die Flucht. Sind sie bei unterschrittener Fluchtdistanz in die Enge getrieben, können sie auch angreifen. Hirsch, Reh und Hase werden in der Herde geduldet, Fuchs und Dachs aber verjagt.

Anders als beim Hund, dessen Eigenschaften ihn zum Haustier geradezu vorherbestimmten, sind Wildheit, Schreckhaftigkeit und Flüchtigkeit des Pferdes keineswegs günstige Voraussetzungen für seine Domestikation gewesen. Sein

---

Seite 75. Diese Stute ist nicht rossig und läßt sich nicht decken. Sie springt hin und her, klemmt den Schweif ein, um das Eindringen des Penis zu verhindern, und keilt schließlich aus. Der Hengst geht unverrichteter Dinge. Connemaraponys (oben). Der Hengst (links) nähert sich einer Stute, sie zeigt ihm ihr Wohlwollen. Eine andere Stute (rechts) eilt eifersüchtig herbei und verprügelt im nächsten Augenblick ihre Rivalin, um den Deckakt zu verhindern. Dülmenerpferde (unten)

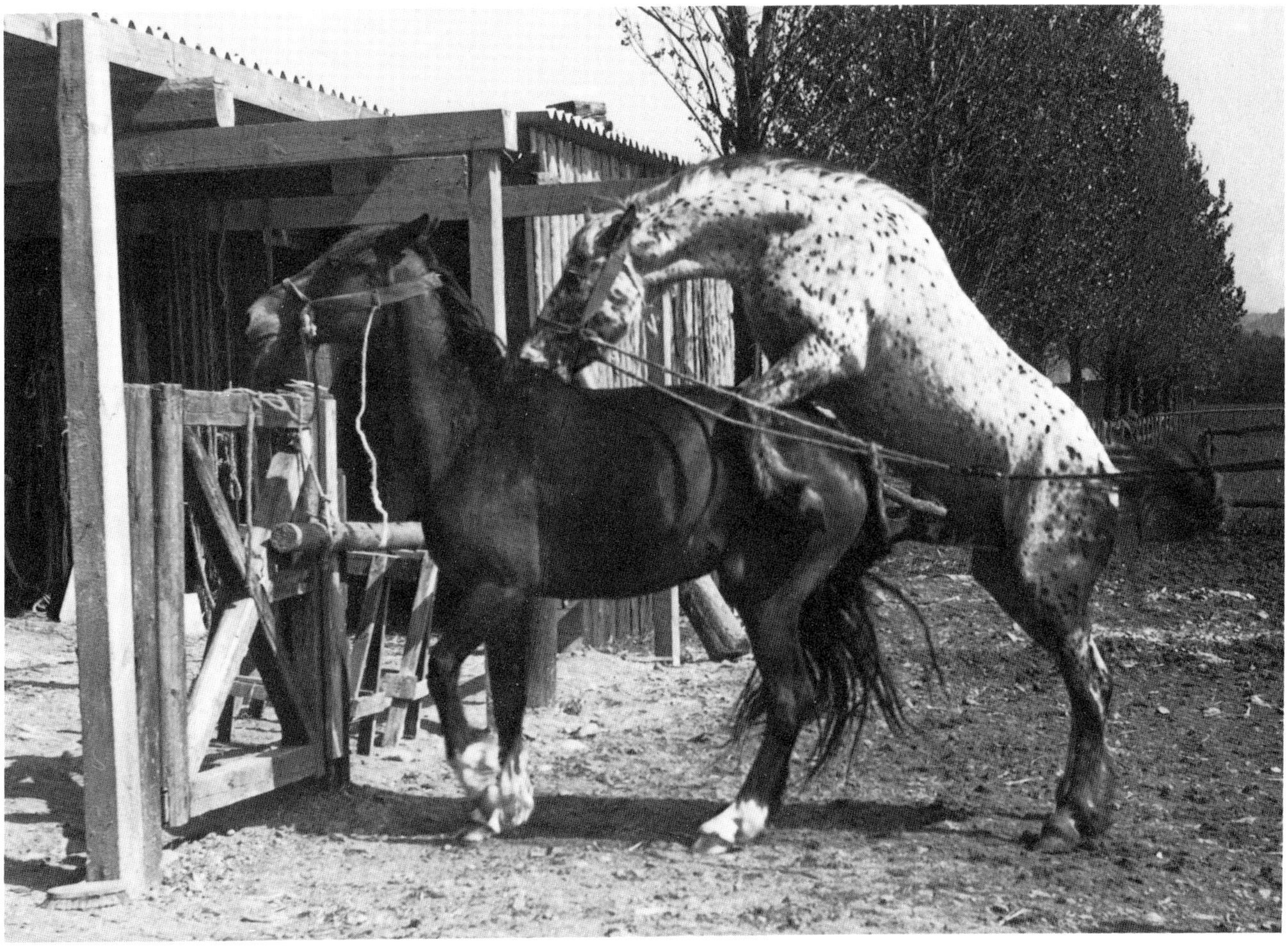

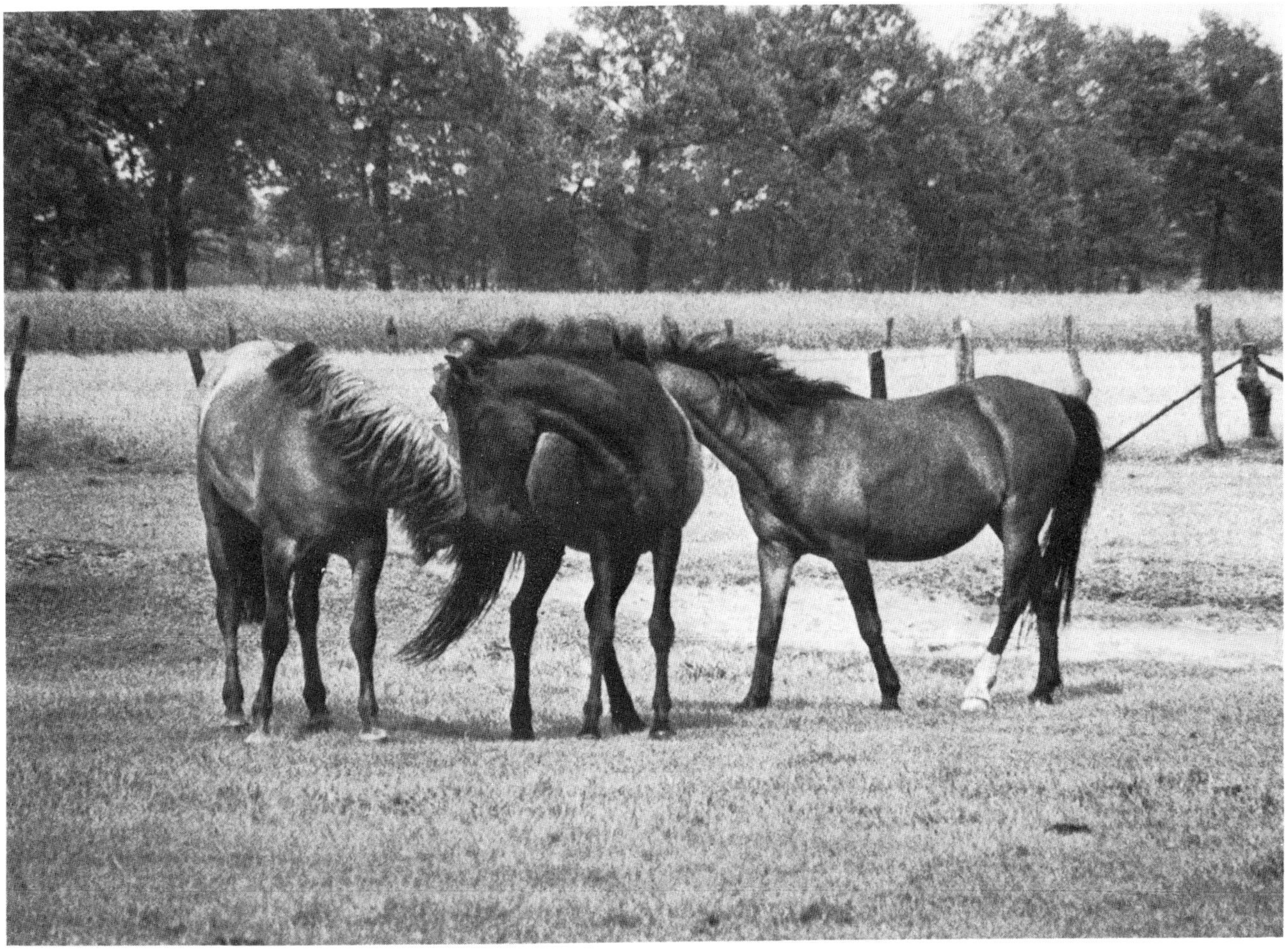

Lebenselement war die freiheitliche Weite, die im Dienst des Menschen zunehmend eingeengt wurde. Dennoch ist erstaunlich, wie sich das Pferd wider sein angeborenes Naturell der Unfreiheit angepaßt hat. Wer mit Pferden häufig Umgang pflegt, tut gut, sich in ihre Verhaltensweisen einzufühlen und sie für Erziehung und Ausbildung zu nutzen. Widersetzlichkeiten sind auf diese Weise weitgehend ausgeschaltet. Der Mensch wird als *Artgenosse* einbezogen. Die Freiheitsdressur ungebärdiger Hengste im Zirkus ist nichts weiter als behutsam gelenkte Förderung angeborener Eigenschaften. Voraussetzung sind Geduld und Einfühlungsvermögen des Ausbilders.

Pferde, die längere Zeit zusammenleben, denen im Sommer gemeinsamer Weidegang gestattet ist und die im Winter ungetrennt im Offenstall gehalten werden, bieten die beste Möglichkeit, das Verhältnis des Pferdes zum Menschen zu studieren. Pferde untereinander erkunden zuerst ihre Rangfolge. Die Willensäußerungen des Ranghöchsten sind maßgebend für alle anderen. Der Mensch verlangt Dienstleistungen vom Pferd, die oftmals seiner natürlichen Verhaltensweise widersprechen. Deshalb muß er bemüht sein, als Ranghöchster anerkannt zu werden, wenn das Pferd seinem Willen ohne Widersetzlichkeit folgen soll. Nicht rohe oder raffiniert ausgeklügelte Gewalt, sondern geistige Überlegenheit, die stets zwei Schritte weiterdenkt, als das Pferd vermag, schaffen einen willigen, seelisch ungebrochenen Gefährten.

Pferde erkennen vertraute Menschen an der Stimme, am Körpergeruch und am äußeren Gesamterscheinungsbild, wobei auch die Kleidung eine Rolle spielt. Regungen des menschlichen Gesichtes scheinen kaum Beachtung zu finden. Pferde lieben die stete *Wiederholung* täglicher Verrichtungen und Tagesabläufe, analog zum Wildleben, wo immer dieselben Wechsel begangen und Rangordnung, Futteraufnahme, Trinken und andere Handlungen in genauer Folge vollzogen werden. Sie schätzen die Gewohnheit so sehr, daß man mit deren Hilfe allmählich auch weniger beliebte Leistungen von ihnen verlangen kann.

Das *Gedächtnis* des Pferdes ist von höchster Qualität, wenn es sich um Situationen innerhalb seiner ererbten Verhaltenssphäre handelt. Es mag eine komplizierte Strecke in unwegsamem Gelände nur einmal begangen haben, es findet auch bei stockdunkler Nacht den Weg zurück zum Stall. Das Heimfindever-

---

Seite 77. Camarguepferde auf dem Wechsel. Pferde lieben die Gewohnheit. Gern benutzen sie immer wieder dieselben Wechsel, die durch Kothaufen markiert werden. Der Duft der Kotstellen dient als Hinweis für Herdenmitglieder und bedeutet fremden Artgenossen, daß sie das Wegerecht zu respektieren haben (oben). Die Achtungstellung ist das Zeichen höchster Aufmerksamkeit, alle Sinne sind auf eine Richtung konzentriert (unten)

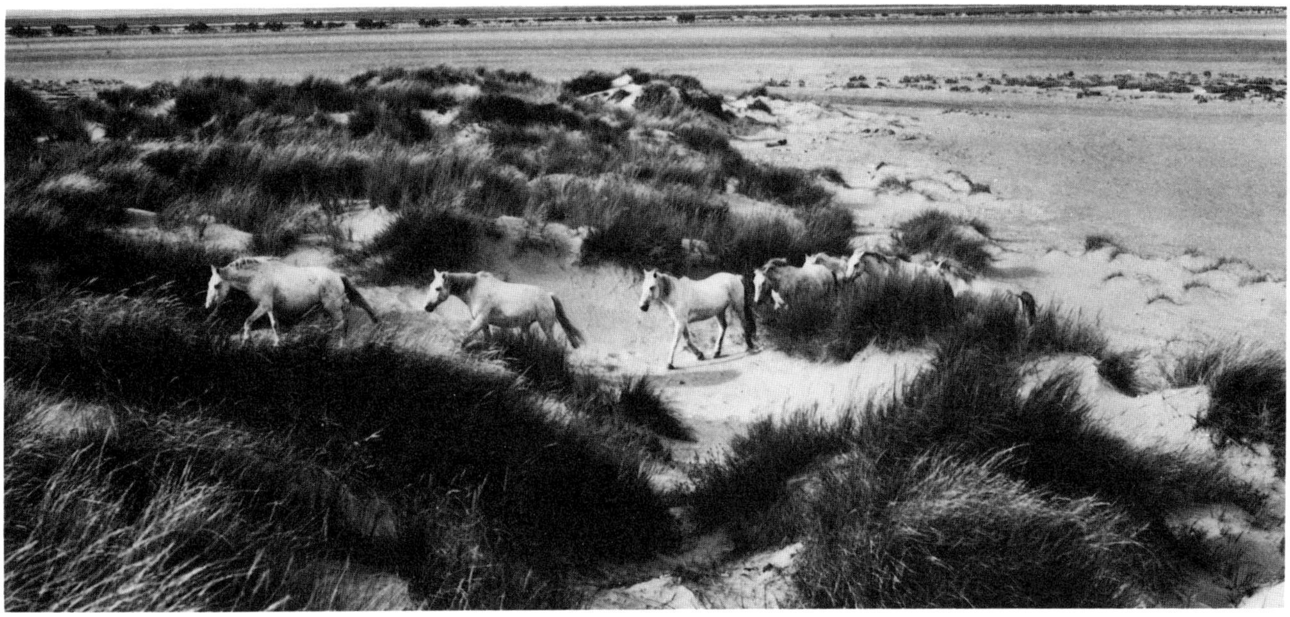

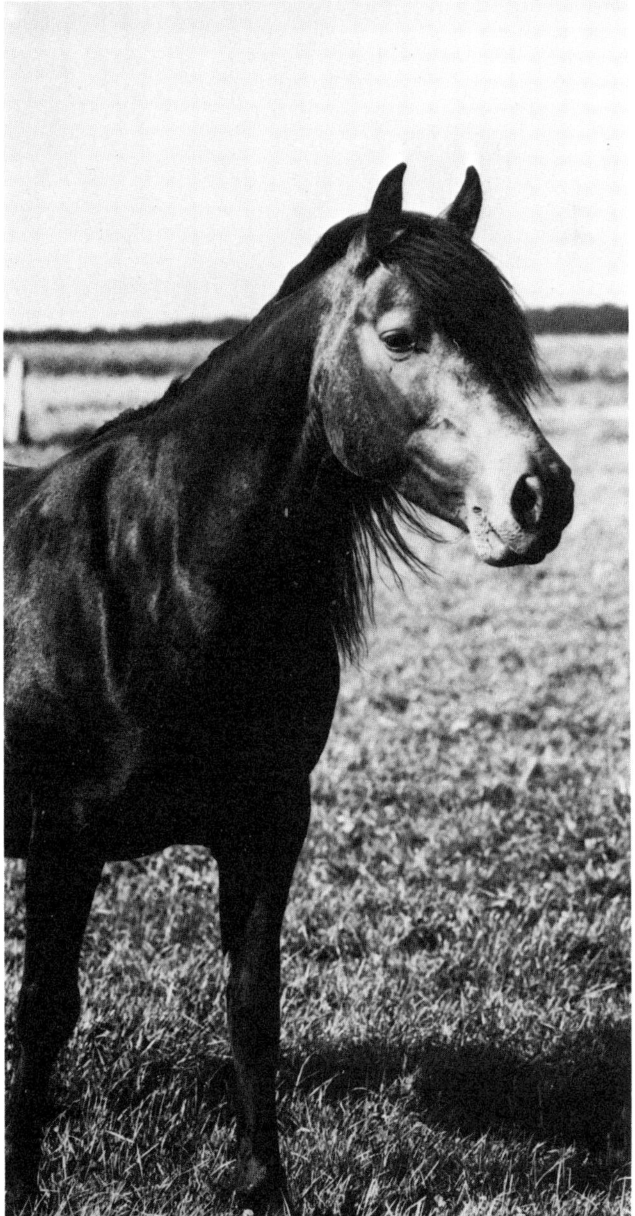

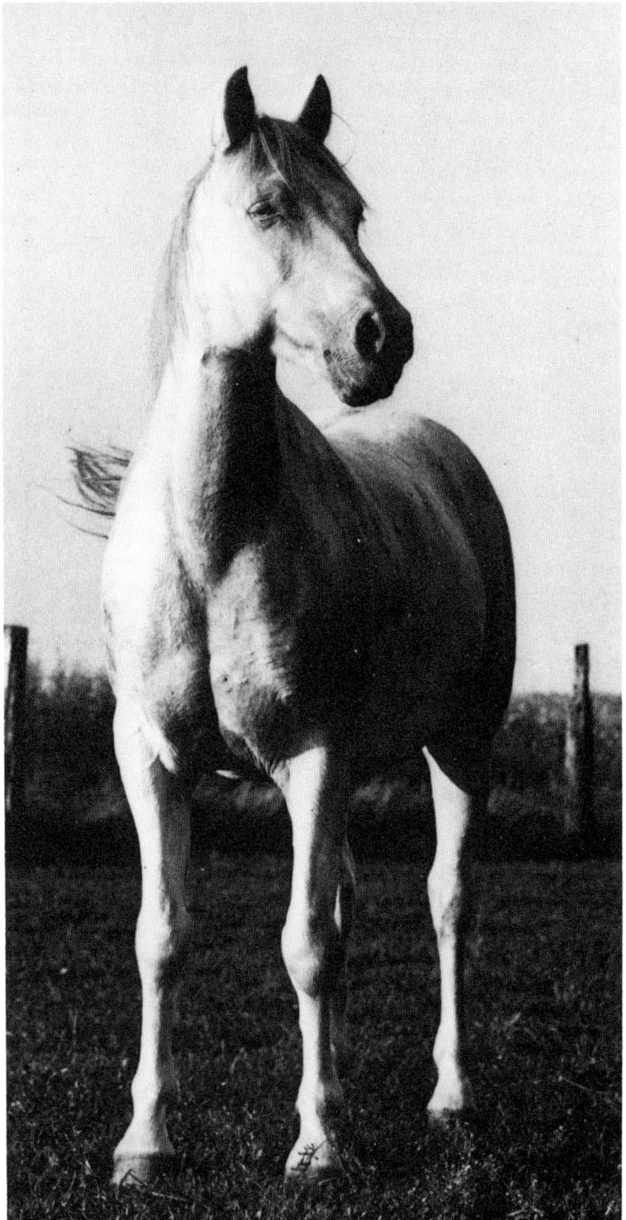

mögen versagt hingegen, wenn es im verschlossenen Lastwagen an einen unbekannten Ort transportiert wurde. Der Heimweg wird nur gefunden, wenn das Auge auf dem Hinweg bestimmte Landschaftsmerkmale aufnehmen konnte. Das Gedächtnis versagt bei Vorgängen, die im Wildleben nicht vorkamen. Füllt man vor den Augen eines Pferdes einen von mehreren Deckelkästen mit Hafer und läßt es erst nach etwa einer Stunde herantreten, so geht es keineswegs zielstrebig auf den gefüllten Kasten zu. Es untersucht zunächst andere Kästen, bis es zufällig den gefüllten findet. Das Gedächtnis vermag die flüchtige Handlung des Futtereinschüttens in einen bestimmten Kasten nur für ganz kurze Zeit zu bewahren. Wölfe hingegen vergessen in ihrer Gegenwart vergrabenes Futter Stunden und Tage nicht. Rasch verschwindenden Beutetieren nachzujagen oder aufzulauern und ihre Standorte zu behalten, ist in ihrem Wildleben eine Existenzfrage. Das natürliche Futter der Pferde aber hat seinen festen Platz, es verschwindet nicht plötzlich und muß deshalb nicht im Gedächtnis bewahrt werden. Dieses Beispiel zeigt, daß Auffassungsvermögen und Handlungsweise des Pferdes ursächlich vom Erbgedächtnis gesteuert werden. Die praktische Anwendung dieser Erkenntnis ist das Geheimnis aller Dressur. Sie gelingt aber nur, wenn sich das Pferd in Gegenwart des Menschen psychisch völlig entspannen kann und keinerlei Befangenheit, Beklemmung oder gar Angst empfindet.

Durch Einwirkung des Menschen und der Umwelt macht das Pferd individuelle Lebenserfahrungen, die sein Gesamtverhalten mitbestimmen. Neben den *ererbten* zeigt es *erworbene* Verhaltensweisen, die es bei sachgerechtem Umgang mit dem Menschen zum vertrauten Freund oder bei fehlerhafter Behandlung zum ablehnenden und verängstigten Widersacher werden lassen. Auf Ortsveränderungen und wechselnde Lebensbedingungen reagiert es empfindlich und gewöhnt sich nur langsam an neue Verhältnisse. Auch erworbenes Verhalten ändert sich kaum in reiferem Alter. Das Vertrauen eines Pferdes gewinnt man zunächst unter Berücksichtigung seiner Instinkte. Beriechenlassen von Putzzeug, Sattel und allen Dingen, die direkten Kontakt mit dem Pferd haben, befriedigt ein grundlegendes Bedürfnis und fördert die psychische Gelassenheit. Gleiche Wirkung hat die beruhigende menschliche Stimme. Unterschiedlicher

---

Seite 79. Beispiel für die Rangordnung. Zwei Camarguepferde versuchen das Leittier zu überholen. Verärgert gibt es durch Drohmimik zu erkennen, daß ihm diese Respektlosigkeit mißfällt (oben). Es beißt nach hinten und drängt die allzu Forschen zurück (Mitte). Nachdem das Leittier die Führung übernommen hat, ist es zufrieden, aber wachsam horcht es nach hinten (unten)

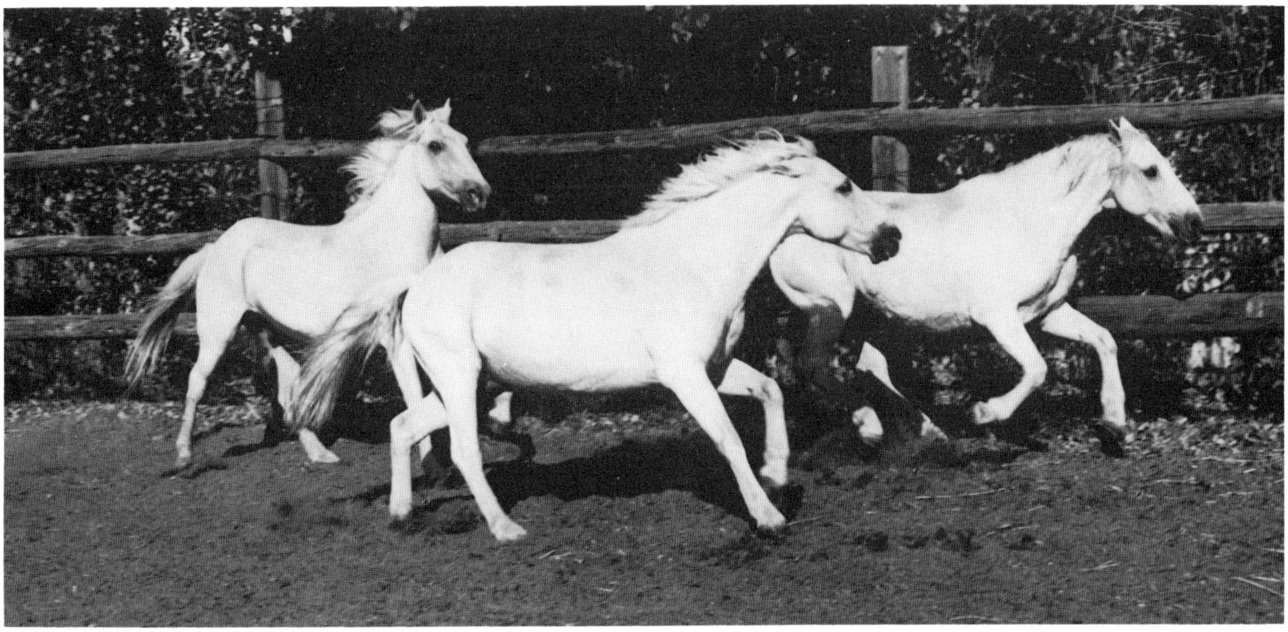

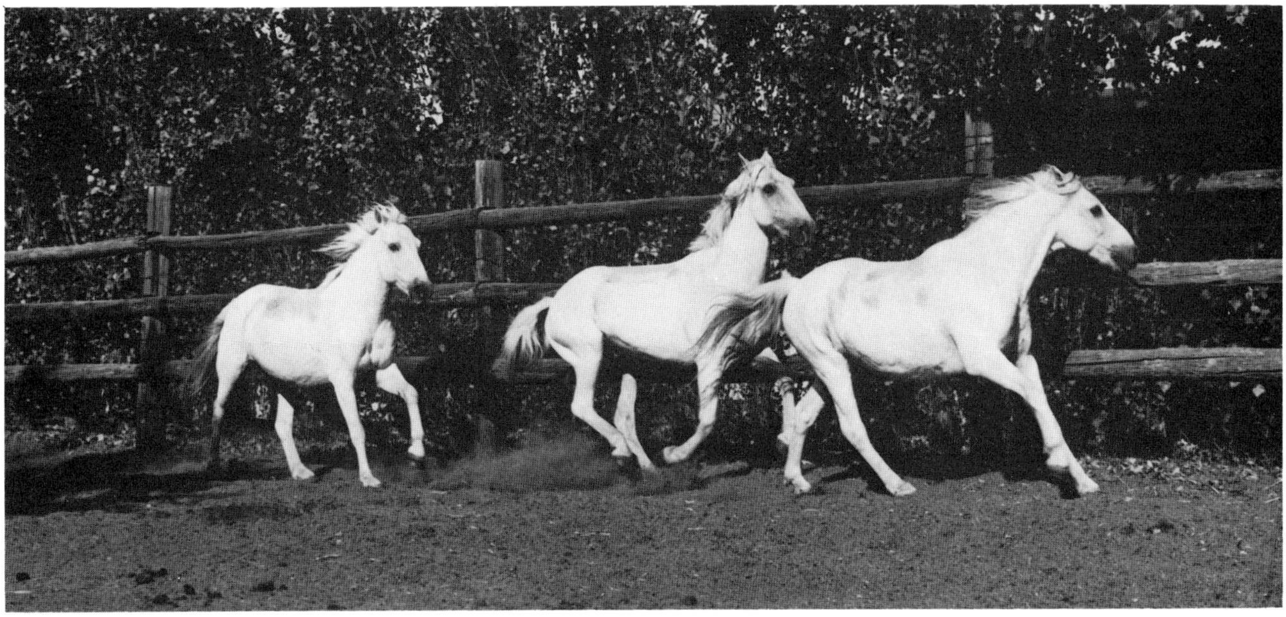

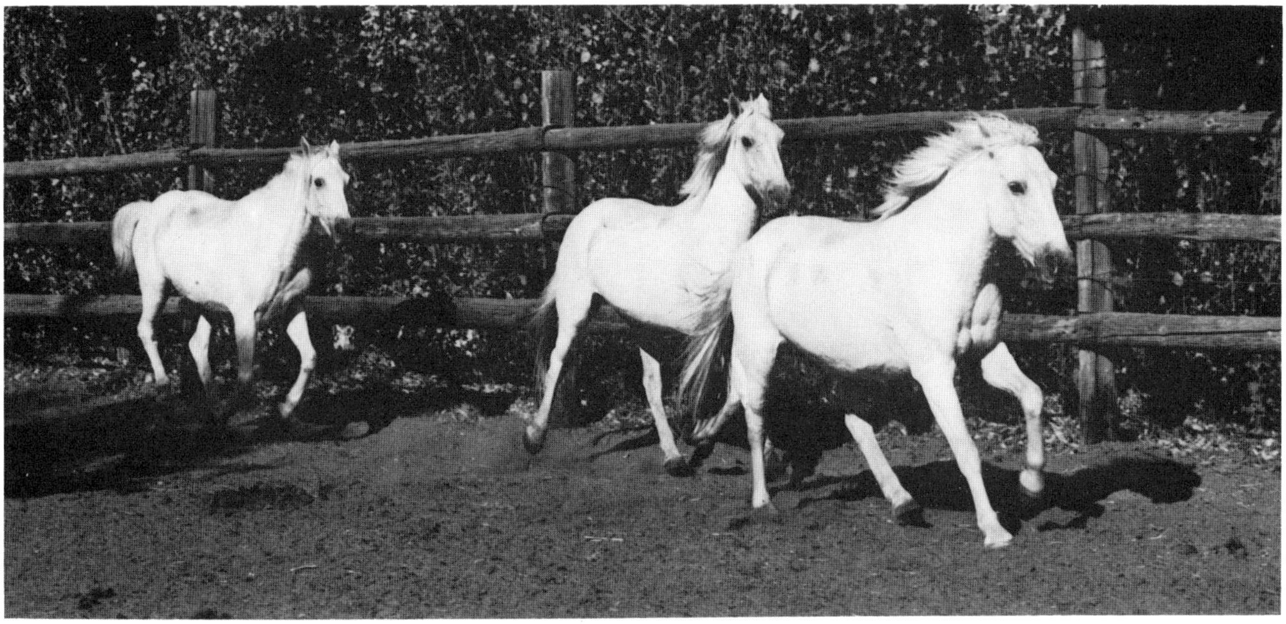

Tonfall und bestimmte Worte in ständiger Wiederholung können sogar reiterliche Hilfen ersetzen.

Ruhiges gleichmäßiges Gebaren bei täglichen Verrichtungen entspricht der Wesenheit des Pferdes. Hastige unbeherrschte Bewegungen erzeugen Schreck- oder Abwehrreaktionen. Nur Pferde, die methodisch an Unruhe gewöhnt wurden und keine bösen Erfahrungen sammeln mußten, bleiben gelassen. Läuft eine Person sehr rasch eine Stallgasse entlang, so ist durch das plötzliche Unterschreiten der Fluchtdistanz unterschiedliches Schreckverhalten der Pferde in den Boxen zu beobachten. *Das Erbgedächtnis* reagiert automatisch. Nachfahren des aggressiven Ramskopfpferdes legen die Ohren an, erheben die Vorhand und versuchen mit den Zähnen nach dem Störenfried zu schnappen. Die gleiche Reaktion erfolgt zunächst auch bei einer vertrauten Person. Nur wird dann die Aggression durch den Biß in einen Holzbalken oder einen anderen erreichbaren Gegenstand abgeleitet, weil das Pferd seinen menschlichen Freund eigentlich gar nicht beißen will. Es folgt zuerst dem zwingenden Befehl seines Erbgedächtnisses und ändert dann blitzschnell die Handlungsweise aufgrund seiner positiven individuellen Erfahrung. Pferde mit dem Erbe von Urpony und Urvollblüter können in der Fluchtreaktion erschreckt gegen die Wand springen. Nachkommen des Tundrenponys sind nicht so leicht aus der Ruhe zu bringen.

Falls keine Einzelboxen vorhanden sind, verhindert ausreichender *Individualabstand* ungetrennter Pferde beim Füttern überflüssige Rangordnungskämpfe. Beachtung der Rangfolge beim Reiten im Gelände zu mehreren erleichtert die reiterliche Arbeit. Das Pferd folgt weniger aufmerksam den Hilfen seines Reiters, wenn ihm ein unangenehmer Artgenosse zu dicht auf den Leib rückt. Kleine helle oder blitzende, am Boden liegende Gegenstände veranlassen Pferde unter dem Reiter oftmals zu erschreckten Seitensprüngen. Das Erbgedächtnis erinnert sofort an die weißblitzenden Zähne des im hohen Grase lauernden Raubtieres. Die häufig beobachtete Bestrafung des Pferdes erreicht das Gegenteil des Gewollten. Nur Ruhe, Geduld und Gewöhnung können die Furcht allmählich etwas abbauen.

Ein Pferd, das sich dem Willen des Menschen nicht bedingungslos fügen will, wird gängigerweise als schlechter Charakter sogleich zum Verbrecher gestem-

---

Seite 81. Beispiel für die Aggressionslust des Ramskopfpferdes. Sobald der Gardian auf dem Boden mit dem Halteseil die Ringelbewegungen einer Schlange imitierte, stieg der ansonsten friedliche Berberhengst mit schlagenden Vorderhufen empor. Da er nicht fliehen konnte, befahl ihm das Erbgedächtnis, das vermeintliche Reptil, das die Fluchtdistanz unterschritten hatte, zu bekämpfen. Das Experiment war mit der stets gleichen Reaktion häufig wiederholbar, ohne jemals eingeübt zu sein (oben). Wenn aber Flucht möglich ist, bleibt sie bei aufkommender Gefahr zumeist die vorherrschende Reaktion (unten)

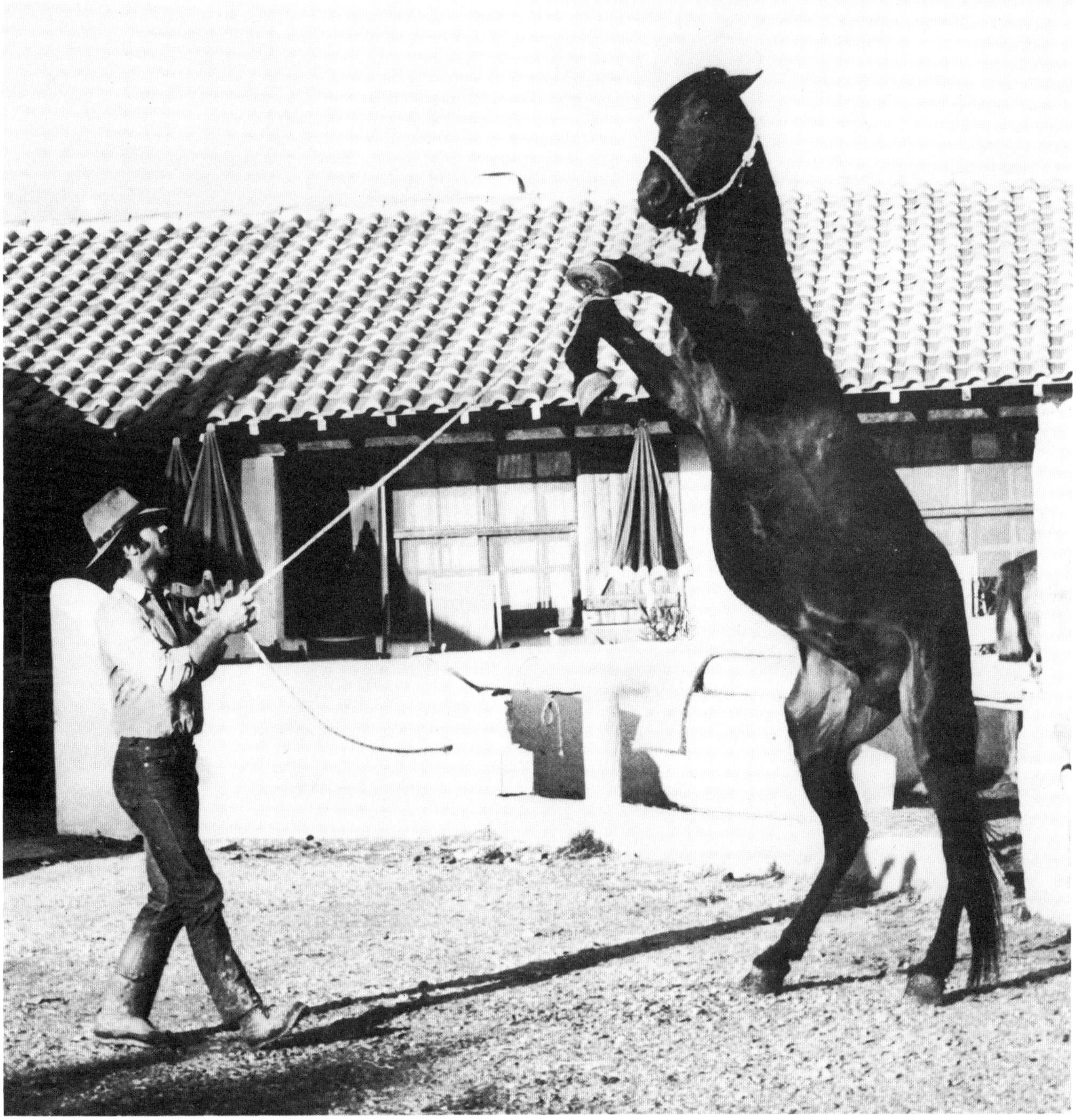

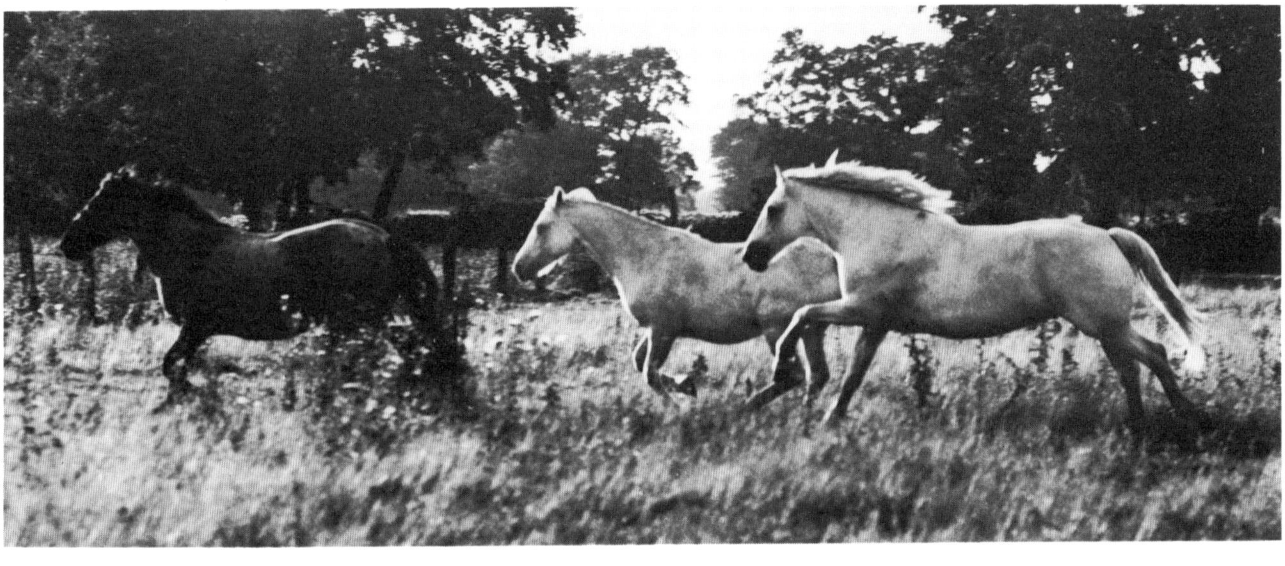

pelt. Der Mensch ist nur selten geneigt, den Fehler bei sich selbst zu suchen. Pferde werden nicht bösartig geboren, sie werden vom Menschen dazu gemacht, weil ihre Verhaltensweisen nicht verstanden werden. 4 000 Jahre Zuchtgeschehen schufen nach des Menschen Vorstellung das sogenannte herrlichste Geschöpf auf Gottes Erde und groteske Fehlentwicklungen, die ironisch mit Gaul, Schindmähre und Klepper abqualifiziert wurden. Die vier Urwildpferde waren in Körperbau und Verhalten so optimal auf ihre jeweilige Umwelt abgestimmt, daß sie bestmögliche Leistungen für ihr Überleben erbringen konnten. Fortlaufende Vermischungen aus dem Erbe der Urpferdeformen ergaben völlig neue Rassen. Extrem mißlungene Geschöpfe dieser Vermischungen sind auch für den Laien äußerlich leicht erkennbar. Die einzelnen Körperteile wollen nicht zueinander passen. Wie mag es dann wohl mit der Psyche beschaffen sein? Muß nicht die Disharmonie eines zusammengewürfelten Erbes, besonders bei falscher Behandlung oder ungünstigen Lebensbedingungen fortwährend widerstreitende Gefühle und Verhaltensweisen auslösen?

Pferde mit dem vermischten vorherrschenden Erbe von Urvollblüter und Ramskopfpferd erweisen sich manchmal besonders schwierig im Umgang mit dem Menschen. Sensibilität, Kontaktfreude und Furchtsamkeit liegen im Widerstreit mit Aggressivität, Einzelgängertum und Furchtlosigkeit. Eine derart extrem konstruierte Psyche neigt bei ungünstigen äußeren Einflüssen zu unberechenbaren Verhaltensexplosionen. Finden derart komplizierte Pferde einen verständnisvollen Erzieher, der ihr Verhalten versteht und sie sachkundig behandelt, sind sie keineswegs bösartig. Doch schon wenig Unverständnis vermag sie für immer zu verderben. Andererseits gelten Pferde dieser Abstammung als besonders gelehrig und leistungsstark. Häufig sind sogenannte Schlappohren zu beobachten. Die langen Ohren des Ramskopfpferdes erhalten die seitliche Stellung durch eine andersartig ausgebildete Ohrenmuskulatur des Urvollblüters. Viele Tiere der ehemaligen Trakehner Rappherde und auch Anglo-Araber zeigen dieses Merkmal.

Das Beispiel verdeutlicht, wie vielschichtig das Verhalten eines Pferdes sein kann. Nichts kommt von ungefähr, alles hat eine logische Ursache, die zu ergründen verpflichtet ist, wer sich mit Pferden befaßt. Der Mensch trägt die Verantwortung für ein Lebewesen, das er sich zu eigen machte und zum herrlichsten Geschöpf erkor. Während er das Pferd zu seinem Nutzen nach seinem Wunschbild zu formen trachtet, überspielt er selbstherrlich dessen wahre Natur. Indessen feiert unter sentimentalem Geschwafel die permanente Gedankenlosigkeit ihre Triumphe. Das große Glück der Pferde ist, wenn Menschen sie verstehen.

Wildlebende Pferde

In freier Wildnis lebende Pferde, von keines Menschen Hand je berührt, existieren vielleicht nur noch in der Mongolei. Sie wären an den Fingern abzuzählen. Überall sonst auf unserer Erde wird ihr Dasein vom Menschen bestimmt. Refugien wildlebender Pferde sind nicht so selten, wie man zunächst vermuten möchte, doch nimmt ihre Zahl im nahezu restlos erschlossenen und genutzten Europa ständig ab. Auf den britischen Inseln, auf Island, auf der schwedischen Ostseeinsel Gotland, im spanischen Bergland, in Südfrankreich, in Deutschland und in den osteuropäischen Ländern leben noch immer urtümliche Pferde in relativer Freiheit. Keines aber trägt das absolut reine Erbe eines eiszeitlichen Vorfahren, mit Ausnahme des Exmoorponys, das in England beheimatet ist.

Nach Beginn der Eiszeit konnte das Nordpony in Alaska der Gletschereinschließung bald wieder entkommen. In seinem heftigen Expansionsdrang durchwanderte es Eurasien und stieß bis Britannien vor, das zu jener Zeit noch mit dem Festland verbunden war. Als der große Gletscher fast ganz England bedeckte, konnten sich die Urwildpferde auf dem eisfreien Landzipfel im Südwesten behaupten. Nachdem aber das Meer die britischen Inseln vom Kontinent getrennt hatte, waren ihnen jahreszeitliche Wanderungen für immer verwehrt. Das kleine Urpony mit dem großen Fernweh mußte sich auf begrenztem Gebiet einrichten. So rettete die Natur im Exmoorpony ein Pferd aus grauer Vorzeit geradewegs in unsere Tage herüber. Das einzige wohl auf dieser Welt.

Seite 85. Wildlebende Pferde in Europa heute. 1 = Exmoorponys. 2 = Islandponys. 3 = Dülmenerpferde. 4 = Camarguepferde. 5 = Connemaraponys. K = Vermutlicher Wanderweg der Kelten etwa 800–400 v. Chr., die das Keltenpony, also den Urvollblüter, mit sich führten. Wahrscheinlich gelangten durch die Kelten erstmals Südpferde in den Norden. W = Fahrtroute der Wikinger 900–1 000 n. Chr., die das Germanenpony, also Urpony und Tundrenpony, mit sich führten. Die auf dem Weg nach Island in England aufgenommenen Pferde trugen bereits auch das Erbe des Keltenponys

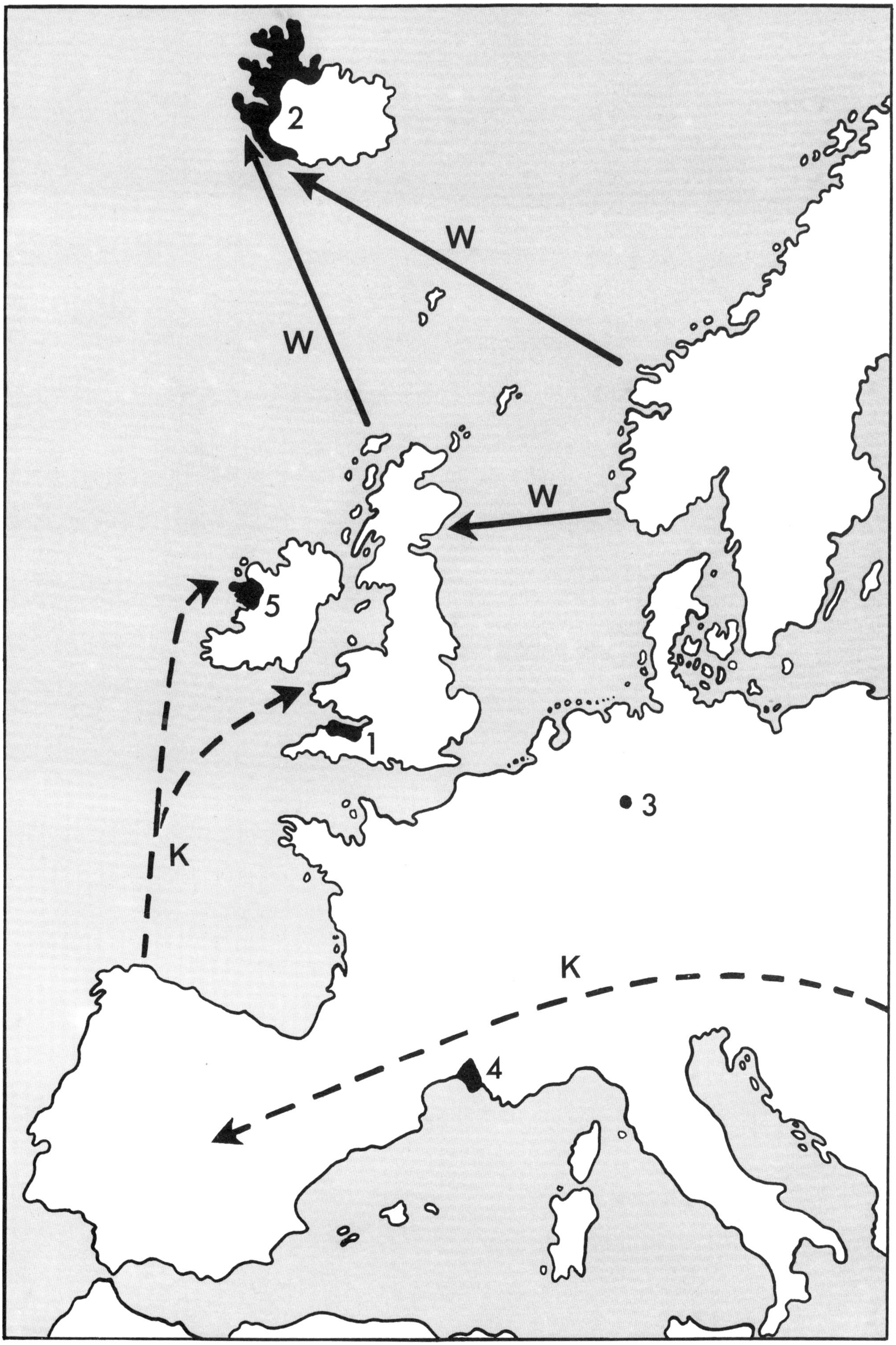

2
W
W
W
5
1
3
K
K
4

Exmoorponys

Soweit der Mensch zurückdenken kann ist Exmoor in Südwestengland, das Ödlandgebiet im Grenzbereich der Grafschaften Devon und Somerset am Südufer des Bristolkanals, die Heimat dieser urigen Ponys gewesen. Lange Zeit mied der Mensch die einsame Hochmoorlandschaft, die den Tieren ein unberührtes Dasein bescherte. Heute, nachdem die Randgebiete von Farmern besiedelt sind, tragen alle Exmoorponys das Brandzeichen ihres Besitzers, und ihre Bewegungsfreiheit ist durch Zäune eingeschränkt. Unverändert blieben das stürmische Regenklima des Atlantik und die harte Winterszeit, die sie ohne Zufutter bestehen müssen. Die Ponys haben wenig Berührung mit dem Menschen. Das ganze Jahr sind sie sich selbst überlassen. Alljährlich im Oktober reiten die Farmer hinaus, um die Herden einzutreiben. Fohlen erhalten nach strenger Prüfung ihr Brandzeichen und Verkaufsponys werden aussortiert, um auf dem Herbstmarkt in Bampton ihren Käufer zu finden.

Richtlinien der Zucht zielen auf Reinerhaltung des Urtyps mit seinen robusten Eigenschaften. Alle reinrassigen Exmoorponys sind gleichfarbig. Die torfbraune Fellfärbung kann etwas heller oder dunkler ausfallen, während Langhaar und Gliedmaßen immer schwarz bleiben. Typisch sind Mehlmaul, helle Augenringe und leichte Aufhellung der Flanken. Das Erscheinungsbild deckt sich in allen Details mit dem des Urponys.

Das Exmoorpony, mit einem Stockmaß von nur 125 cm, eignet sich vorzüglich als Reitpferd für Erwachsene und Kinder. Seit alter Zeit wird es von Farmern für den Viehtrieb verwendet. Auf der Parforcejagd hinter der Meute trägt es einen erwachsenen Mann den ganzen Tag, ohne zu ermüden. Keinem der Reiter auf großem Jagdpferd würde einfallen, sich über Ponyreiter zu mokieren, in England wohlgemerkt. Schnelligkeit und Galoppierfreude lassen Exmoorponys mit dem Jagdfeld mühelos schritthalten. Das Überwinden fester Hindernisse ist ihnen selbstverständlich. Von jeher sind sie gewöhnt, auf grasbewachsene Felsbuckel zu springen, um auch dort nach Nahrung zu suchen. Auch das Exmoorpony hat neben Berberpferd und Araberpferd sein Erbe im englischen Vollblüter hinterlassen.

Wildlebende Pferde in Europa heute. Das Beispiel einiger soll stellvertretend für alle übrigen Rassen einen kleinen Einblick in ein freiheitliches Leben geben, von dem unsere hochgezüchteten Stallpferde nur noch träumen können. Wer Geduld aufbringt, Pferde in Freiheit zu beobachten, wird Pferde in Unfreiheit besser verstehen lernen.

Farbtafeln

Seite 89
Dülmenerpferde im Winterfell. Die Wildpferdfarben überwiegen, das Grau des Tarpans, das Ockerbraun des Przwalskipferdes (beide oft mit Aalstrich und Querstreifen an den Beinen) und das Dunkelbraun mit Mehlmaul des Exmoorponys. Weiße Abzeichen verraten Einmischungen von Hauspferden.

Seite 90
Camarguepferde. Porträt des ursprünglichen Typs mit den Merkmalen des Urponys: Kurzer Kopf, breite Stirn, große Augen, kleine spitze Ohren und üppige Mähne (oben links). Der heute häufiger anzutreffende Durchschnittstyp ist „pferdeähnlicher": Langer Kopf, schmale Stirn und kleine Augen verraten Einmischungen von Berberpferden (oben rechts). Connemaraponys. Dunkelgeborene Schimmelstute (Vater Clonkeehan Auratum) mit dunkler Haut. Mit zunehmendem Alter wird die Fellfarbe schließlich weiß (unten links). Ebenfalls eine dunkelgeborene Schimmelstute (andalusischer Typ), deren dunkle Haut sich an einigen Stellen mit zunehmendem Alter rosa färbt. Üblicherweise wird diese Veränderung mit „Teilalbinismus" bezeichnet (unten rechts).

Seite 91
Die meisten Islandponys fürchten Sumpf und Wasser nicht, überkommene Merkmale der Nordponys.

Seite 92
Der Spielkampf der Hengste wird bitterer Ernst, wenn sie eine rossige Stute wittern. Das Ritual bleibt immer dasselbe. Aufforderung zum Kampf durch Biß in den Mähnenkamm (unten links). Der Biß in das Vorderbein soll den Gegner in die Knie zwingen (oben). Der steigende, mit Zähnen und Vorderhufen angreifende Hengst ist im Ernstfall ein gefährlicher Gegner (unten rechts). Auf dem natürlichen Kampf- und Imponierverhalten der Hengste gründet teilweise die Zirkusdressur (Hinknien, Laufen auf den Hinterbeinen u. a.) und das Dressurreiten (Piaffe, Passage, Levade, Courbette etc.).

Seite 93
Den Herdentrieb nutzend, gewöhnt man das junge Islandpony in Gesellschaft seiner Artgenossen an fleißiges Vorwärtsgehen unter dem Reiter. Handpferde ermöglichen häufigen Pferdewechsel zur Steigerung des Durchschnittstempos auf längeren Reisen.

Seite 94
Camarguepferde in der Sumpfsteppe ihrer Heimat. Sie sind äußerst mißtrauisch. Bei Annäherung fremder Menschen wahren sie großen Abstand (oben). Die Leidenschaft des provenzalischen Menschen für den Stierkult erhält die Zucht der halbwilden Camargueschimmel. Eintreiben einer Stierherde aus der Weite der Steppe in das Gatter am Gehöft (unten).

Seite 95
Ein Reiter der Camargue. Jean Bounias präsentiert sein Spitzenpferd Gabian. Wer würde hier nicht an einen Lippizaner der Spanischen Reitschule erinnert?

Seite 96
Der junge Camarguehengst wird zunächst nur mit dem Kappzaum zugeritten, um das empfindliche Maul zu schonen (oben links). Connemaraponys. Weißgeborene Pferde mit blauen Augen und rosa Haut, der Ire nennt sie Blue-Eyes-Creams (blauäugig-cremefarben), sind keine Schimmel, sondern ganz helle Isabellen oder Weißisabellen, die aus der Verbindung von Falben und Grauschimmeln hervorgehen können. Das Haarkleid kann vom gelblichen Weiß bis zum leuchtenden Goldton variieren. Wie immer wieder von irischen Züchtern bestätigt wurde, findet sich unter diesen Tieren der höchste Prozentsatz besonders harmonisch gebauter und im Gangvermögen besonders leistungsfähiger Pferde. Vielleicht ein Ergebnis jahrtausendealter Selektion? Sie sind nicht zu verwechseln mit rotäugigen Albinos, denen man krankhafte Konstitution nachsagt. Weißisabellen, früher bevorzugte Pferde von Stammesoberen und Fürsten, sind heute in der Zucht unbeliebt. Snowy of Bantry (Vater Clonkeehan Auratum), ein Weißisabell, unter Hansjoachim Webers in der Ausbildung (oben rechts). Melancholie einer Landschaft – Connemara (unten).

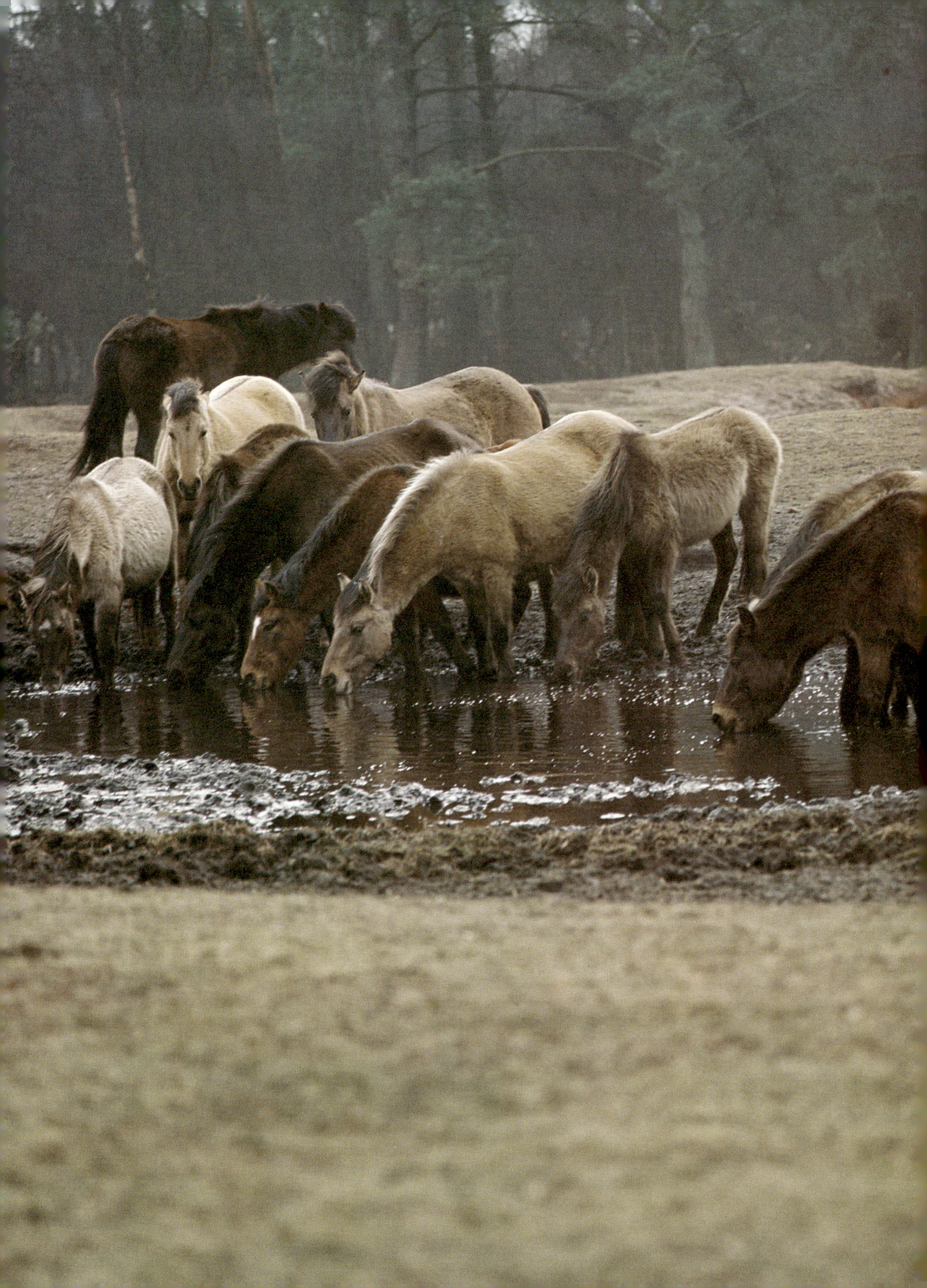

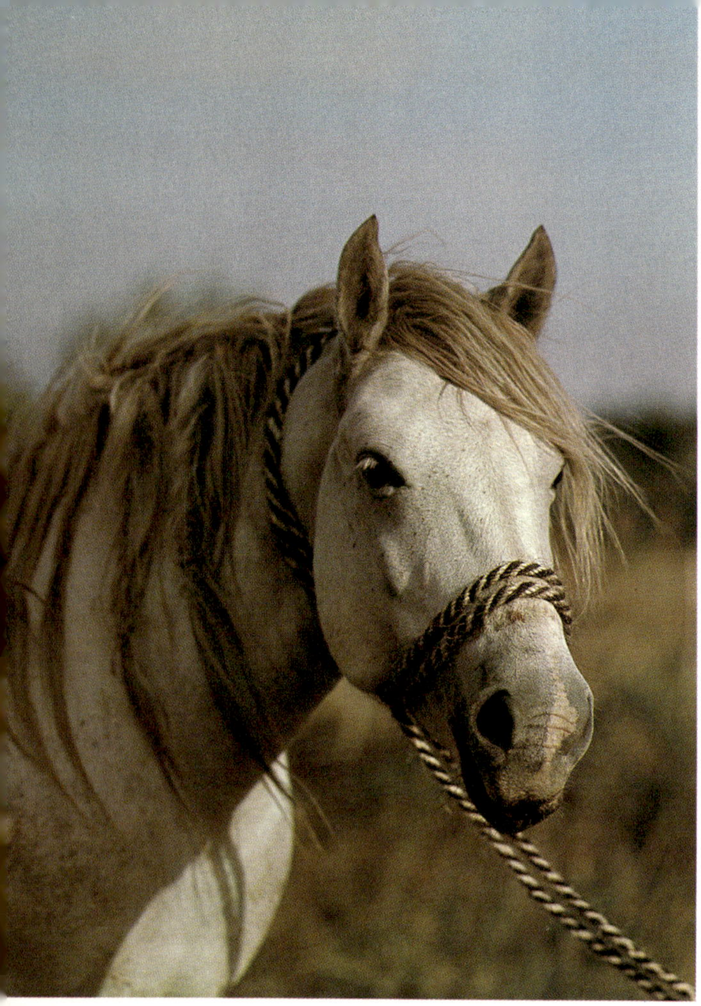
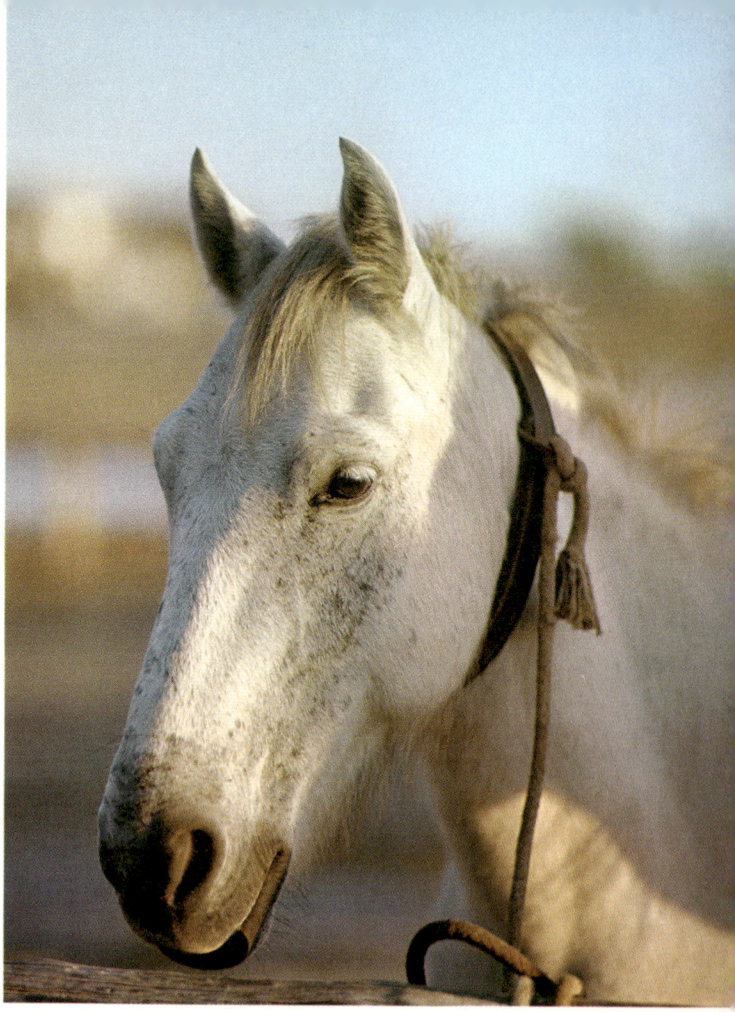
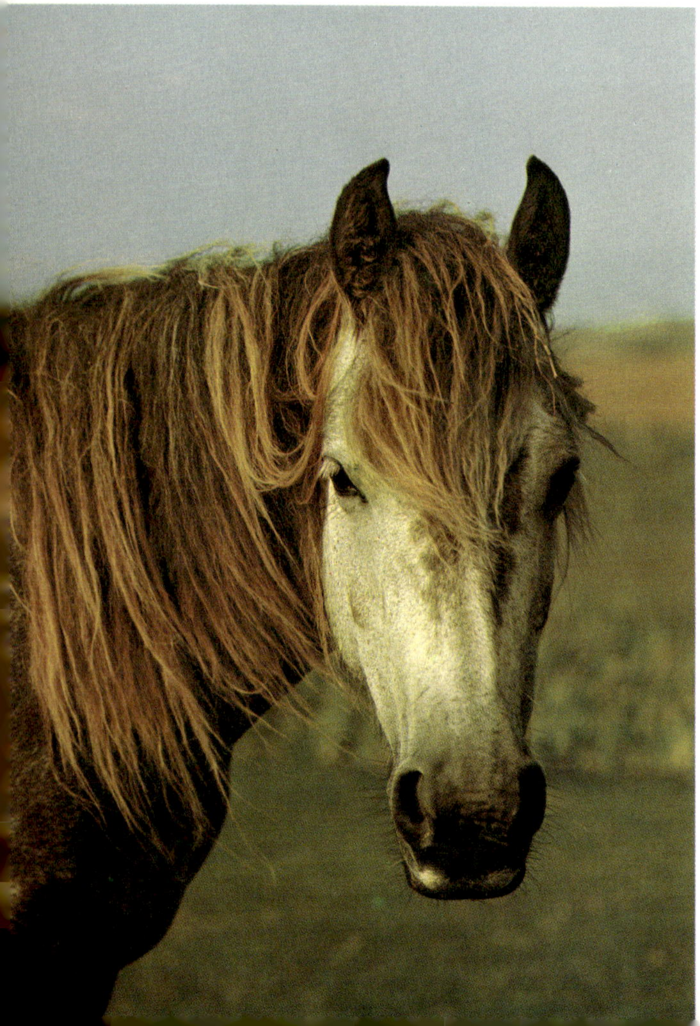
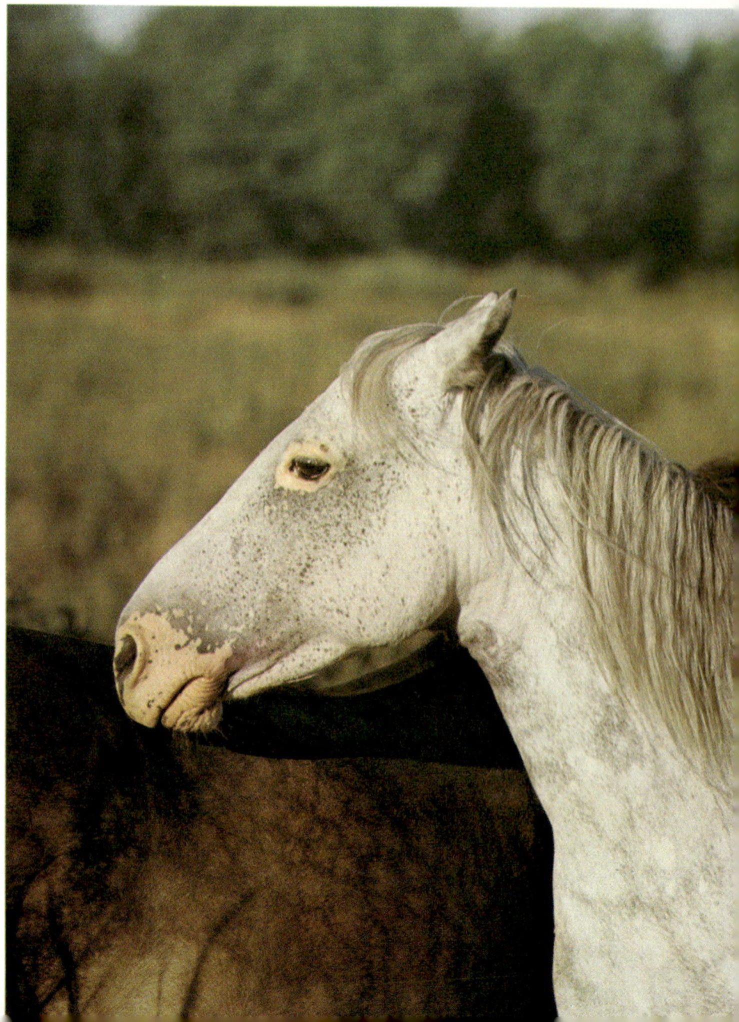

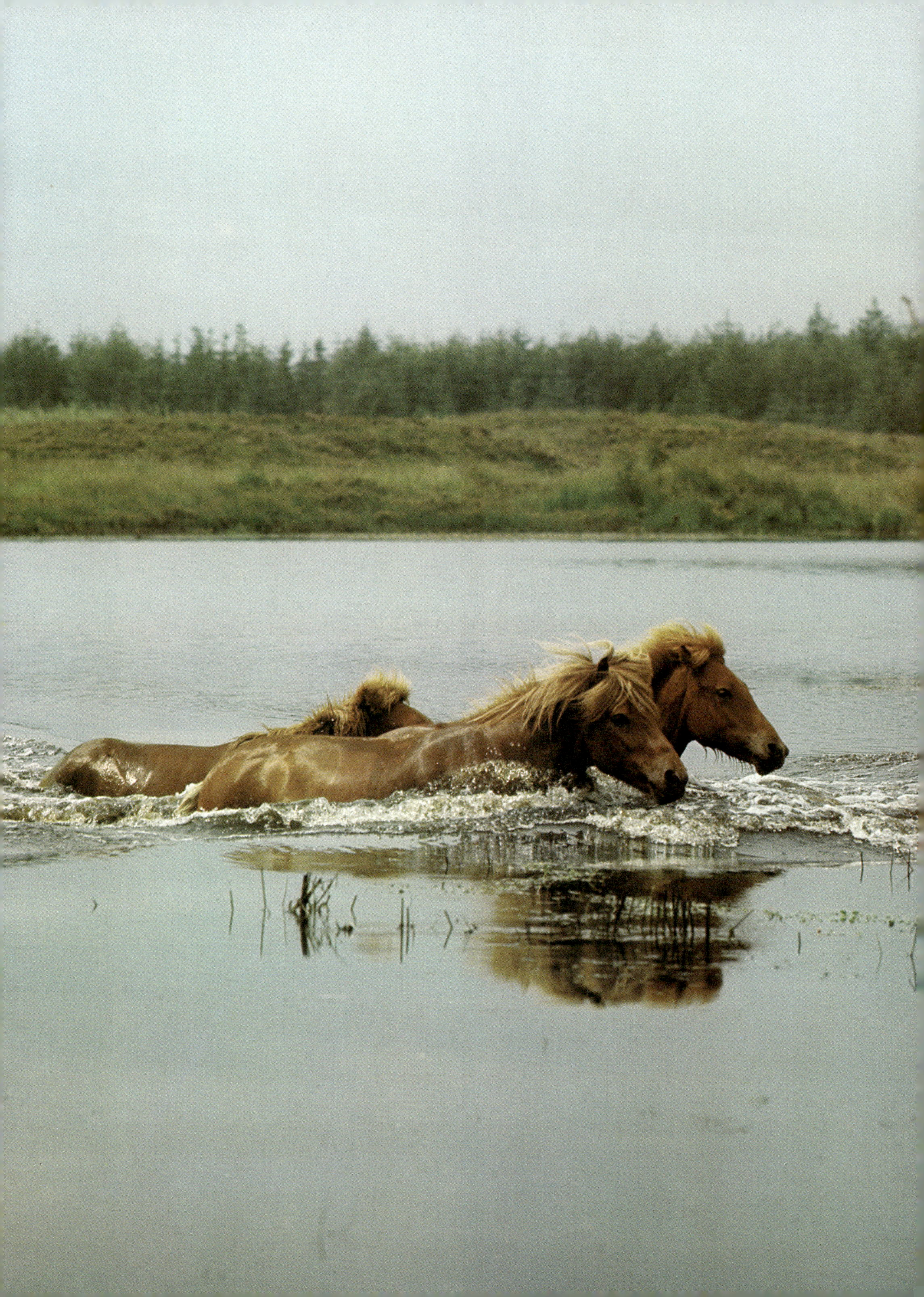

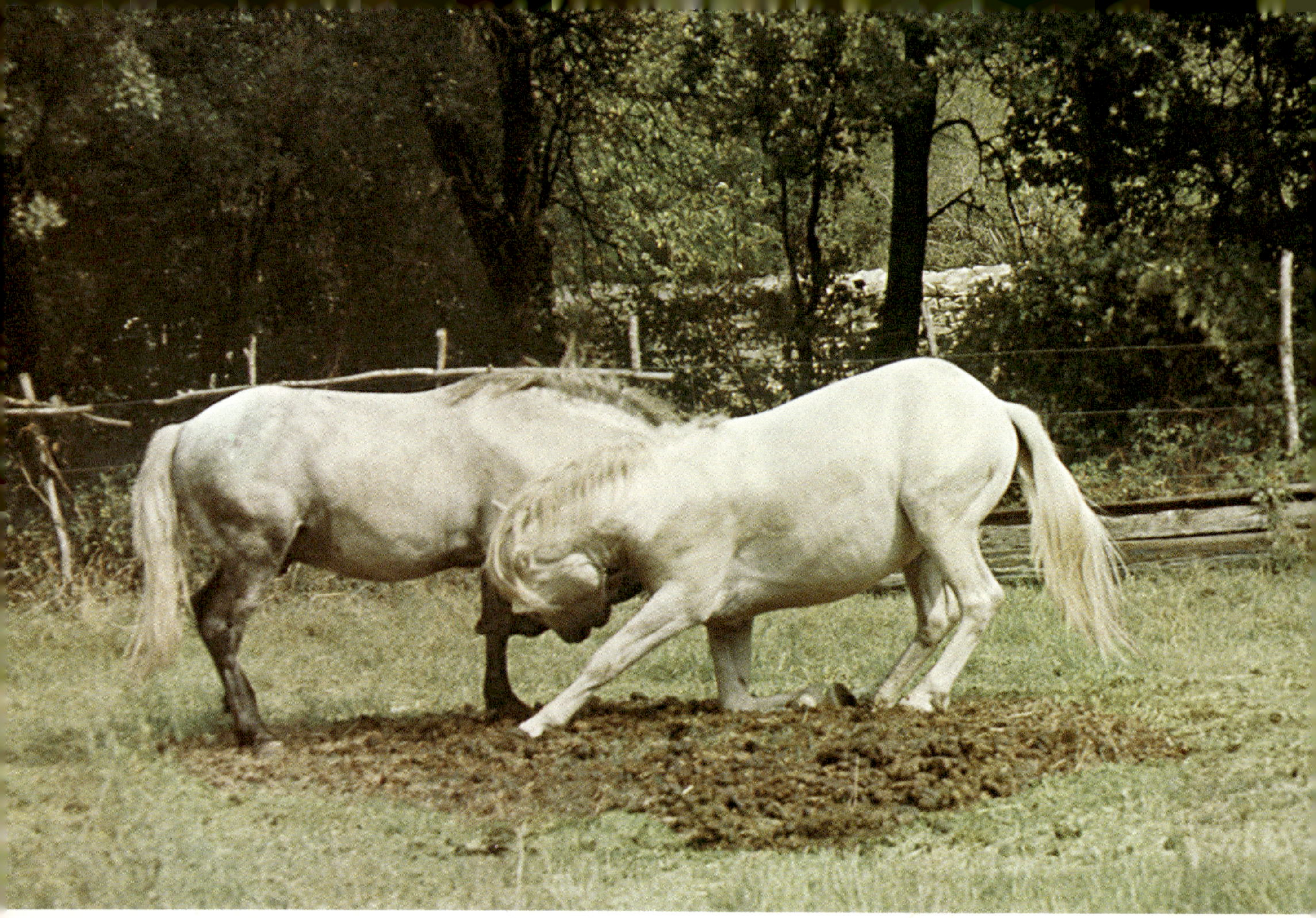
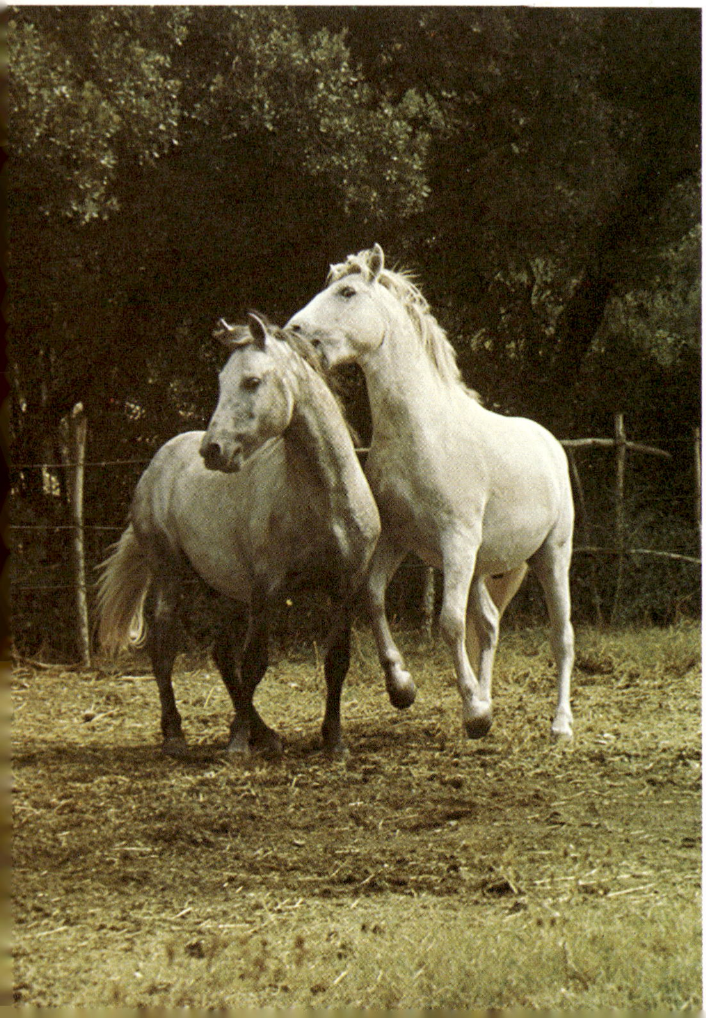
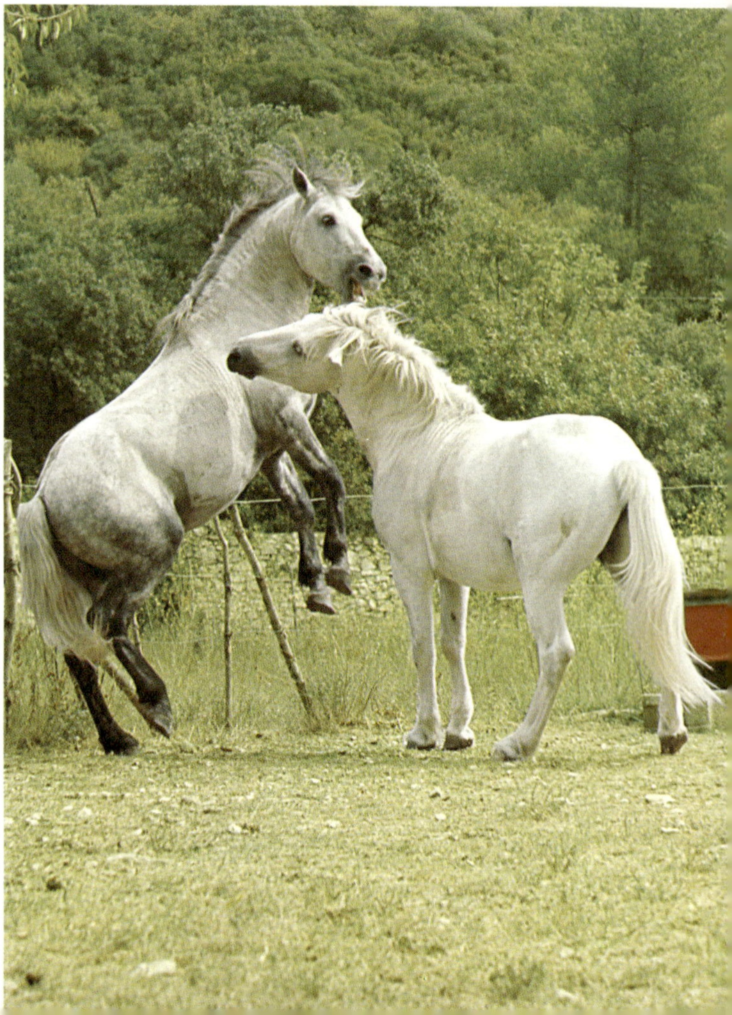

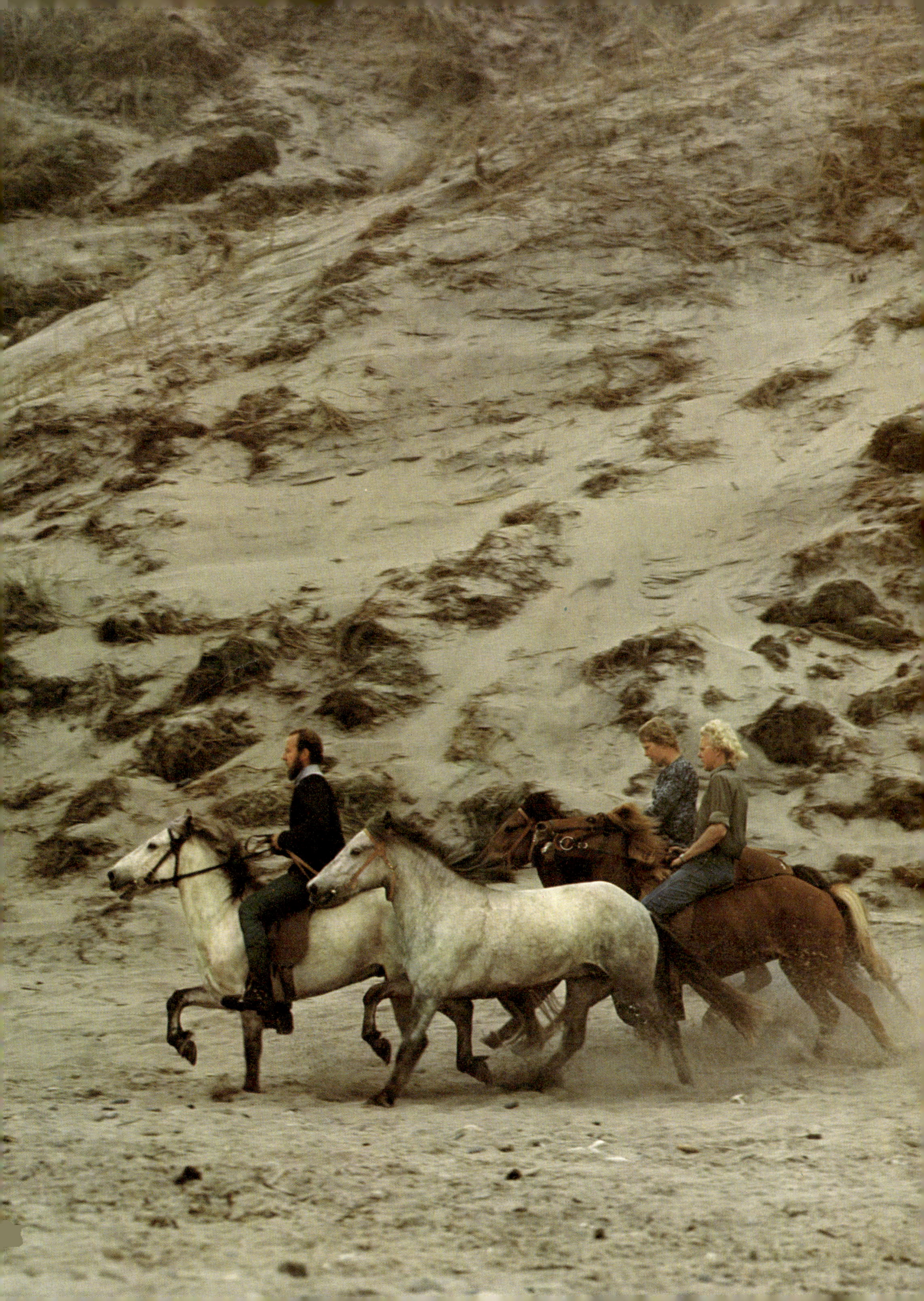

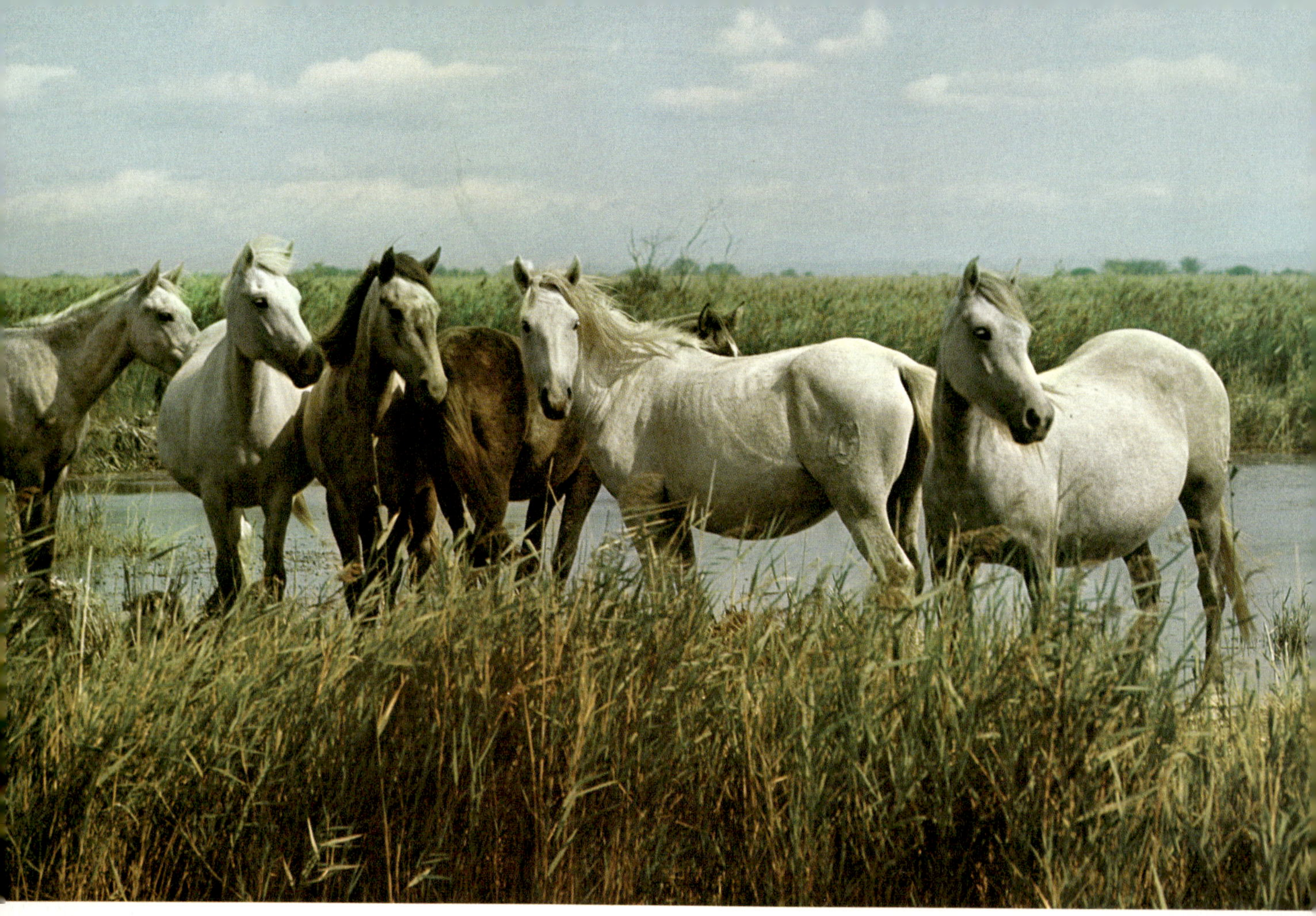

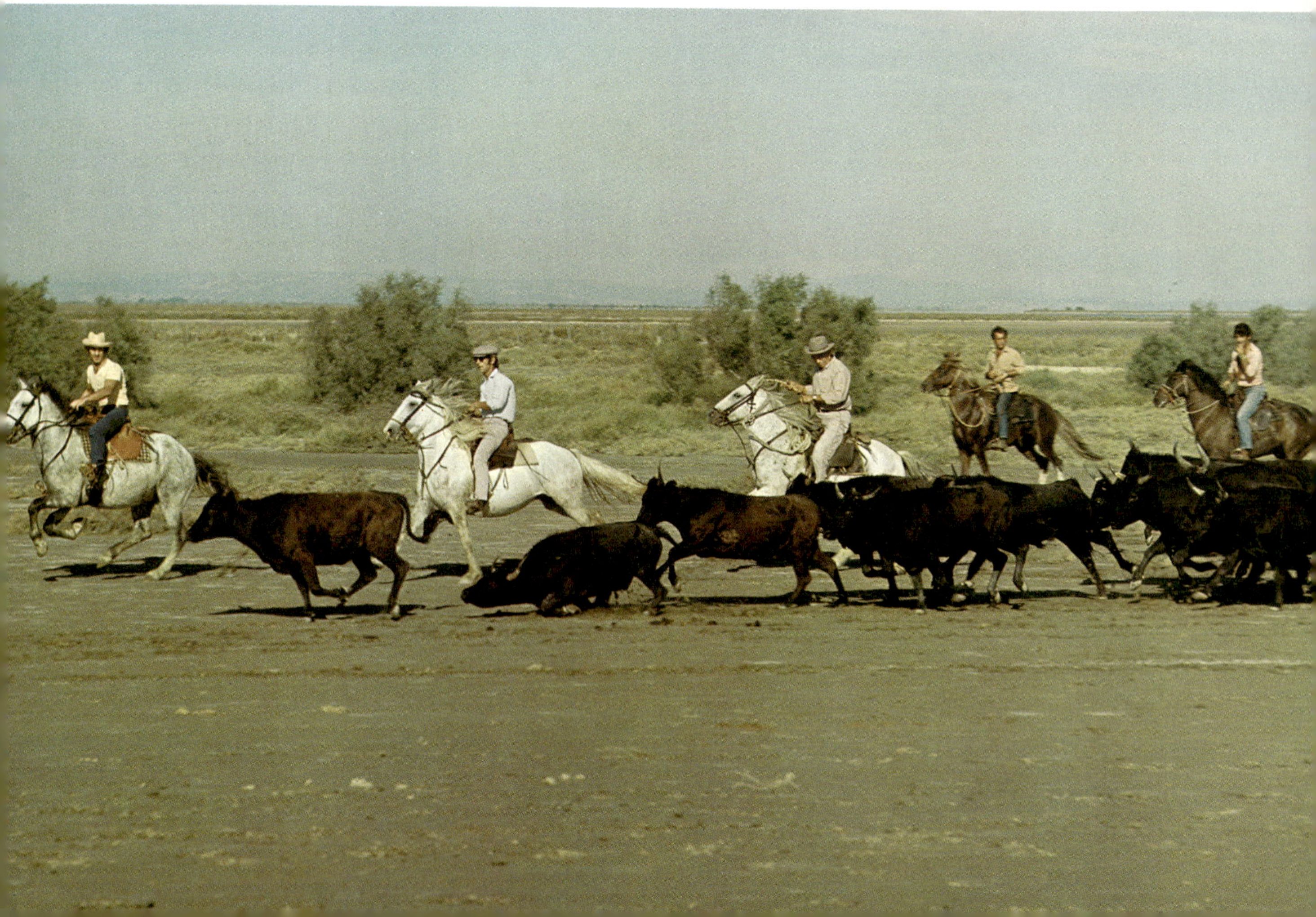

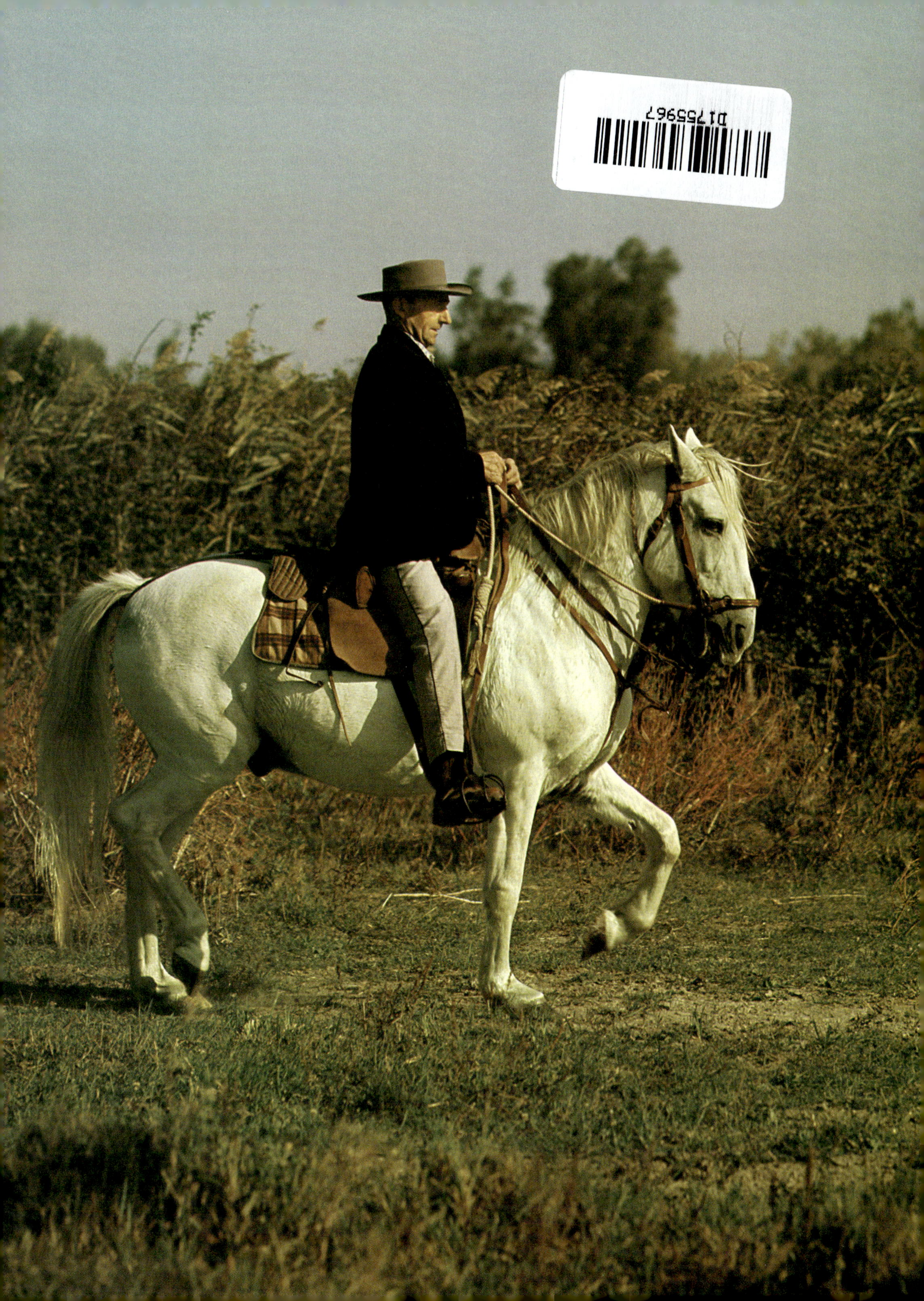

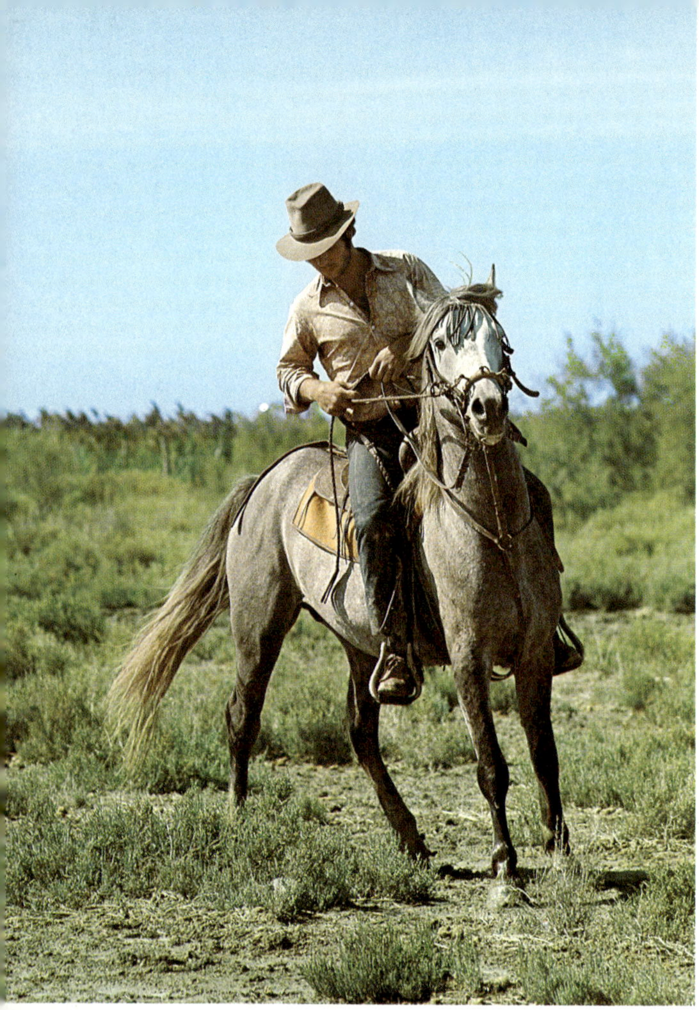
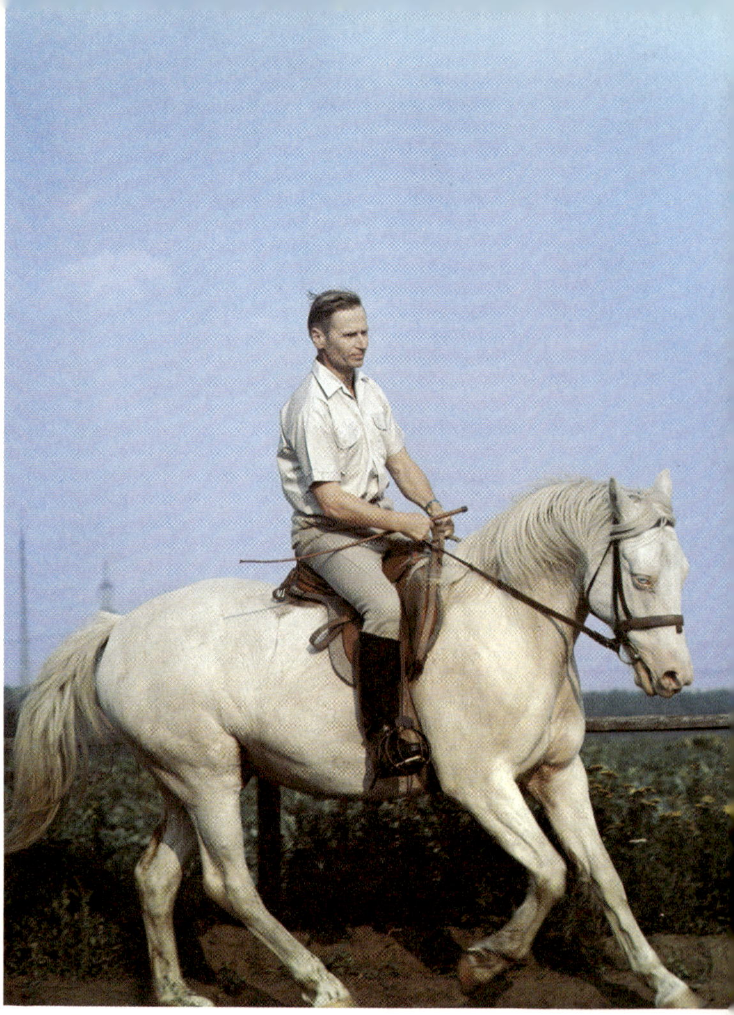
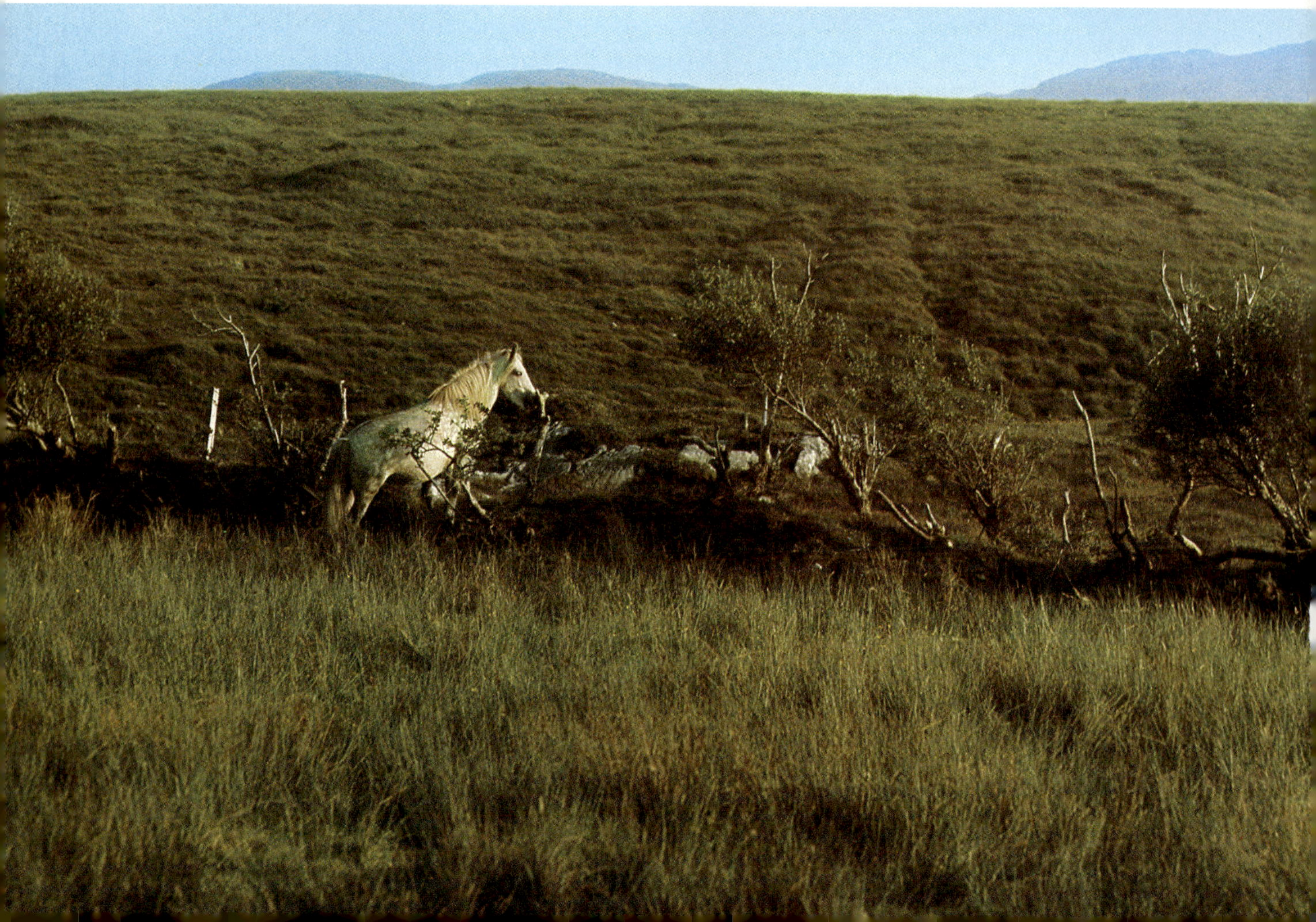

Islandponys

Island liegt im Nordatlantik, 850 Kilometer von Schottland und nur 350 Kilometer von Grönland entfernt. Die Insel mißt von Ost nach West 500 Kilometer und von Nord bis Süd 300 Kilometer. Über zehn Prozent der Gesamtfläche sind ständig mit Eis bedeckt.

Island wurde einst durch vulkanische Eruptionen aus dem Meeresgrund aufgeschüttet und zeigt noch heute die lebhafteste Vulkantätigkeit auf der Erde. Erst 1964 erfolgte der jüngste Ausbruch, der eine neue, der Küste vorgelagerte Insel entstehen ließ. Basalt und Basalttuff, Rückstände der Eruption, bilden die Substanz der teils bis zu einer Höhe von 2 100 Meter aufgeworfenen Gebirgslandschaft. Die Küstenlinie wird von vielen Buchten und Fjorden zerschnitten, denen ungezählte kleine Inseln vorgelagert sind. Das Innere Islands ist nahezu unbewohnt. Hier überdauerte eine urweltliche Gletscherlandschaft, wie sie in gleicher Form bereits vor 20 000 Jahren in Mitteleuropa bestanden haben soll. Das Landschaftsbild beherrscht der Vatnajökull, der größte Gletscher Europas, dessen Eisschicht sich bis zu einer Höhe von 1 000 Meter auftürmt. Im Gegensatz zu dieser Kälteregion stehen karge Wüsteneien, in denen zahlreiche Geysire und heiße Quellen kochende Wassersäulen fauchend und donnernd emporschleudern. Giftige Schwefeldämpfe aus blubbernden Schlammlöchern lassen jedes Leben in der näheren Umgebung ersterben. Groteske Felsformen, tiefe Schluchten, gischtende Wasserfälle und reißende, eiskalte Flüsse, die Lauf und Wasserstand dauernd verändern, machen eine Durchquerung des Landesinnern zu einem riskanten Abenteuer.

Die Insel aus Feuer und Eis, hoch im Norden im Bereich der Mitternachtssonne gelegen, wird dank des Golfstromes von einem relativ milden Klima beherrscht. Ein mehr oder minder heftiger Wind weht fast immer. Im Winter sinkt die Temperatur in Küstennähe nur wenig unter Null und erreicht im Sommer etwa 15 Grad. Der Niederschlag als Schnee, Nebel oder Regen ist zu allen Jahreszeiten sehr hoch. Das Land an der Küste bringt reichen Graswuchs hervor, landeinwärts gedeihen vorwiegend Flechten und Moose, während die wüstenähnlichen Hochebenen und geröllübersäten Steinregionen völlig unfruchtbar sind. Gegenwärtig versucht man, an günstigen Stellen kleinflächige Aufforstungen vorzunehmen. Die Säugetierwelt des Landes besteht nur aus

---

Seite 99. Reisende in Island. Wenn der Jeep kapituliert, bewältigt auch heute noch wie in alter Zeit allein das Pony die schwierigsten Wegstrecken

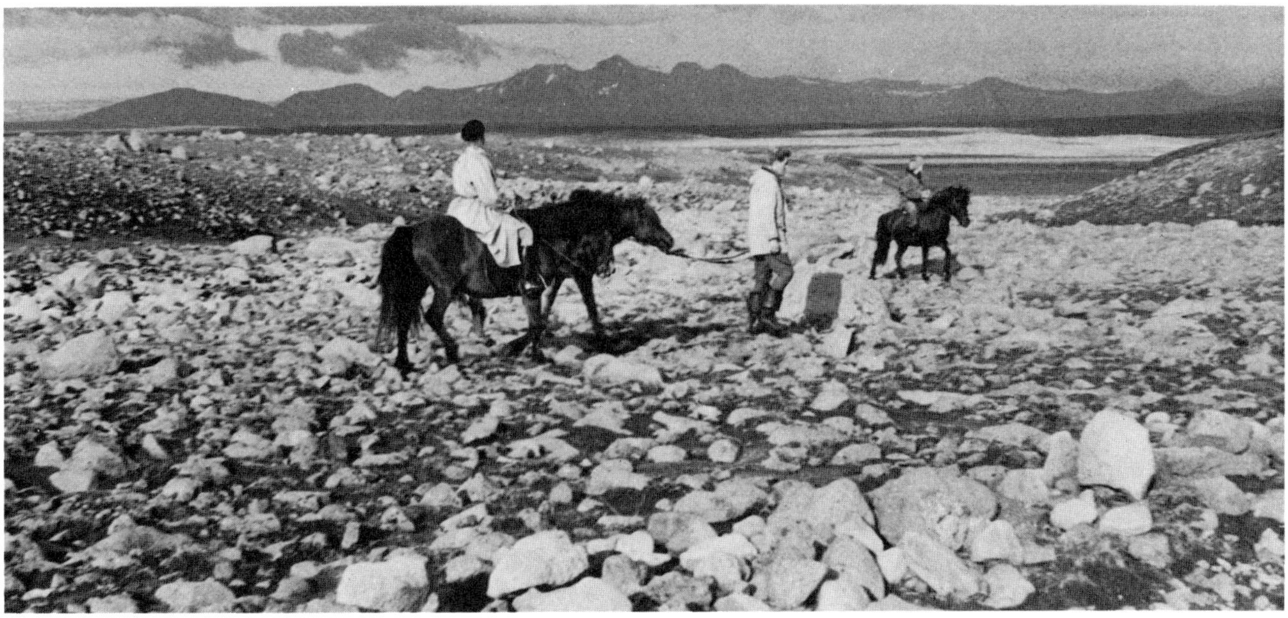
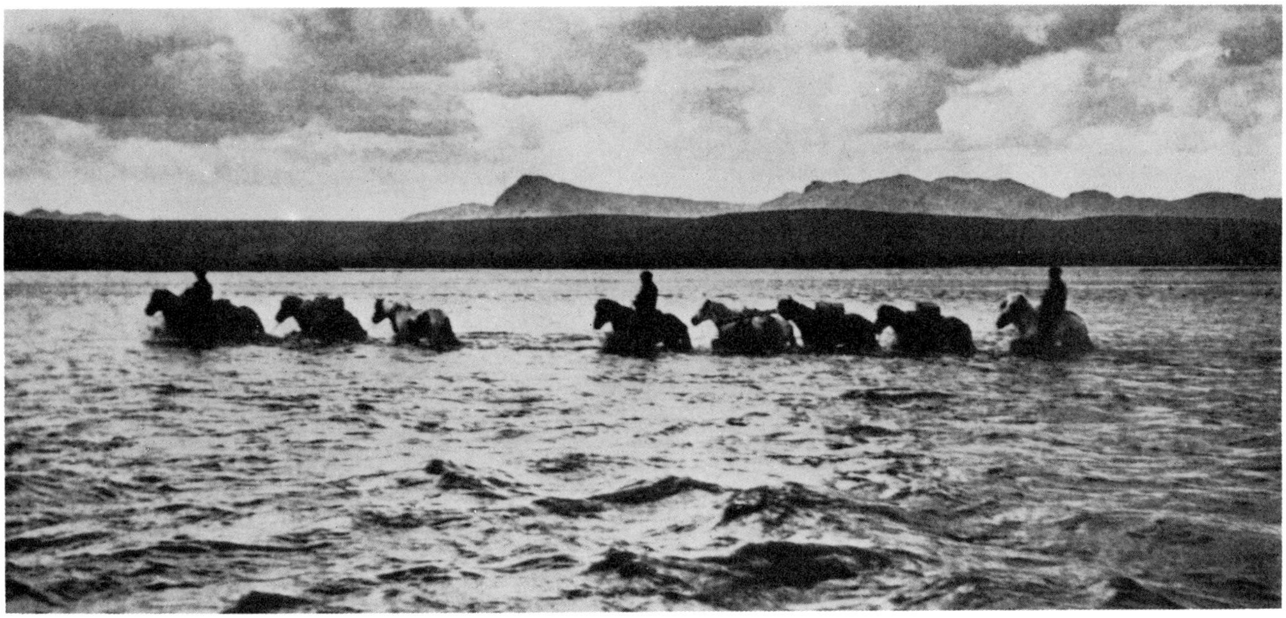
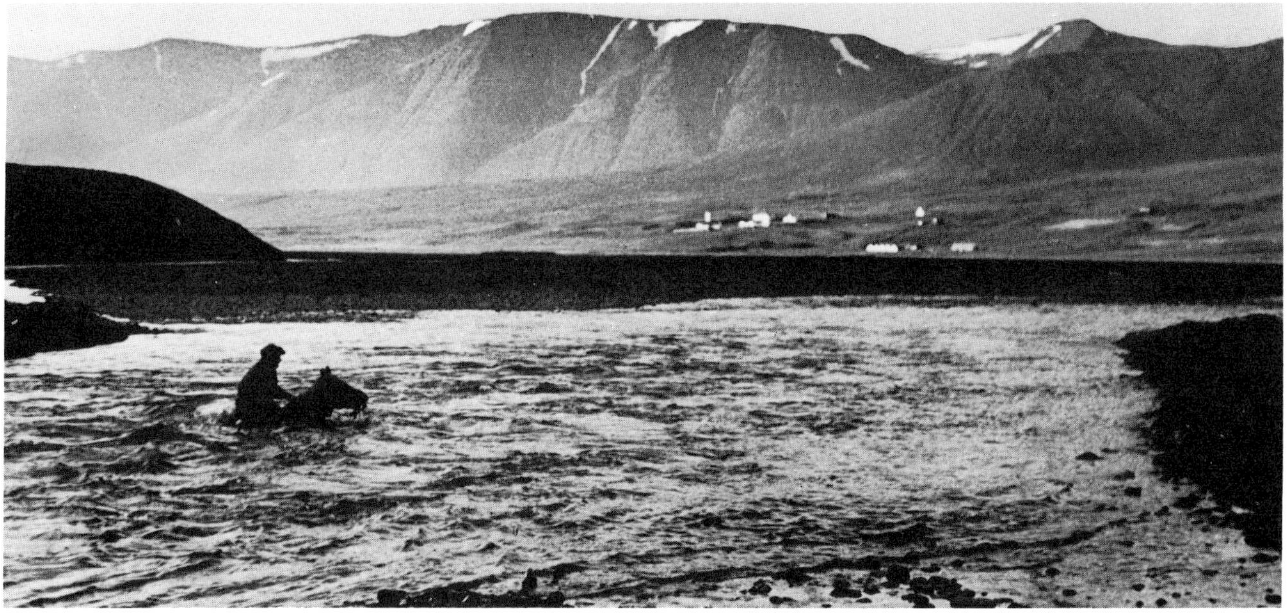

wenigen ursprünglichen Arten, wie Polarfuchs, Schneehase und einigen Nagetieren. Dagegen ist die Vogelwelt außerordentlich stark vertreten. Der Fischreichtum der Küstengewässer bildet die Haupterwerbsquelle der Einwohner. Ackerbau ist aus klimatischen Gründen nahezu unmöglich, und so wird der vorhandene Graswuchs für die Zucht von Schafen, Rindern und Pferden genutzt.

Das Land ist verkehrstechnisch wenig erschlossen, nur etwa 6 000 Kilometer Landstraße – zumeist in Küstennähe – verbinden die Siedlungsgebiete. Verkehrsmittel sind Auto, Schiff und Flugzeug, eine Eisenbahn hat es nie gegeben. Für Expeditionen in das Landesinnere ist einzig das Pony auch heute noch das geeignete Transportmittel.

Die 200 000 Bewohner der Insel haben sich hauptsächlich an der Süd-, West- und Nordküste angesiedelt. Wirtschaftliches und kulturelles Zentrum ist die Hauptstadt Reykjavik im Südwesten, mit 90 000 Einwohnern. Akureyri im Norden, als zweitgrößte Stadt, zählt nur 9 000 Einwohner.

Aus schriftlichen Überlieferungen ist bekannt, daß Island um 900 n.Chr. von norwegischen Wikingern besiedelt wurde. Um der Unterdrückung zu entgehen, verließen sie ihre Heimat und gelangten teils über die britischen Inseln, aber auch auf direktem Wege nach Island. Die Leistungen dieser Seefahrer verdienen noch heute Bewunderung, wenn man bedenkt, daß an Bord der flachen offenen Winkingerschiffe sich nicht nur Menschen befanden, sondern auch Ponys, Rinder und Schafe mittschiffs in Queraufstellung dicht nebeneinander aufgereiht waren. Die Seereise konnte Wochen und Monate dauern, und Unwetter mußten überstanden werden.

Wie viele mögen gescheitert sein?

Mit Beendigung der Landnahme im Jahre 930 n. Chr. wurde in Island der Allthing, eine demokratische Volksversammlung, gegründet. Alljährlich strömte das Volk an der geheiligten Thingstätte von Thingvellir zusammen, um neue Gesetze zu schaffen, Angelegenheiten des Volkes zu regeln und kultische Feste zu feiern. Dabei war das Pferd dem Isländer immer eine Hauptsache.

Im Jahre 1 000 n. Chr. trat die Bevölkerung zum Christentum über. Im vergangenen heidnischen Jahrhundert war es Brauch gewesen, Reiter und Pferd zusammen zu bestatten. Zahlreiche Gräberfunde aus dieser Zeit geben der Forschung Aufschluß über Skelettform und Größe des Islandponys vor 1 000 Jahren. Die Widerristhöhe entsprach etwa der des gegenwärtigen Ponys, jedoch war damals die Variationsbreite nach unten und oben etwas größer, und die Tiere waren weniger einheitlich.

Überlieferung und Funde lassen vermuten, daß zur Zeit der Besiedlung Islands das Klima milder, das Land teilweise bewaldet und sogar Ackerbau möglich war. Die Pferdezucht stand in voller Blüte. Wechselnde politische Er-

Isländische Reiter um 1836 auf dem Weg zum Markt in Reikjavik (oben). Isländischer Pfarrer um 1880 (unten links). Isländische Bäuerin mit ihrem Reitpony gegen Ende des 19. Jahrhunderts. Der Schimmel zeigt deutlich Merkmale des Urvollblüters (unten rechts)

eignisse und Naturkatastrophen von unvorstellbaren Ausmaßen, besonders im 17. und 18. Jahrhundert, ließen das Volk verarmen und dezimierten auch die Pferdebestände immer wieder erheblich. Allein gegen Ende des 18. Jahrhunderts gingen an der Folge eines Vulkanausbruches im Südosten 24 000 Pferde zugrunde. Das 19. Jahrhundert ließ die Pferdezucht wieder aufblühen. In den vergangenen 100 Jahren wurde in wechselnder Höhe eine große Zahl von Ponys vorwiegend für englische Bergwerke exportiert.

Auf Island leben etwa 30 000 bis 40 000 Pferde, fast ausnahmslos im Besitz bäuerlicher Züchter. Weit über die Hälfte der Tiere ernährt sich in freier Futtersuche auf den weiträumigen Grasflächen. In den Monaten Mai bis Juni werden alljährlich etwa 9 000 Fohlen geboren. Im Frühjahr zunächst noch in Küstennähe verweilend, weil hier das erste Gras wächst, wandern die halbwilden Herden im Verlauf des kurzen Sommers weiter landeinwärts auf die höher gelegenen Ebenen, um hier bis zum Herbst ihr Futter zu finden. Kein Zaun hindert sie, nach eigenem Willen frei umherzuziehen. Der größte Teil des Weidelandes ist staatlicher Besitz. Wenn der Sommer zu Ende geht, beginnt der große Abtrieb. Die Farmer reiten in die Berge, um die weitverstreuten Pferde unter großen Strapazen zu den Sammelplätzen zu treiben. Hier sondert ein jeder seine Pferde aus, die durch Einschnitte an den Ohren gekennzeichnet sind.

Sodann werden die zum Verkauf und zur Schlachtung bestimmten Tiere aus der Herde herausgefangen und die Saugfohlen auf ihre spätere Verwendung als Reit-, Zucht- oder Schlachtpferd begutachtet. Zuchtfohlen werden häufig auch den Winter über gesäugt, für die Muttertiere eine harte Beanspruchung. Die Stuten bringen vom 3. bis zum 24. Lebensjahr oder länger jedes Jahr ihr Fohlen.

In der Nähe des Hofes wird die Herde, manchmal auf eingezäuntem Areal, wieder freigelassen, wo sie meist ohne Stall den bitterharten Winter verbringt. Im Februar ist das im Sommer angereicherte Körperfett aufgezehrt, und die Pferde sind recht mager geworden. Wenn der Boden vereist, vermögen sie das spärliche Gras nicht mehr freizuscharren. In derartigen Notfällen erhalten sie täglich Heu und einige Salzheringe. Auf der Futtersuche sind sie jetzt nicht wählerisch. Sofern sie an den Strand gelangen, verschmähen sie selbst Tang und Muscheln nicht.

Anfang Mai werden die ersten Fohlen ohne jede menschliche Hilfe geboren, und die Herden beginnen langsam in die Berge zu ziehen. Sogleich hält die Natur eine erste gnadenlose Auslese unter den zu schwachen Neugeborenen. In der Vergangenheit zeigte der isländische Züchter und Reiter kaum große Sorge um das Wohlbefinden seiner Pferde, obgleich seine Existenz von ihnen abhing und er sich ihnen gefühlsmäßig sehr verbunden fühlte. Erst in unserem Jahrhundert bewirkten verbesserte Einsichten, staatliche Bestimmungen, das Käuferinteresse des Auslands und der allgemein gestiegene Lebensstandard, daß den Tieren ein besseres Los zuteil wurde. Gut gehaltene Pferde lassen sich leichter verkaufen. So wurde die Winterfütterung reichhaltiger und regelmäßiger, und man ging daran, für den Winter primitive Offenställe zu errichten.

Das um 1 000 n. Chr. vom Thing erlassene Gesetz, in Zukunft keine Pferde nach Island einzuführen, hat bis heute Gültigkeit. Niemals wieder betraten fremde Pferdehufe isländischen Boden. Die anfangs uneinheitlichen Pferde fügten sich im Laufe der Zeit durch außerordentlich harte Naturauslese zu einer relativ gleichartigen Rasse zusammen. Tausend Jahre Ergebung in Hunger und Kälte verliehen dem Inselpferd jene geradezu sagenhafte Leistungsfähigkeit, Genügsamkeit und Widerstandskraft, von denen unter Pferdekennern in aller Welt nur mit Bewunderung gesprochen wird.

Das Erscheinungsbild des Islandpferdes zeigt typische Ponymerkmale. Die Widerristhöhe schwankt zwischen 128 cm und 137 cm. Der Röhrbeinumfang beträgt 17 bis 18 cm. Das Gebäude ist kompakt und neigt häufig zum Quadratformat. Der massige Rumpf ruht auf sehr kräftigen Gliedmaßen, der oft kurze Hals ist breit und tief angesetzt und der Kopf nicht selten etwas schwer. Dennoch ergeben die kurzen spitzen Ohren, die breite Stirn und der lebhafte Ausdruck der Augen den typischen Ponykopf. Widerrist und Kruppe haben im allgemeinen die gleiche Höhe, der Rücken hingegen kann 8 bis 10 cm gesenkt sein. Eine durchhängende Wirbelsäule ist erwünscht, weil sie dem Reitpony in der Gangart Tölt eine spezielle Biegsamkeit verleiht, die für die Trittsicherheit in schwierigem Gelände, wie zum Beispiel Geröllhalden und Grasbuckelebenen, erforderlich ist. Die stark abschüssige Kruppe, für Töltpferde typisch, scheint ebenfalls zu dieser Veranlagung beizutragen. Die Stellung der Gliedmaßen ist nach mitteleuropäischen Begriffen nicht korrekt, die Mehrzahl der Ponys steht vorn zehenweit und hinten kuhhessig. Dennoch ist die Gangmechanik von katzenhafter Beweglichkeit. Beinerkrankungen sind fast nie zu beobachten. Die Hufe zeigen überdurchschnittliche Härte und Stabilität. Der Isländer beschlägt sein Pferd auf kalte Weise mit vorgefertigten Eisen meist selbst.

Das Langhaar wächst üppig. Der dichte Schopf hängt weit über die Augen, und die schwere Mähne fällt oft nach beiden Seiten. Über dem Ansatz des tief angesetzten langen Schweifes stehen in dachförmiger Anordnung kurze Haare, um die Analgegend vor Nässe zu schützen. Der starke Kötenbehang bewahrt die Fesselbeuge vor Verletzungen in Eis und Geröll. Das Winterhaar ist außergewöhnlich dicht und lang. Die Fellfarben sind vielfältig und gelegentlich von eigentümlicher jahreszeitlich wechselnder Tönung. Graue und falbe Tiere zeigen oft Aalstrich und Querstreifen an den Beinen, Wildpferdmerkmale aus grauer Vorzeit. Weiße Abzeichen, also Domestikationsmerkmale, sind häufig an Kopf und Beinen zu beobachten.

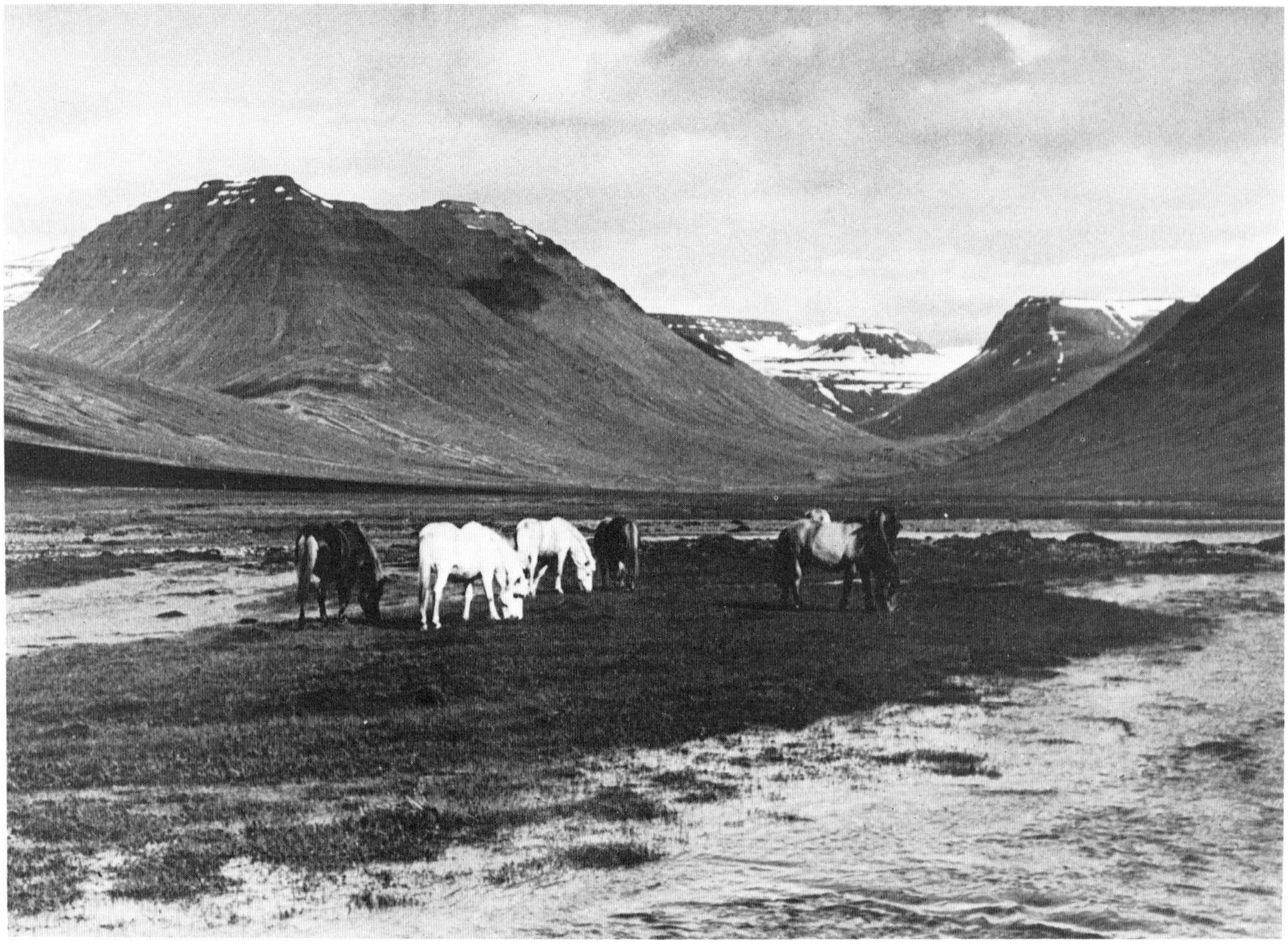

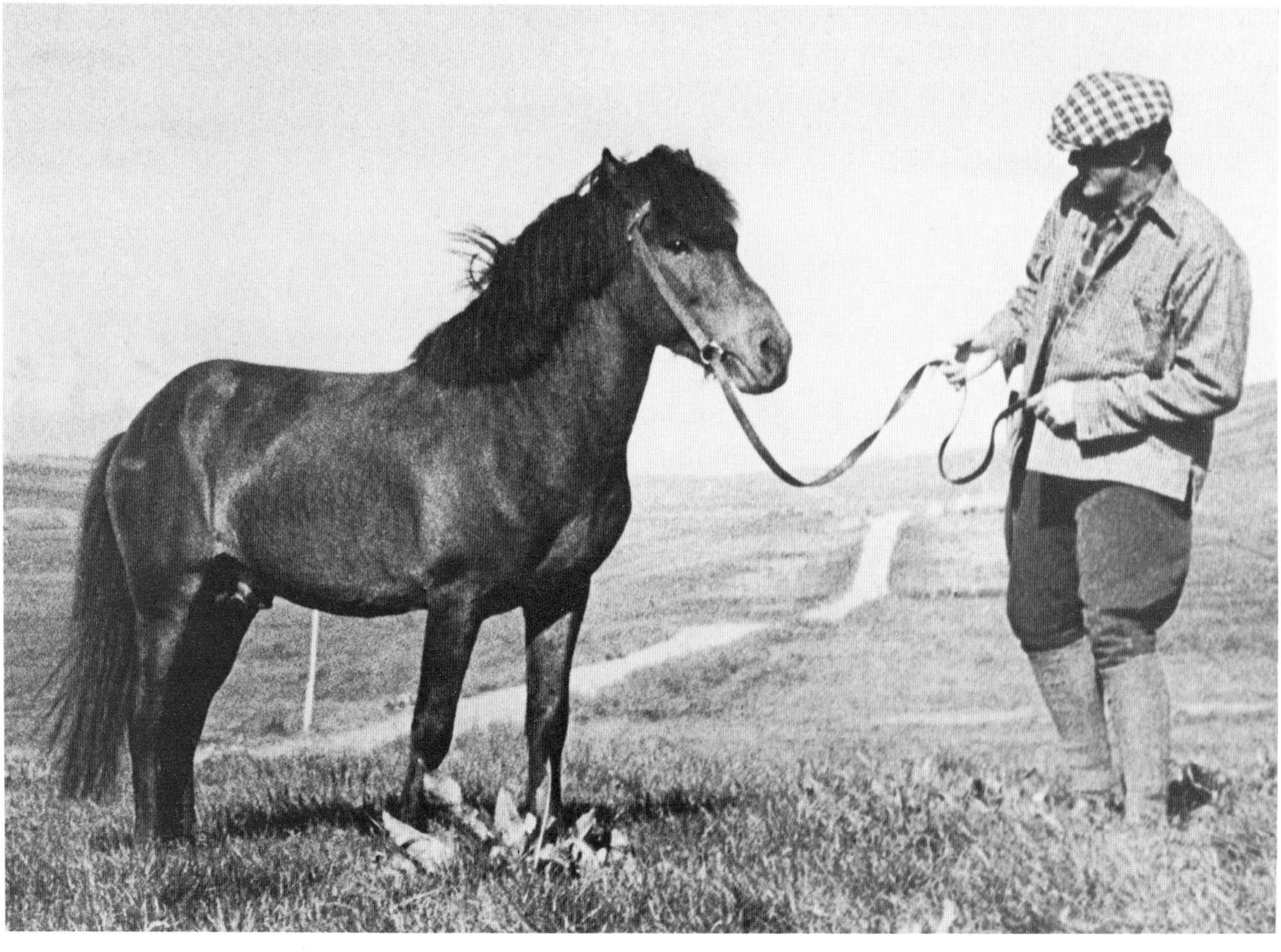

Die Farben verteilen sich folgendermaßen: Füchse 30 Prozent, Braune 20 Prozent, Rappen 20 Prozent, Mausgraue 10 Prozent, Falben 8 Prozent, Schecken 5 Prozent, Schimmel, Palominos u.a. 7 Prozent. Das Islandpony ist spätreif und darf frühestens mit 4 Jahren zugeritten werden. Bei guter Behandlung kann es noch mit 30 Jahren seinen Dienst versehen.

Wie bei allen wildaufwachsenden Pferden ist die charakterliche Veranlagung selbstbewußt und eigenwillig, doch sind sie im Umgang mit den Menschen äußerst gutmütig und teilweise recht anhänglich. Sie verstehen die Kräfte rationell einzusetzen und erholen sich von größeren Anstrengungen in kurzer Zeit. Der fast immer schläfrige, dösende Gesamteindruck im Ruhezustand täuscht. Vom Reiter gefordert, sind sie zu überraschenden Leistungen und Temperamentsbeweisen fähig, die jedoch wegen der großen Arbeitswilligkeit nicht mißbraucht werden dürfen. Der Überlieferung zufolge sollen sich Ponys bei Katastrophenfällen auf Island zur Rettung ihrer Reiter zu Tode gelaufen haben.

Seit etwa 1 200 n. Chr. war die Zuchtwahl weitgehend der Natur überlassen. Erst im Jahre 1920 wurde ein Stutbuch gegründet, um der Zucht eine Richtung zu geben. Freilich war der eigenwillige isländische Züchter nicht immer geneigt, diesen Empfehlungen zu folgen. Meist zog er es vor, auf seinem einsam gelegenen Hof den überlieferten und seinen eigenen Erfahrungen zu vertrauen und den Landschaftsverhältnissen entsprechend eine individuelle Zuchtauslese zu treffen.

Eine straff organisierte, von Gunnar Bjarnason begründete Lenkung der Zucht besteht erst seit etwa 1955. Auf regionalen und zentralen Landesschauen werden die tauglichen Zuchtpferde registriert und prämiiert. Die Auswahl ist streng, und das Leistungsprinzip steht weit im Vordergrund. Die Beurteilung von Abstammung und Exterieur folgt erst an zweiter Stelle. Zuchthengste werden vor der Körung von mehreren Richtern selbst geritten. Die Zahl der amtlich eingetragenen Pferde beträgt etwa 5 000 Stuten und 600 bis 700 Hengste. Die Beschäler sind zumeist Eigentum der Pferdezuchtverbände. Sie werden von den Deckgenossenschaften in umzäunten Weiden gehalten und häufig untereinander ausgetauscht. Während der Deckperiode Juni bis August wird dem Hengst dreimal für jeweils drei Wochen eine Herde von 16 Stuten

---

Seite 104. Wildlebende Ponys auf Island. Wenn sich Menschen nähern, laufen sie stets davon (oben). Gunnar Bjarnason, ehemaliger Leiter des Staatsgestütes Holar, mit dem Staatsprämienhengst Hreinn

beigegeben, die dann anschließend in die Freiheit des Sommers entlassen wird. Er deckt höchstens insgesamt 50 Stuten im Jahr. Die Befruchtungsrate liegt bei 90 Prozent.

Wenngleich das Islandpony eine relativ einheitliche Rasse darstellt, sind doch Unterschiede, vornehmlich zwischen den Pferden im Norden und Süden des Landes, festzustellen. Das nördliche Zuchtgebiet am Skagafjördur bringt den kleineren, zierlichen, aber sehr temperamentvollen und leicht und bequem zu reitenden Typ hervor. Die Veranlagung zum Paßgang wird dominierend vererbt, der bei entsprechender Schulung einen sehr angenehmen tänzerisch-leichten Tölt ergibt. Viele nach Mitteleuropa exportierte Ponys stammen aus diesen Zuchten.

Im Südosten, in der Gegend des Hornafjördur, am Fuße des Gletschers Vatnajökull, sind die größeren Ponys beheimatet. Sie sind äußerst robust, von recht kräftigem Knochenbau und etwas zurückhaltender im Wesen als die liebenswürdigen Nordlandponys. Für isländischen Geschmack fehlt ihnen die tänzerische Leichtigkeit des Ganges. Die Gangmechanik ist sehr ausgeprägt und schnell, für den Reiter aber nicht so bequem wie die des Nordpferdes. Eis, Fels, Geröll und reißende Gletscherströme kennzeichnen die Heimat des Südlandpferdes, das sich in diesem gefährlichen Gelände absolut sicher bewegt. Zahlreiche Legenden berichten von großartigen Leistungen dieser Ponys, die ihre Reiter in ausweglosen Situationen durch Mut und beharrlichen Instinkt vor dem Verderben bewahrten.

Durch ständigen Austausch von Zuchthengsten erfolgte eine starke Vermischung der beiden Typen. In jüngster Zeit konzentriert sich das Zuchtgeschehen vornehmlich auf den Südwesten der Insel. Angeregt durch das Käuferinteresse ist man bemüht, den temperamentvollen Typ eines großrahmigen Reitponys zu schaffen.

Die enge Verbundenheit des Isländers zu seinem Pferd dokumentiert sich auch heute noch in den überall im Lande bestehenden Reitervereinen. Gesellschaftlicher und reiterlicher Höhepunkt der isländischen Pferdefreunde ist das in vierjährigem Turnus veranstaltete Landestreffen in Thingvellir, der historischen Kultstätte seit über 1 000 Jahren. Annähernd 5 000 Pferde sind hier aus

---

Seite 107. Im Winterhaar (oben) und im Sommerhaar (unten). Das besonders üppige Mähnen- und Schweifhaar der Ponys entwickelte sich im regenreichen Klima Islands. Es bietet optimalen Schutz gegen Nässe

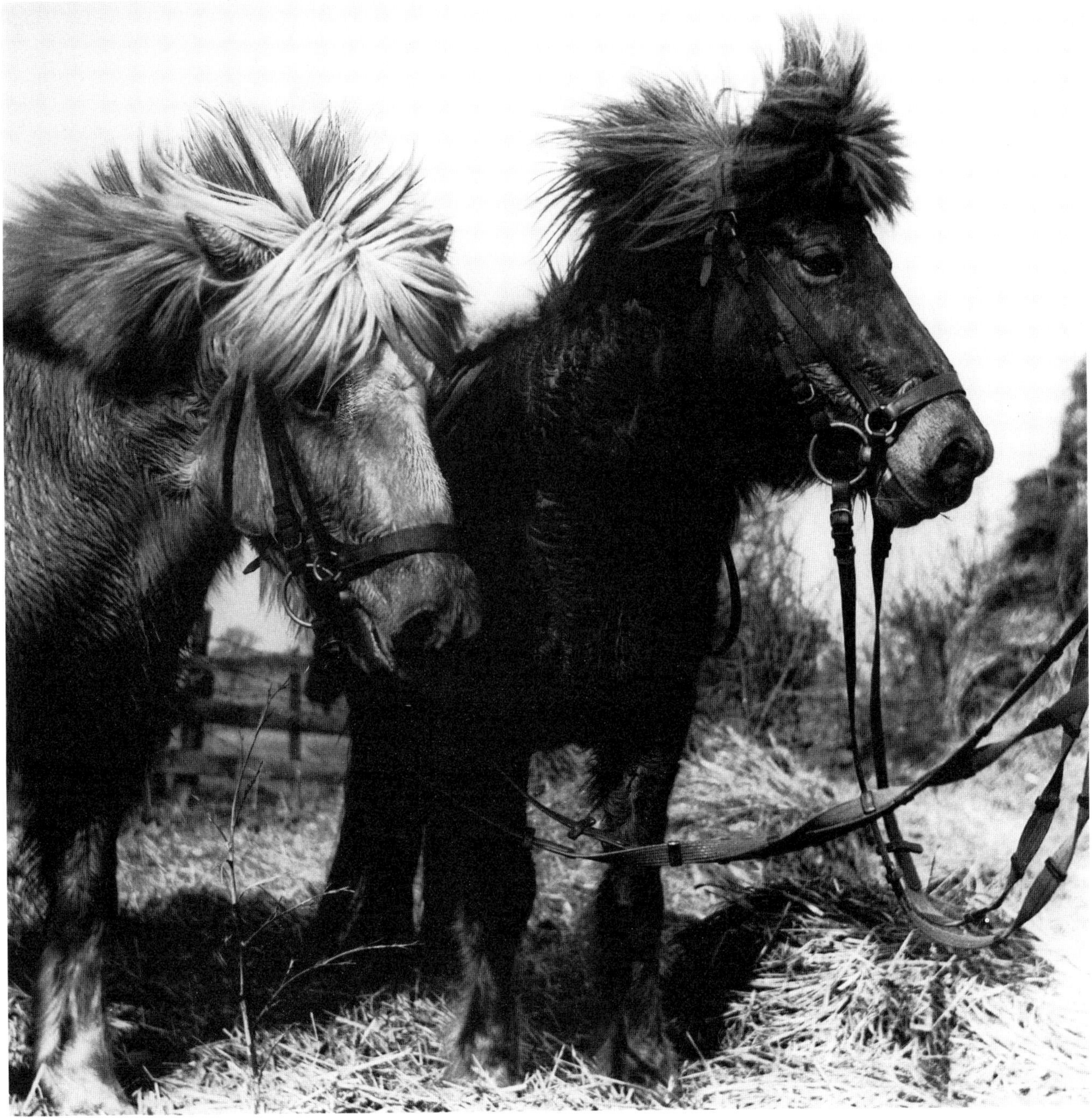

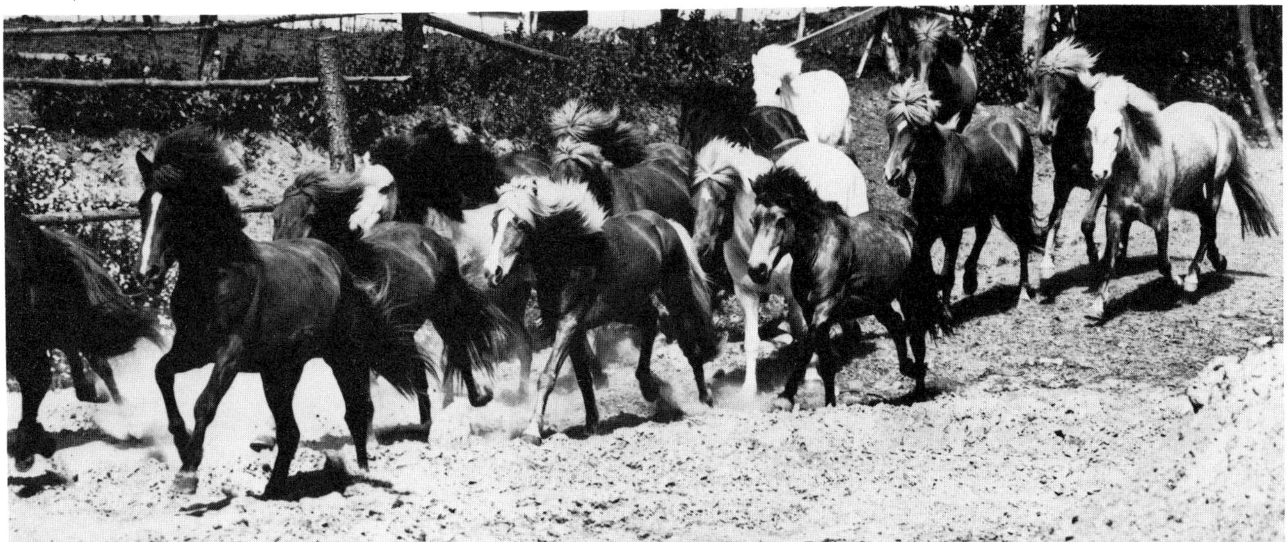

allen Landesteilen versammelt. In sportlichem Wettstreit werden die besten Pferde und Reiter der Insel ermittelt, und folkloristische Veranstaltungen erinnern an die bewegte Geschichte des isländischen Volkes.

Ziel der isländischen Pferdezucht sind Reitpony, Tragtier und Schlachtpferd. Das Interesse am Reitpony überwiegt bei weitem, nicht zuletzt durch den steigenden Export nach dem europäischen Kontinent. Das Pony ist immer vorherrschendes Transportmittel auf der Insel gewesen. Trotz moderner Verkehrsmittel hat sich das im unerschlossenen Landesinnern bis heute kaum geändert. Die isländische Reitmethode ist darauf abgestimmt, den Menschen schnell, sicher und bequem über lange Strecken zu befördern. Nur aus dieser Sicht ist die isländische Gebrauchsreiterei zu verstehen. Theoretische Reitanleitungen

Heuernte in Island. Jedes Pony trägt mühelos zwei Zentner Heu

hat es nie gegeben. Ein jeder reitet nach seinen Fähigkeiten. Auf längeren Ritten wird wenigstens ein Handpferd mitgeführt, dem das Gepäck aufgeschnallt ist. Bei zweistündigem Pferdewechsel wird eine Tagesstrecke von 50 bis 80 Kilometer zurückgelegt, und in günstigem Gelände sind 100 Kilometer keine Seltenheit. Die Gangarten sind meist Tölt oder Paß. Den unbequemeren Traber bevorzugt man für sehr anstrengende Ritte, wie den herbstlichen Schaftrieb, weil er die größte Ausdauer besitzt.

Neben den Normalgangarten Schritt, Trab und Galopp zeigt das Islandpony eine spezielle Eigenheit, die Veranlagung zu den Gangarten Paß und Tölt. Der *Paßgang*, bei dem Vorder- und Hinterbein derselben Seite gleichzeitig aufsetzen, kann eine sehr bequeme Dauergangart sein, wenn nicht, wie bei etlichen Tieren,

Isländischer Bauernhof aus alter Zeit

eine unangenehme seitwärtige Schaukelbewegung auftritt. Der Paßgang ist ein hörbarer Zweitakt, der bei befähigten Tieren zum Renntempo gesteigert werden kann. Wenn Vorder- und Hinterbein derselben Seite nicht gleichzeitig, sondern kurz nacheinander auffußen, so daß insgesamt vier Takte zu hören sind, ergibt sich, vereinfacht dargestellt, der *Tölt*. Jeder Huf trägt für Sekundenbruchteile allein das volle Gewicht von Pferd und Reiter. Der Tölt wird meist in flottem Trabtempo geritten, kann mitunter aber auch Galopptempo erreichen. Durch die Einzelaktion der Gliedmaßen schwingt der Rücken nicht durch, der Reiter sitzt völlig ruhig und bequem und wird nicht wie im Trab nach oben geworfen. Die Hilfengebung erfolgt durch tiefes Einsitzen nach hinten. Kopf und Hals des Pferdes zeigen im Gegensatz zur sonst üblichen Beizäumung eine aufrechte Haltung. Das Töltpony soll sich in den isländischen Geröll- und Grasbuckelebenen absolut trittsicher und schnell bewegen können. Der Begriff Tölt entstammt dem Sprachschatz längst vergangener Zeiten. Im Mittelalter waren Tölter oder Zelter als bequeme Damenreitpferde und Sänftenträger sehr beliebt. Töltveranlagung zeigen auch Pferderassen in Amerika, Afrika und Asien.

Ponytrekking in Island, stets werden Handpferde zum Wechseln mitgeführt. Seite 111: Isländischer Reiter im Tölt

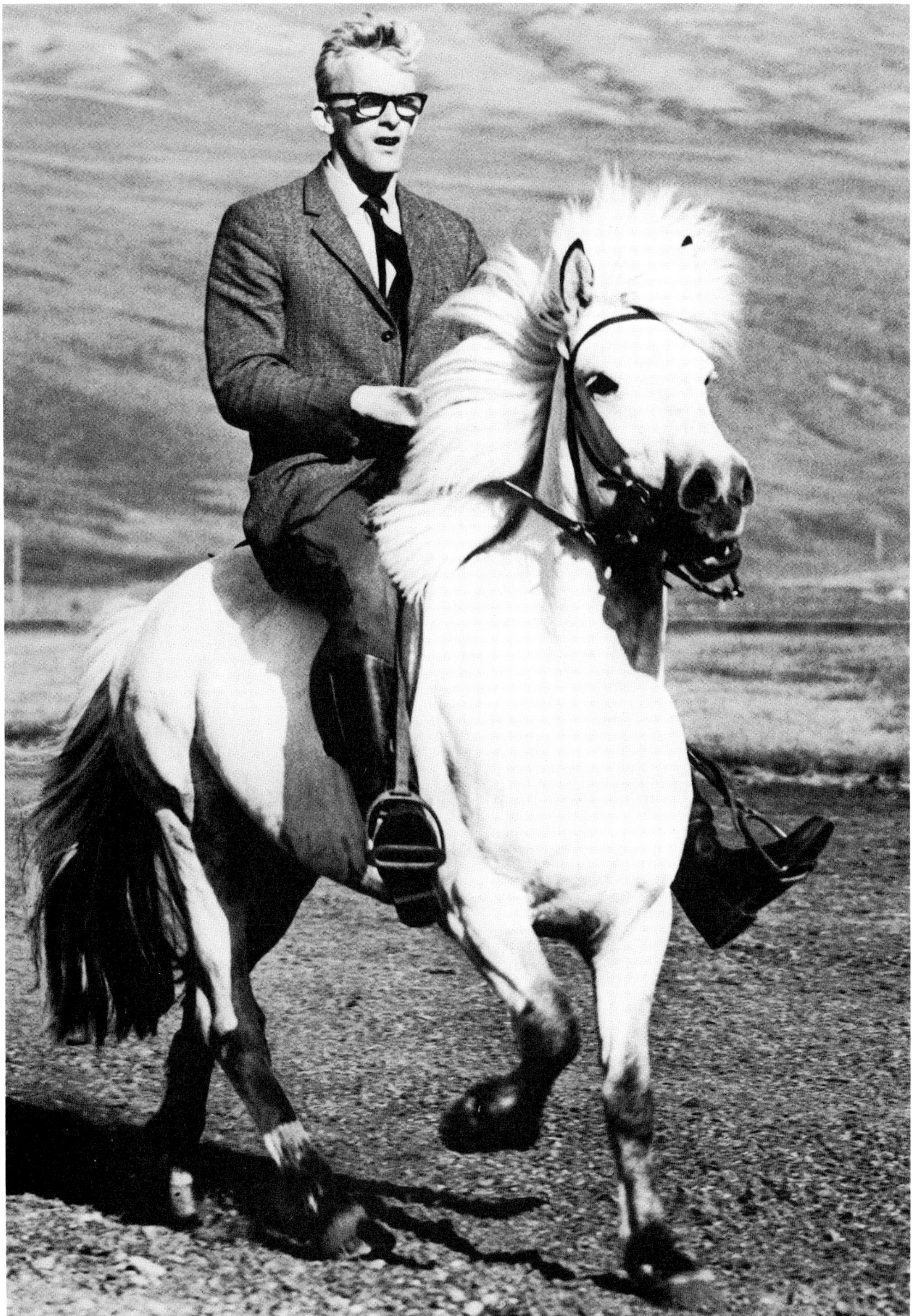

Die Zäumung besteht aus einer Kandare mit beweglichen Hebelanzügen, deren Mundstück durch ein Gelenk unterbrochen ist. Der durch den Export bedingte Erfahrungsaustausch bewirkte neuerdings die zunehmende Verwendung der Trense, die sich besser bewährte. Die langen Trachten des Töltsattels verteilen die Last des Reiters auf eine große Fläche und schonen damit den Pferderücken. Der tiefste Punkt liegt weiter hinten als sonst üblich, einmal um die Vorhand zu entlasten, zum anderen, um die nach hinten verschobene Gewichtseinwirkung des Reiters bei der besonderen Gangmechanik des Tölts zu berücksichtigen.

Für die Ausbildung junger Pferde bringt der Isländer viel Geduld und Einfühlung auf. Den Herdentrieb nutzend, gewöhnt er es als mitlaufendes Handpferd zunächst an flottes Reisetempo. Unter dem Reiter wird es dann in den Gangarten geschult. Der Besitz zumeist mehrerer Pferde erlaubt ihm, jedes Pferd nach Eignung für eine besondere Gangart abzurichten.

Die Ausfuhr nahm nach 1945 einen neuen Aufschwung. Vor allem in den letzten 10 Jahren stieg die Nachfrage nach Freizeitreitpferden dieser Art in Deutschland, Holland, Dänemark, Schweden, Frankreich, den USA und der Schweiz. Das urtümliche Erscheinungsbild, die fabelhafte Leistungsfähigkeit

Isländischer Reiterverein. Seite 113: Ein Töltpferd der Spitzenklasse in Dänemark, Gunnar Jonsson auf Ljoska

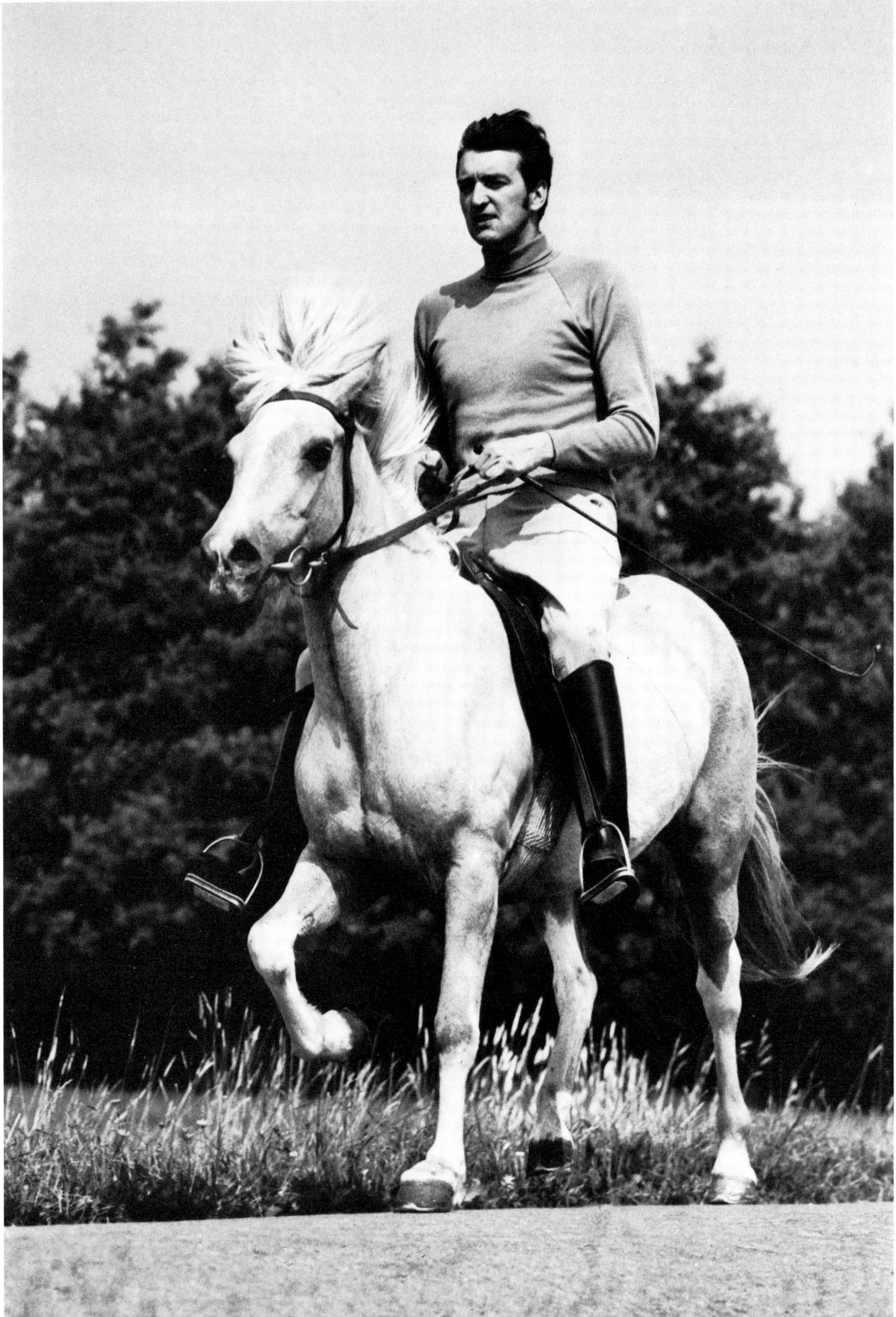

und der freundliche Eigenwille gerieten im Islandpony zum originellen, stets anregenden Freizeitgefährten des von der Technik geplagten Menschen unserer Zeit. Man muß es lieben.

Aufgrund seiner tausendjährigen Isolation ergibt sich ein verhältnismäßig klares Bild über die Herkunft des Islandponys. Seine Vorfahren sind das *Germanenpony*, das die Wikinger von der Westküste Norwegens mit sich führten, und das *Keltenpony*, das bei Zwischenlandungen auf den britischen Inseln aufgenommen wurde. Die Einfuhr währte etwa 100 Jahre, bis um 1 000 n. Chr. beschlossen wurde, keine weiteren Pferde nach Island einzuführen.

Urpony und Tundrenpony waren rein oder miteinander vermischt die Ahnen des Germanenponys. Das Keltenpony trug das Erbe des Urvollblüters. Die ungebrochene Kraft der Erbanlagen zeigt sich in der klimatisch und landschaftlich bedingten Verteilung der verschiedenen Ponytypen auf Island. Im gerölligen und morastigen, von gefährlichen Gletscherflüssen durchzogenen Südosten der Insel lebt das schwere massige Pony, das dem Tundrenpony verwandt ist. Im niederschlagsarmen Norden ist der leichte, temperamentvolle Typ mit Urvollblüteranteilen daheim, dessen Urahn nach der Eiszeit in der trockenen Wüstenregion lebte. Der Südwesten mit besonders ausgeprägtem atlantischen Regenklima und festem Boden ist die Heimat der typischen Nachfahren des Urponys. Im Islandpony sind also Urpony, Tundrenpony und Urvollblüter vermischt, die in tausendjähriger Isolation nicht restlos miteinander verschmolzen. Vielmehr waren die Tiere entsprechend ihrem Erbe bestrebt, in die ihnen gemäße Umwelt abzuwandern, wenn der Mensch sie gewähren ließ. Die Natur hat nur auf den ersten Blick gleich erscheinende Ponys geformt, die in eine andere Umwelt versetzt, unterschiedliche Verhaltensweisen zeigen. Tausend Jahre auf Island reichten nicht aus, Erbanlagen zu verändern, die sich in Hunderttausenden von Jahren gefestigt hatten.

Seite 115. Pferde des Nordens — seit 1 000 Jahren blieb ihr Erscheinungsbild unverändert

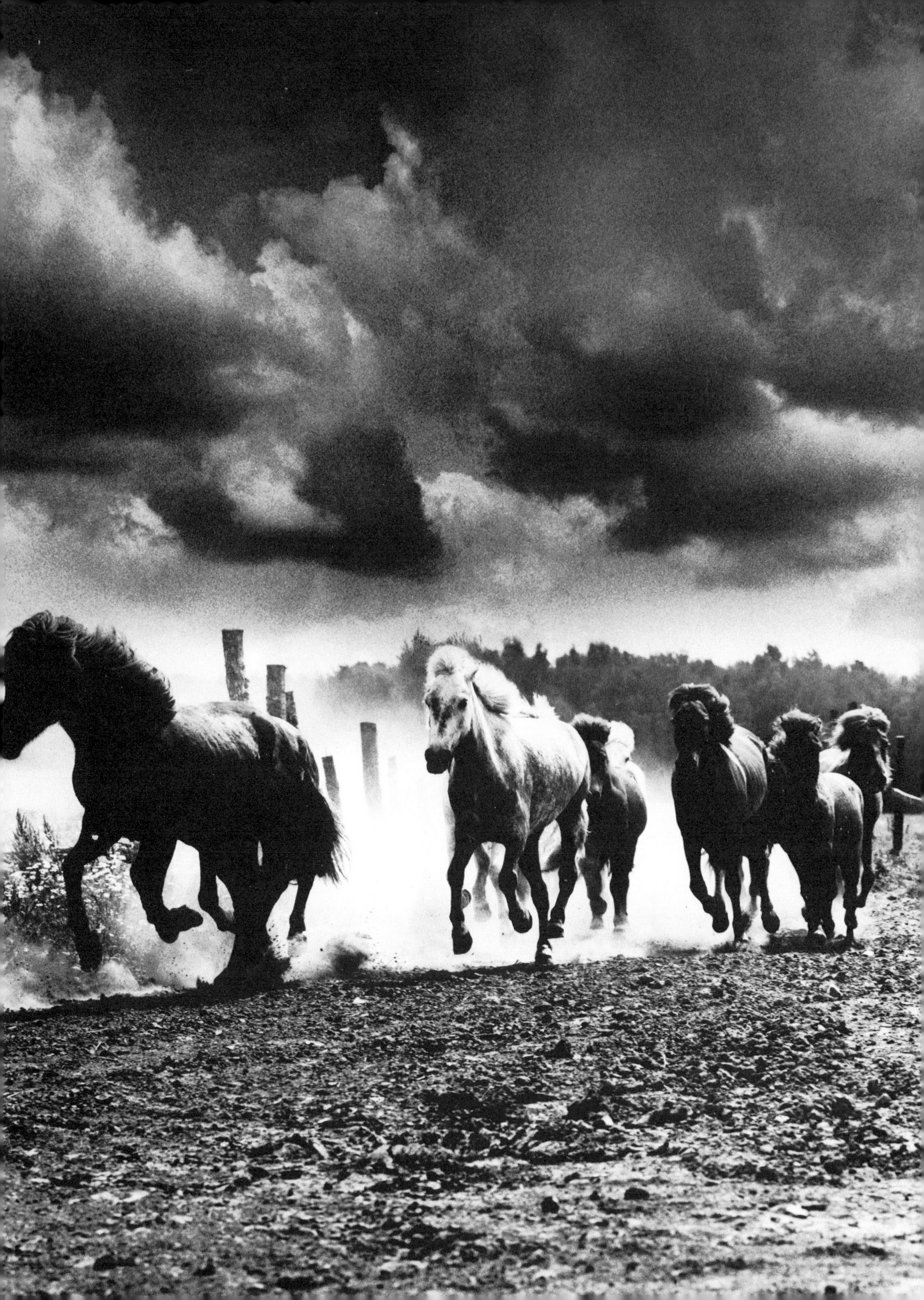

Töltendes Pferd aus dem Mittelalter

Dülmenerpferde

Westfalen ist Pferdeland seit alter Zeit. Als dieses Gebiet im Westen Deutschlands von Germanen und Römern besiedelt wurde, boten unzugängliche Bruchlandschaften den Wildpferden sichere Zuflucht vor den Nachstellungen der Menschen. Die Sumpf- und Urwaldgebiete bewahrten Jahrhunderte ihren urtümlichen Charakter. So konnten in unmittelbarer Nachbarschaft des konzentrierten Industriegebietes an Rhein und Ruhr kleine Herden von wildlebenden Pferden die Zeiten überdauern. Die bekanntesten Wildbahnen waren das Emscherbruch, der Duisburger Wald, die Senne und das Merfelder Bruch, das bis heute erhalten blieb. Zur Zeit der germanisch-römischen Besiedlung mögen hier noch echte Wildpferde gelebt haben, doch erfolgten später ständig Vermischungen mit entlaufenen Hauspferden. In einer Urkunde aus dem Jahre 1316, die dem Herrn von Merfeld das Fischerei- und Jagdrecht zuerkennt, werden auch bereits Wildpferde des Merfelder Bruches erwähnt. Ursprünglich umfaßte dieses Gebiet eine Fläche von 4 000 ha, in deren Besitz und Bewirtschaftung der Gutsherr und die Bauern von Merfeld sich teilten. Mit der zunehmenden Besiedlung und Erschließung des Landes ging die Zahl der wildlebenden Pferde mehr und mehr zurück. Um die Mitte des 19. Jahrhunderts erfolgte die Teilung des bis dahin in gemeinschaftlichem Besitz verbliebenen Merfelder Bruches. In dem ihnen zugesprochenen Teil gaben die Herzöge von Croy den letzten wildlebenden Pferden Westfalens eine Heimat.

Die eingezäunte Wildbahn des Merfelder Bruches liegt 12 Kilometer westlich der Stadt Dülmen. Die Gesamtfläche von 200 Hektar besteht zu 45 Prozent aus durchforstetem Wald und zu 55 Prozent aus Bruchwald und Wiesen, von denen 10 Prozent für die Heugewinnung genutzt werden. Die Landschaft bietet ein reizvolles Bild. Wiesen, Moor- und Heideflächen mit Birkengehölzen wechseln einander ab, umgeben von Nadel- und Laubhochwald mit teilweise urwaldähnlichem Charakter. Der Nährstoffgehalt des Futters ist nicht hoch, aber den Artenreichtum der Pflanzen schätzen die Pferde sehr. Im Jahresdurchschnitt steht jedem Tier etwa 1 Hektar Weidegrund zur Verfügung. Da das Bruch früher stark versumpft war und die Hälfte der Fläche im Winter unter Wasser stand, hat man viel für die Entwässerung getan. Infolge der zahlreichen Abflußgräben versiegen im Sommer nunmehr die natürlichen Tränkstellen. Deshalb wurden Tränkbecken aufgestellt, die von windgetriebenen Pumpen gespeist werden. Inmitten der Wildbahn erhebt sich eine Arena, in der alljährlich die einjährigen Hengste aus der Herde herausgefangen werden. Offene Scheunen dienen zur Heufütterung im Winter, die von den Pferden aber nur zur Futteraufnahme aufgesucht werden. Als Schutz bei ungünstiger Witterung bevorzugen sie den Wald. Die Pferde leben das ganze Jahr im Freien. Sie kennen keinen Stall, und kein Tierarzt sorgt sich um ihr Wohlergehen. Nur wenn der Schnee sehr hoch liegt, wird in geringer Menge Heu hinzugefüttert. Kranke und schwache Tiere werden von der Natur ausgemerzt. Die meisten Verluste entstehen unter den einjährigen Fohlen, die nun die Muttermilch entbehren müssen, und den tragenden Jungstuten, denen auch bei der Geburt keine Hilfe zuteil wird. Die größte Gefahr für die Gesundheit der Tiere bedeutet anhaltend naßkalte Witterung im Winter. Nur die Widerstandsfähigsten überleben.

Die Dülmenerpferde, im Volksmund allgemein Dülmener Wildpferde genannt, sind nicht Wildpferde im zoologischen Sinn. Durch Hauspferdeinmischungen in der Vergangenheit und durch die gesteuerte Zucht des Menschen tragen sie Domestikationsmerkmale. Indes, auch die Wildpferdahnen lassen sich nicht verleugnen. Die Widerristhöhe der erwachsenen Pferde schwankt zwischen 120 und 135 cm. Das Erscheinungsbild ist sowohl im Körperbau als auch in der Farbe verschieden.

Da sind zunächst die Falben mit Aalstrich, die entfernt an das Przwalskipferd erinnern; dann die Mausgrauen, mit Aalstrich und Querstreifen an den Beinen, die dem Tarpan ähnlich sind, und weiter die Torfbraunen mit hellem Mehlmaul, die im Typ des Exmoorponys stehen. Neben diesen drei Hauptformen mit der Fellfärbung von Wildpferden gibt es Rappen und Braune in allen Schattierungen, Füchse und Isabellen, gelegentlich mit weißen Abzeichen an Kopf und Beinen, jedoch keine Schimmel. Alle Pferde haben reiches und dichtes Langhaar und harte wohlgeformte Hufe.

Die Verschiedenheit ihres Aussehens ist eine Folge experimentierfreudigen Zuchtgeschehens. In dem Bemühen, Hengste zu finden, die sich in den Rahmen der Herde einfügten und die notwendige Robustheit besaßen, mußte mancher Fehlgriff hingenommen werden. Häufiger Wechsel der Beschäler aus Gründen

Seite 121. Dülmenerpferde meiden die direkte Nähe des Menschen. Sobald der Abstand weniger als etwa 5 Meter beträgt, laufen sie davon (oben). Die Stuten bringen Jahr für Jahr ihr Fohlen. Junghengste werden einjährig aus der Herde herausgefangen und versteigert, Stutfohlen bleiben ihr Leben lang in der Herde (Mitte). Verendetes Fohlen. Im ersten Lebensjahr sind die Jungtiere am anfälligsten, die Härte des Wetters läßt die Schwächsten zugrunde gehen (unten)

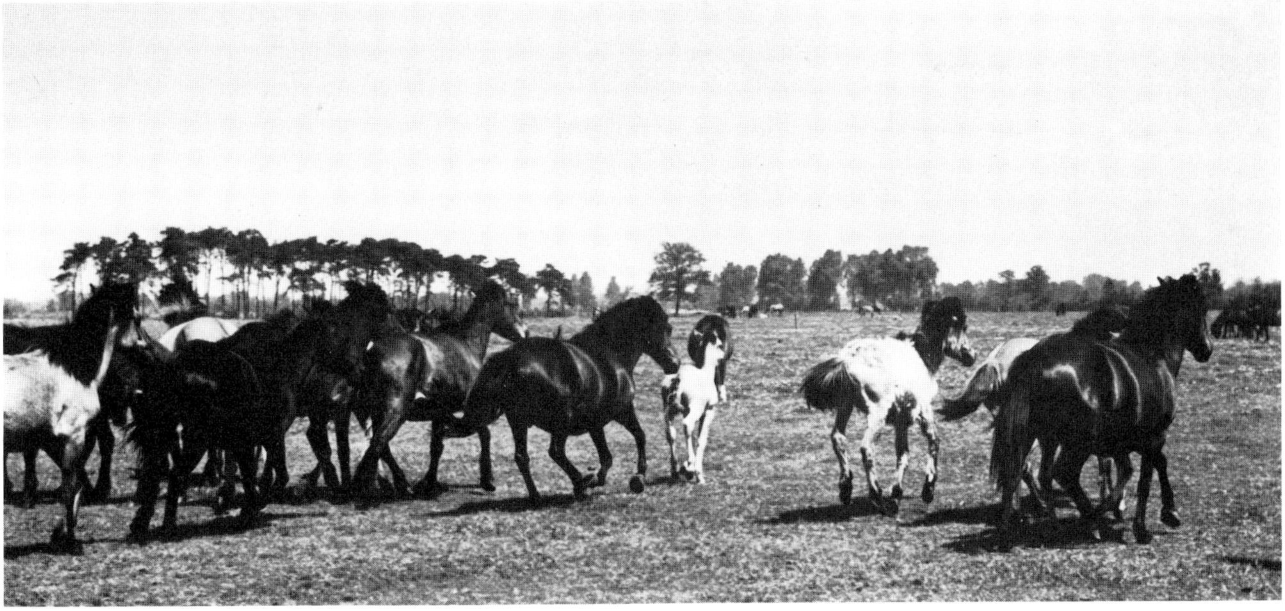

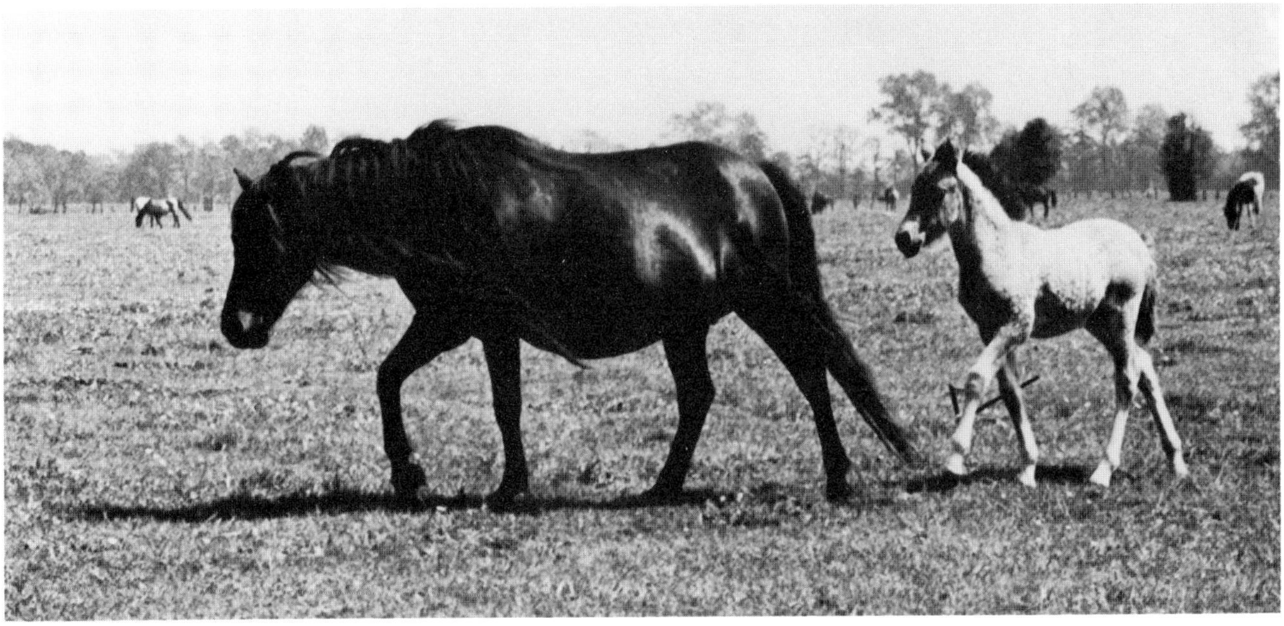

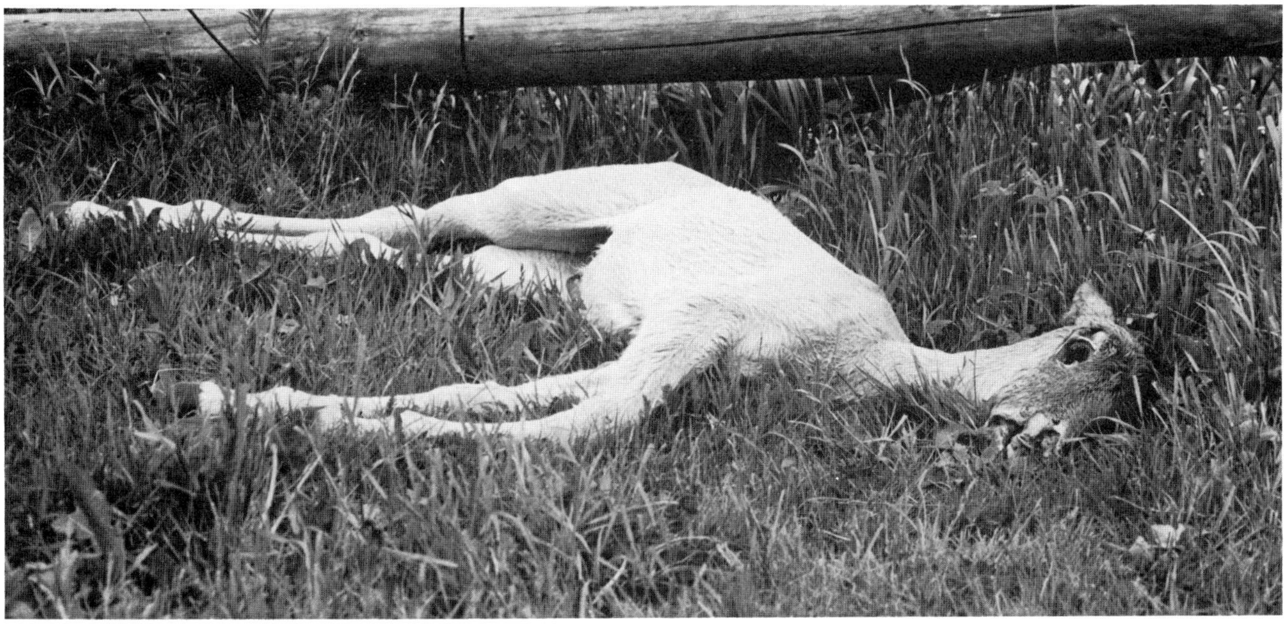

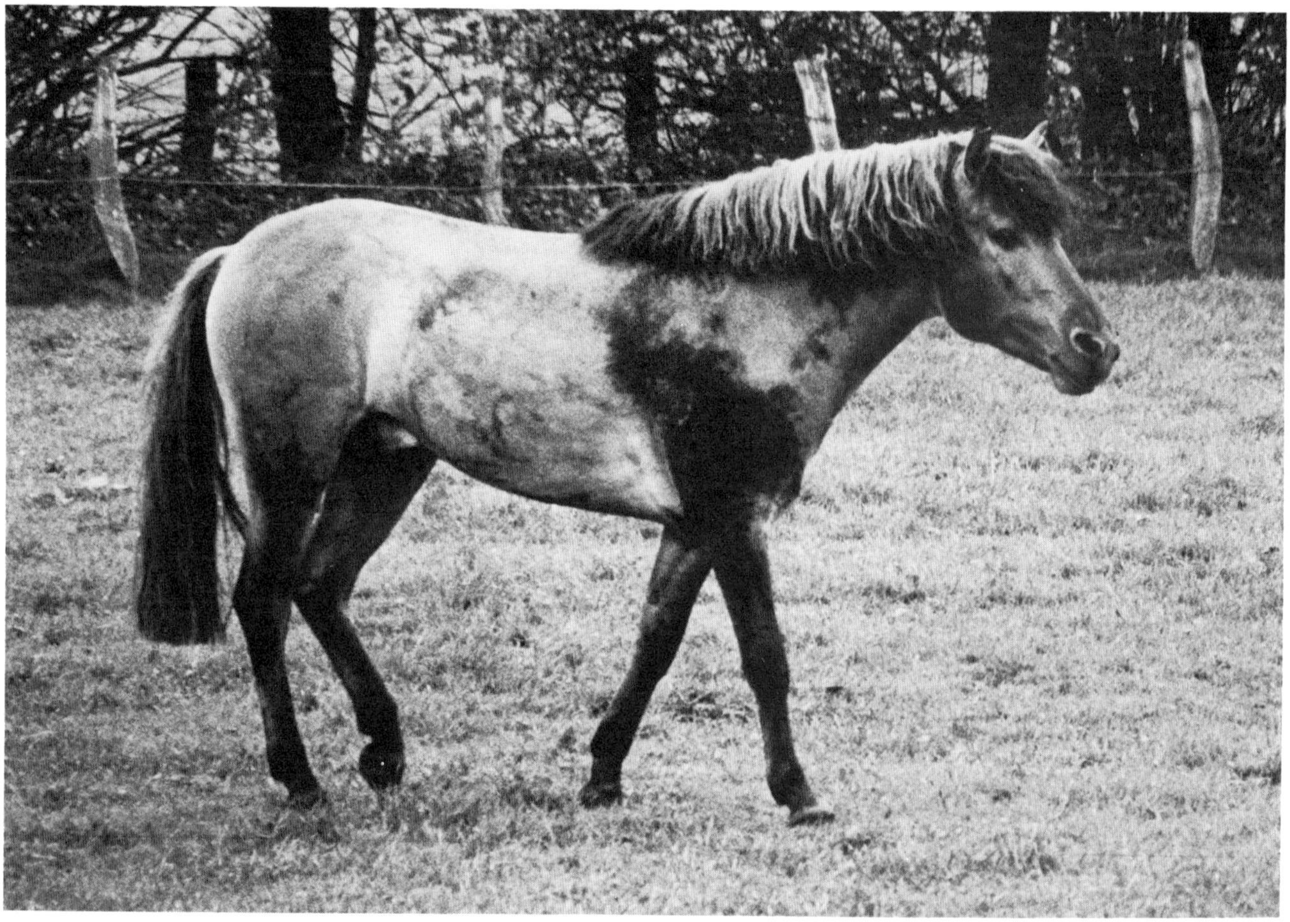

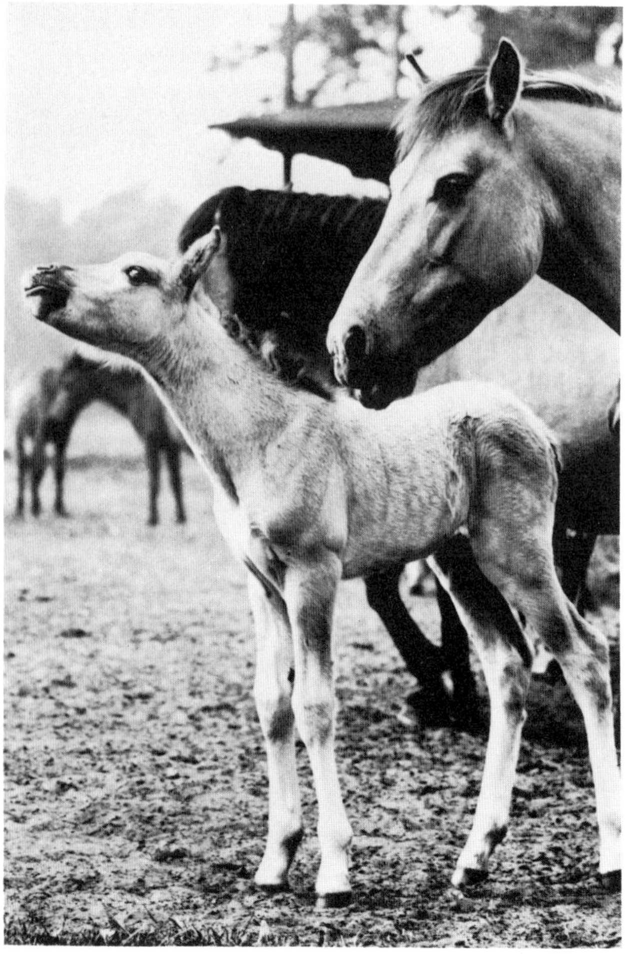

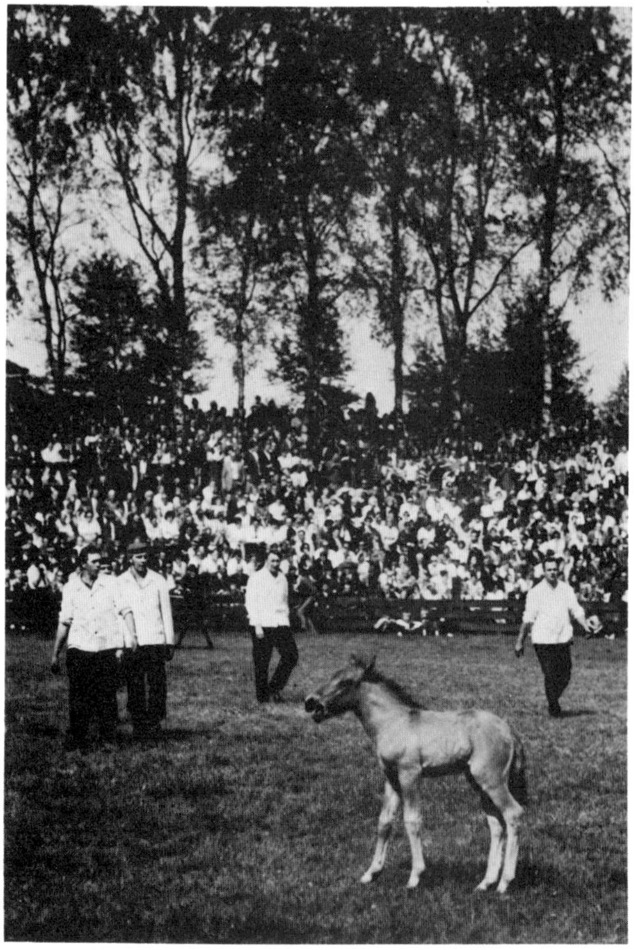

Seite 122. Konikhengst in der Dülmener Wildbahn (oben). In den ersten Lebenstagen weichen die Neugeborenen nicht von der Seite der Mutter, deren Wesenheit und Verhalten sie ganz in sich aufnehmen. Bald aber riskieren sie kleine Ausflüge, um neugierig die Umwelt zu erkunden und mit anderen Fohlen zu spielen. Unter vielen Artgenossen finden sie immer wieder zur Mutter zurück (unten links). Ein wenige Stunden altes Fohlen verlor im Trubel des Pferdefanges die Orientierung in der Arena. Kläglich ruft es nach seiner Mutter, deren Stimme und Geruch ihm in seiner kurzen Lebenszeit noch nicht ausreichend vertraut wurden (unten rechts).

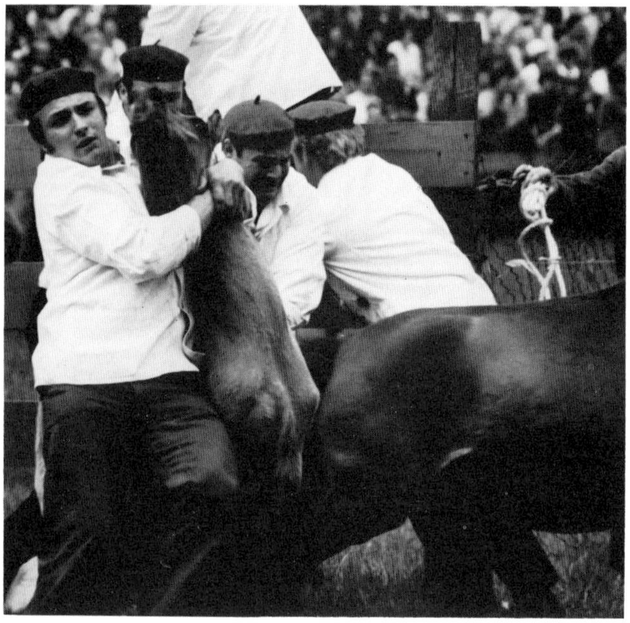
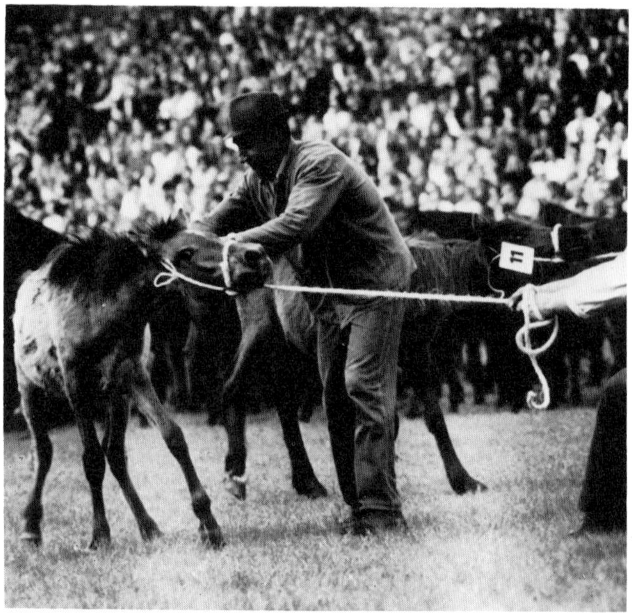
11
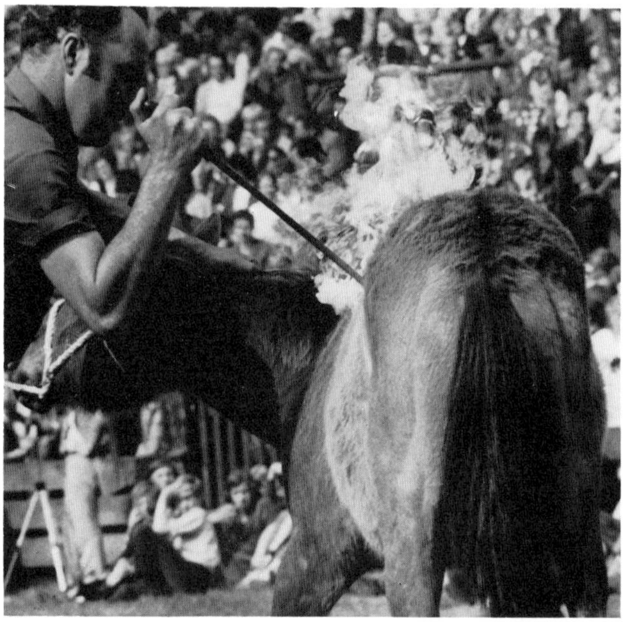
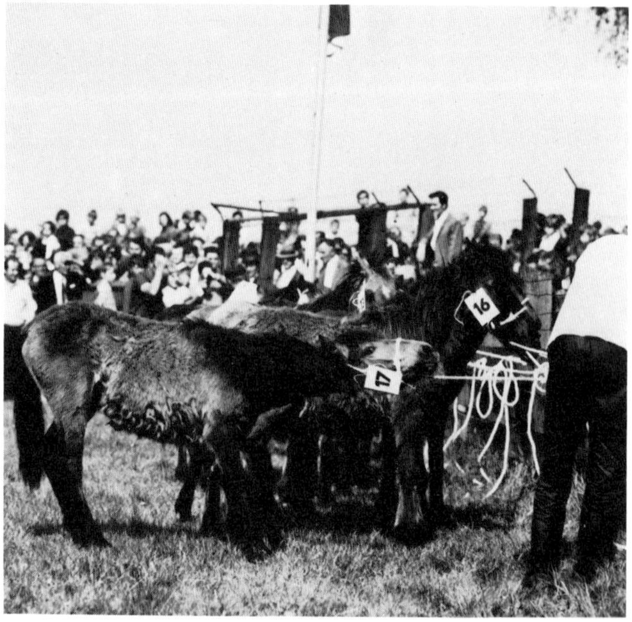
16
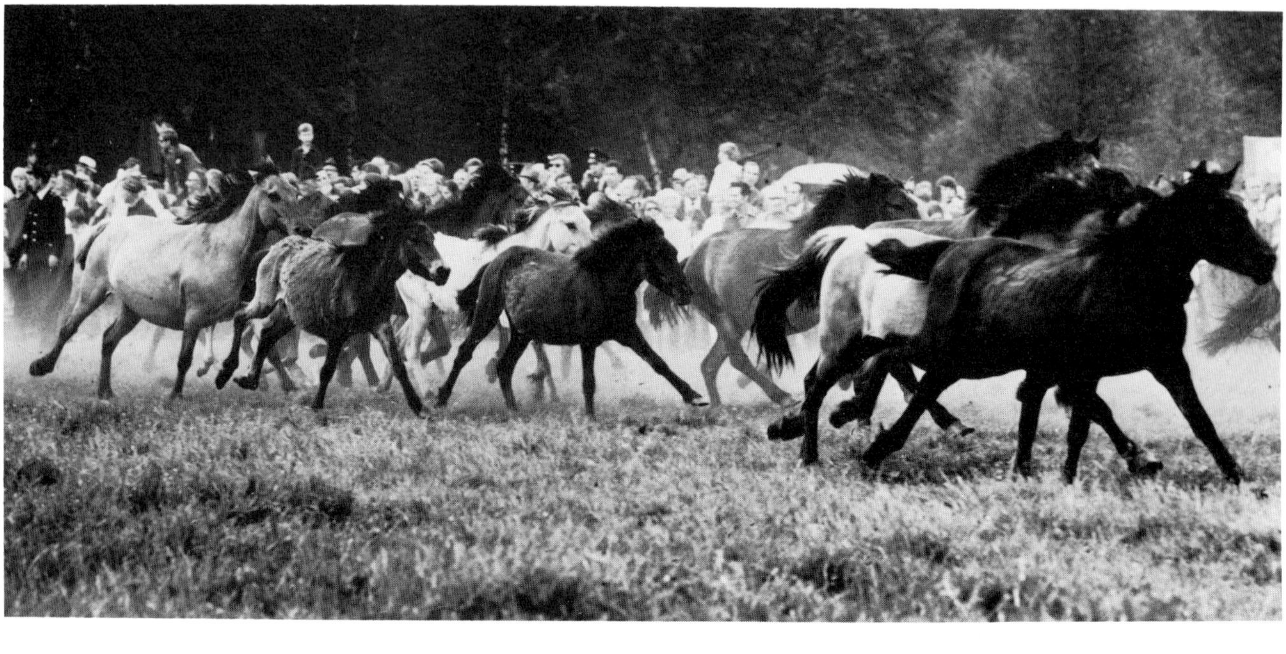

der Blutauffrischung ist erforderlich. Kein Hengst kann von derart verschiedenen Stuten so ausgleichend vererben, daß gleichwertige Nachkommen entstehen. Die in der Wildbahn eingesetzten Hengste stammten aus verschiedenen Zuchtrichtungen. So wurden die Vertreter folgender Rassen verwendet: *Exmoorpony, Przwalskipferd, Tarpan, Konik, Welshpony, Huzule* und *Araberpferd.* Der Einfluß des Exmoorponys erzielte gleichwohl die besten Ergebnisse in Robustheit und Ausgeglichenheit des Typs. Diese Pferde hatten jedoch den Nachteil, daß sie nur etwa 125 cm Stockmaß erreichten. Hierzulande sieht das Käuferinteresse nach größeren Pferden. In den letzten Jahren gab man deshalb häufig tarpanähnliche *Konikhengste* aus Polen in die Herde, die sich ebenfalls gut bewährten.

Die Herde zählt mit Fohlen durchschnittlich 180 Tiere, davon sind etwa 100 Stuten in geschlechtsreifem Alter. Da ein Hengst in einer Saison so viele Stuten nicht belegen kann, wird die Herde während der Deckperiode meist in zwei Gruppen aufgeteilt und durch einen langen Doppelzaun quer durch die Wildbahn getrennt. Jeder Gruppe wird ein Hengst beigegeben. Der Doppelzaun verhindert, daß sich die Hengste bekämpfen. Sie bleiben nur während der Decksaison, Mai bis August, in der Herde. Die Fohlen werden während der Monate April bis Juli, meist nachts, geboren und bis zur Geburt des nächsten von der Mutter gesäugt. Selten bleibt eine Stute güst.

Am letzten Sonnabend im Mai eines jeden Jahres werden die Jährlingshengste gefangen. Zu diesem Zweck treibt man die gesamte Herde in die große Arena, deren Rund von Tausenden von Schaulustigen besetzt ist. Eine Anzahl junger Männer versucht, kleine Gruppen der Herde zu isolieren, um sich die Jährlinge herauszugreifen und ihnen das Halfter anzulegen. Das erfordert viel Kraft und Geschick. Drei bis vier kräftige Männer haben alle Hände voll zu tun, um das sich heftig wehrende Tier zu bändigen. Stuten und Fohlen sondert man in möglichst schonender Weise aus. Die gefangenen Hengstfohlen werden mit dem herzoglichen Brandzeichen versehen und anschließend versteigert. Stuten werden nur selten abgegeben. Dort wo sie geboren, beenden sie meist auch ihr Dasein. Nach dem Pferdefang beginnt die Decksaison, und die beiden Hengste werden in die geteilte Herde entlassen. Das Dülmenerpferd ist hart, genügsam

---

Seite 124. Beim Fang der einjährigen Hengste in der Arena versucht man, Stuten und Saugfohlen vorsichtig auszusondern und in ein separates Gatter zu treiben. Drei bis vier kräftige Männer sind voll beschäftigt, um einem Jährling das Halfter anzulegen (oben). Mit dem Brandzeichen versehen wird er zusammen mit seinen Schicksalsgefährten gleich nach dem Fang versteigert (Mitte). Nachdem der letzte Hengst gefangen ist, galoppiert die Herde wieder in die Freiheit des Sommers zurück (unten)

und leistungsfähig und erreicht oftmals ein Alter von 25 bis 30 Jahren im Dienste des Menschen. Als Kutschpferd und Reitpferd für Kinder ist es besonders begehrt.

Die Dülmener Herde gliedert sich in einzelne Familien, in denen strenge Rangordnung herrscht. Jeweils die älteste oder kräftigste Stute führt ihre weiblichen Nachkommen an. Die Leitstute übernimmt stets die Führung, wenn die Familie im Gänsemarsch in immer denselben, tiefausgetretenen Wechseln zur Tränke, zu neuen Weideplätzen oder vor irgendwelchen Störungen davonzieht. Die Wechsel werden nur ungern verlassen. Die Stuten gehen meist in altersmäßiger Rangfolge hintereinander, die jüngsten Fohlen bei Fuß. Auch beim Grasen halten sie sich stets in der Nähe der Altstute auf. Die häufig wechselnden Hengste haben keinen Einfluß auf die Herdenstruktur.

Zwar sind sie bemüht, die Herde durch Umkreisen ständig zusammenzutreiben, doch die eigenwilligen Leitstuten bringen diese Versuche immer wieder zum Scheitern. Die Pferde sind fortwährend mit der Nahrungsaufnahme beschäftigt. Die Wahl der Futter- und Ruheplätze ist von Wind und Wetter, von Insektenbefall und Futtermenge abhängig. Im Winter, wenn ihnen ein dichtes Fell gewachsen ist, sieht man die Tiere häufig auf freier Fläche in tiefem Schnee ruhen. Die Dülmenerpferde sind den Anblick des Menschen gewöhnt, lassen sich aber nicht von ihm berühren und meiden seine Nähe. Die Fluchtdistanz beträgt 5 bis 8 m. Bei sachkundiger Behandlung sind sie leicht zu zähmen, sehr anhänglich und von gutmütigem Charakter.

Das Erscheinungsbild des Dülmenerpferdes gleicht ganz allgemein gesehen dem des Tarpans. Die Erbanlagen von Urpony und Urvollblüter überwiegen. Merkmale des Tundrenponys sind nur gering erhalten.

Dülmener Brandzeichen

Camarguepferde

Endlose Weite, Steppe, Sümpfe, Seen und übermannshohe Schilfwälder, Rinder- und Pferdeherden bewacht von berittenen Hirten, exotische Vogelwelt und unberührte, unerschlossene, fast menschenleere Wildnis, das war vor mehr als zwei Jahrzehnten. Heute ist die wilde Camargue vermessen, eingezäunt, landwirtschaftlich genutzt und dem Tourismus erschlossen, zum Leidwesen jener Naturfreunde, die das Abenteuer noch in der unverfälschten Natur suchen. Und doch — ein Rest von Stille, Einsamkeit und Wildnis ist geblieben für den, der Augen hat zu sehen, und für den, dessen Empfindung eingeht in die erregende Atmosphäre dieses Landes. Und für den Reiter.

Die Camargue, ein Landstrich im Süden Frankreichs, liegt an der Mündung der Rhone. Wenige Kilometer nördlich der Provinzstadt Arles teilt sich der Fluß in zwei Arme, die Grand Rhone im Osten und die Petit Rhone im Westen. Die dazwischenliegende Schwemmlandebene ist die eigentliche Camargue, wenngleich die umliegenden Gebiete ähnlichen Charakters sind und gelegentlich in den Begriff einbezogen werden. Die Flächenausdehnung beträgt 600 bis 700 Quadratkilometer. Der fruchtbare Humusboden der Hochcamargue, im Norden des Rhonedeltas und bis zu 4 Meter über dem Meeresspiegel gelegen, erlaubt landwirtschaftliche Nutzung. Schilfumrandete Reisfelder, Obstplantagen und Weinfelder wechseln einander ab. Die einsamen Höfe sind von Pinien, Zypressen und Platanen umgeben. Die Tiefcamargue im Süden hat ihr Landschaftsbild nahezu unverfälscht erhalten. Weite, ebene Salzsteppen (Sansouire), die teils bis zu 2 Meter unter Meereshöhe liegen, und schilfbewachsene Sümpfe (Marais) sind untauglich für die Landwirtschaft. Hier gedeihen nur Salzpflanzen und Tamariskenbüsche. Der Boden besteht aus salzhaltigem Lehm. Einzelne Flächen sind völlig blank und von kristallisiertem Salz bedeckt. Fische und Wasservögel bevölkern zahllose 2 bis 3 Meter tiefe Salzseen. Selten, in der Nähe von Süßwasserstellen, ist Graswuchs anzutreffen. Das Land ist zu dreiviertel Privatbesitz. Endlose Stacheldrahtzäune begrenzen die ausgedehnten Weideflächen.

Die Sonne beherrscht das Klima. Azurblau leuchtet der Himmel das ganze Jahr, nur gelegentlich von Wolken bedeckt. Im Sommer kann die Temperatur bis zu 40 Grad im Schatten ansteigen. Der Winter bringt Kälte bis unter die Frostgrenze, doch nur selten fällt Schnee. Von den zahlreichen Winden, die das

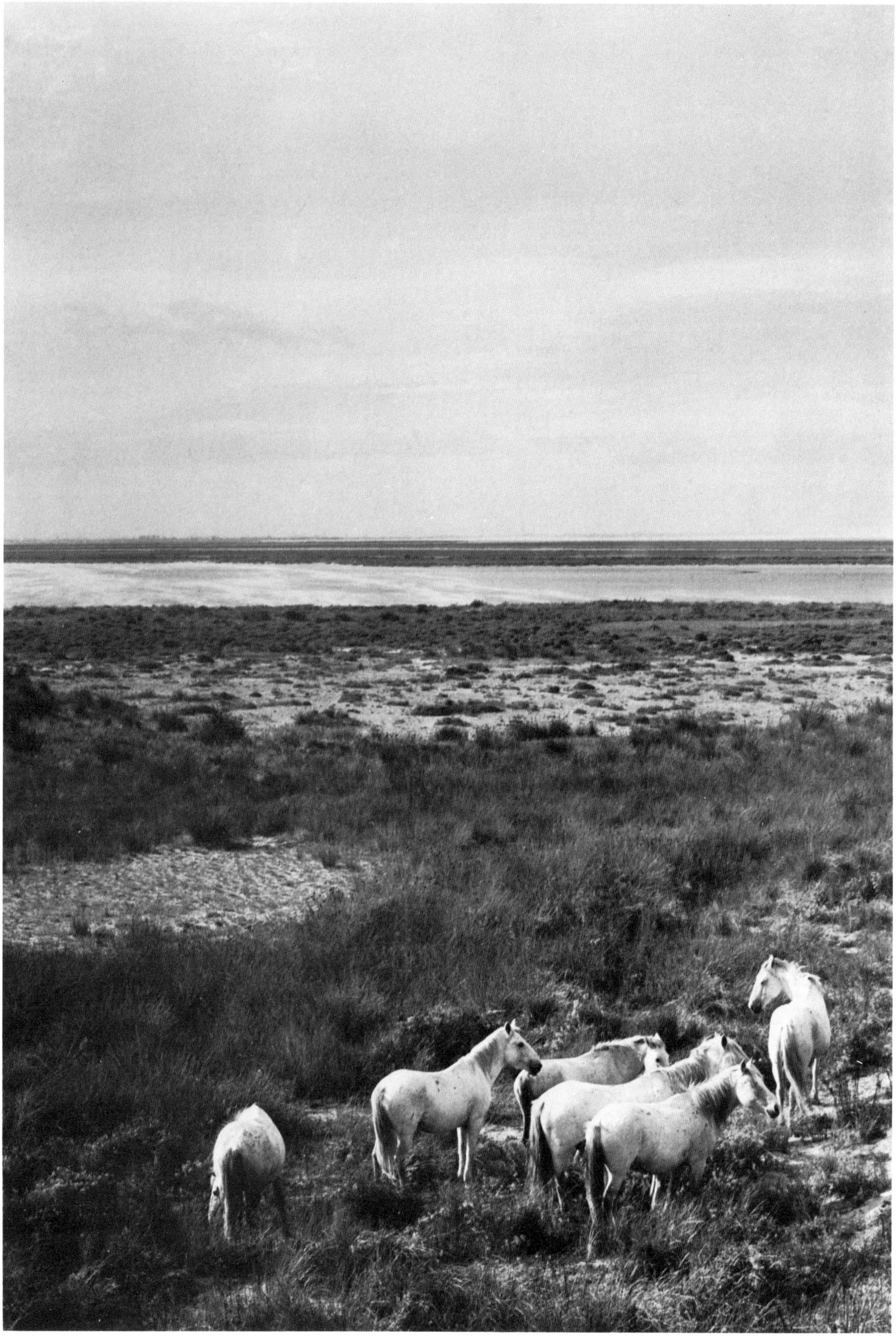

Wetter beeinflussen, dominiert der Mistral. Er bläst stets heftig aus Norden und vertreibt die Wolken, macht aber die Sommerhitze kaum erträglicher. Im Winter kann er 10 bis 15 Grad unter Null kalt sein. Frühjahr und Herbst, wenn der Mistral erlahmt, macht sich der Südwind auf, und es regnet. Die Niederschläge erschöpfen sich in mehreren kurzen, intensiven Regenperioden in den Monaten März bis Mai und September bis Oktober. Im Sommer erheben sich Mücken und Stechfliegen aus den Sümpfen, um über alles herzufallen, was sich regt. In den letzten Jahren gelang es, die Plage durch Anwendung chemischer Mittel auf ein Zehntel zu reduzieren.

In der Camargue werden Rinder und Pferde gezüchtet. Dominierendes Zuchtziel ist der Taureau, der Kampfstier für die Arena. Stierkämpfe sind sehr beliebt in der Provence. Während des Sommers werden sie als Volksfest in jeder größeren Ortschaft abgehalten. Der Kampf verläuft stets unblutig für den Stier, ist aber nicht ohne Risiko für die teilnehmenden Männer, die sich jeweils mit schnellem Sprung über die Bande retten. Ruhm und Ehre dem Tapferen, der dem Stier mit einer Eisenkralle drei zwischen den Hörnern befestigte Quasten entreißt. Nicht immer gelingt es, dem wütenden Angriff des gereizten Stieres zu entkommen. Manch einer mußte seine Kühnheit teuer bezahlen.

Der Hof (Mas) des Herdenbesitzers (Manadier) liegt zumeist inmitten der Weideflächen, die eine Ausdehnung zwischen 200 und 1 000 Hektar haben. Die Herden (Manades) zählen jeweils 100 bis 150 Stiere, in seltenen Fällen auch mehr. Man unterscheidet zwei Rassen. Der schwarze, intelligente Camarguestier mit seinem lyraförmig nach oben ragenden Gehörn erreicht ein Gewicht von etwa acht Zentnern. Der mehr bräunlich gefärbte oder gefleckte spanische Stier wird größer und schwerer. Sein lebhaftes Temperament und das schräg nach vorn gerichtete Gehörn machen ihn gefährlicher für den Mann in der Arena. Als gefährlichster indes gilt der Kreuzungsstier zwischen beiden Rassen, der Intelligenz und Schnelligkeit in sich vereinigt. Er ist absolut unberechenbar, sagen die Experten. Weitab in entlegener Einsamkeit wachsen die Stiere heran. Sie kennen nur ihren Hirten, den Gardian auf seinem weißen Pferd. Er muß stets mit Temperamentsausbrüchen seiner Schützlinge rechnen. Kein Fußgänger könnte es wagen, sich ihnen zu nähern. Er würde sogleich angegriffen.

Seite 131. Gardian in Festtracht

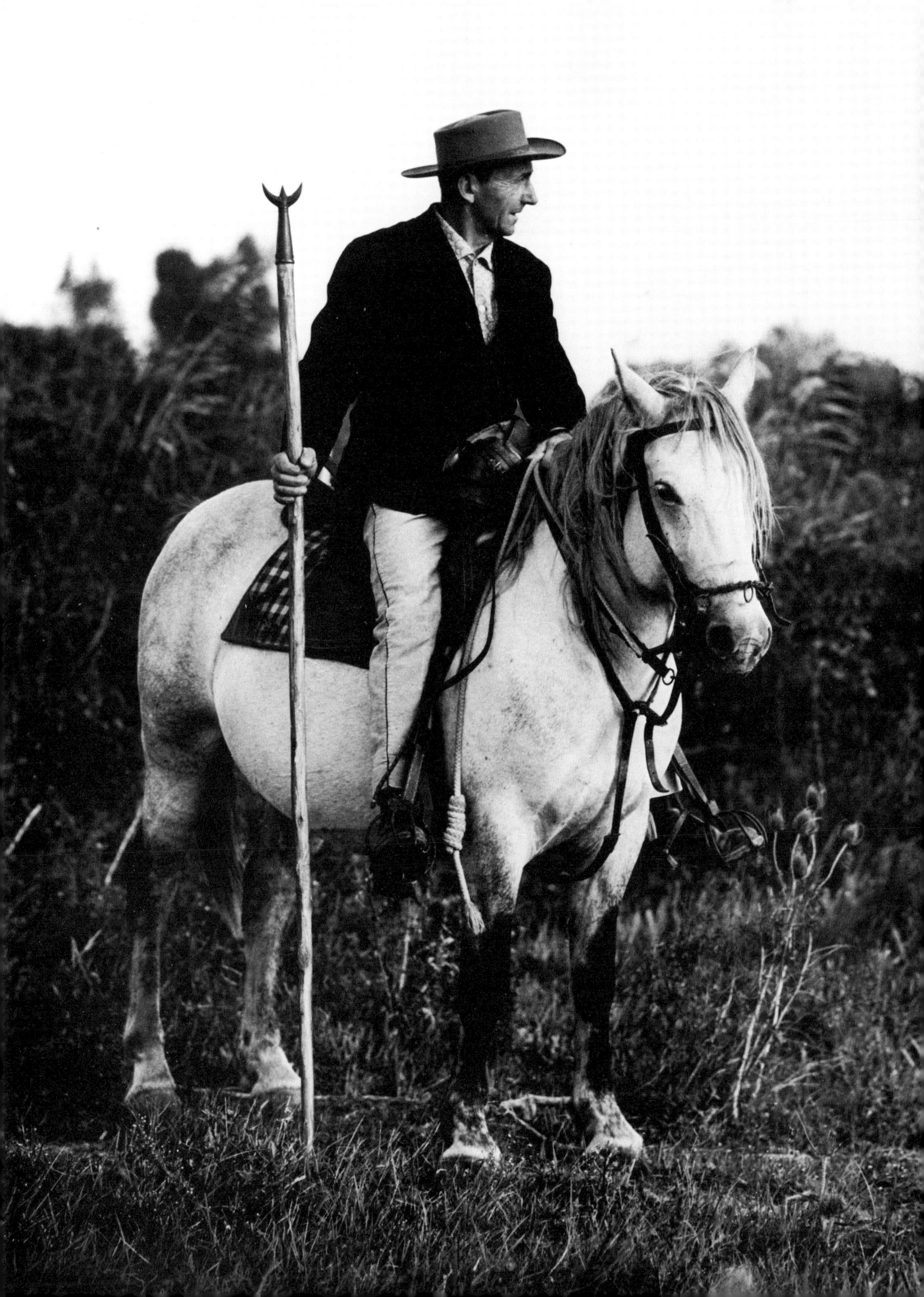

Der Gardian der Camargue erfüllt eine ähnliche Aufgabe wie der Cowboy des amerikanischen Kontinents. Er ist für das Wohlergehen der ihm anvertrauten Herde verantwortlich. Ein entsagungsvoller Beruf ohne Freizeit in Wind und Wetter, der große Härte verlangt. Der Gardian wohnt heutzutage im Mas des Manadiers. Seine Behausung in früheren Zeiten, die Cabane, jene schilfgedeckte weißgekalkte Hütte in Einsamkeit und Wildnis, dient nunmehr in zahlreichen komfortablen Nachbildungen als romantische Unterkunft für Touristen. Der Gardian verbringt den ganzen Tag im Sattel. Seine Ausrüstung besteht aus dem Trident, einer zweimeterlangen Stange mit dreigezackter Spitze zum Treiben und Abwehren des Stieres, und dem handgeflochtenen Lasso aus Roßhaar zum Einfangen der Pferde.

Der Beruf des Gardians in seiner traditionellen Form ist im Aussterben begriffen. Während der sommerlichen Touristenflut verdingt sich mancher dem Promenade a cheval, um Reitbegeisterte auf dem Pferderücken durch die Steppe zu führen. Dieses Geld verdient sich leichter und zerrinnt schneller. Das Leben scheint nur aus Ferientagen zu bestehen. Ob praktisch oder theoretisch, kommerziell oder ideell mit seiner Passion befaßt, bewegt den Pferdemann der Camargue ein unerschöpfliches Thema. Die Arbeit an und auf dem Pferd, Tag für Tag, vom Morgen bis zum Abend, hindert ihn nicht, ohne Unterlaß über

Cabane, die schilfgedeckte Lehmhütte des Rinderhirten

Pferde zu reden, wo immer er Verständige trifft. Welches Glück in der Camargue zu leben! Unverändert bietet sich die heitere Farbigkeit der schwermütigen Landschaft, die für van Gogh vor einem Jahrhundert zum Schicksal wurde. Das klare Sonnenlicht, der atmosphärische Silberschimmer über dem Wasser und der Pastis, jener gelbe Anislongdrink, machen das Leben leicht. Mühelos sind deren fünf schon vor Mittag geschlürft, wo Pferdemenschen einander treffen. Denn Diskussionen über Pferde sind zwiefach ohne Grenzen. Pferdeland ist überall.

Wer die Sümpfe und Steppen der Camargue gesehen hat, hält nicht für möglich, daß hier Pferde gedeihen. Menschliche Hilfe haben sie kaum zu erwarten. Niemals schützt sie ein Stall vor der sengenden Sonne und dem eiskalten, winterlichen Mistral. Auf der weiten Ebene sind die Tiere allen Unbilden des Wetters und den in Wolken aufschwärmenden Stechmücken preisgegeben. Die Auslese besorgt die Natur.

Die Pferde finden ihre Nahrung in den Sümpfen und auf der Steppe, die im Winter großenteils flach überschwemmt ist. Im Sommer, wenn die Steppe ausdörrt, ziehen sie sich gern in dichtes Röhricht zurück, um der Mückenplage zu entgehen und nach jungen Schilftrieben zu suchen. Tagelang im Wasser stehend tauchen sie das Maul oftmals bis über die Nüstern unter Wasser, eine vom

Camarguepferde in der Salzsteppe, die im Winter flach überschwemmt ist

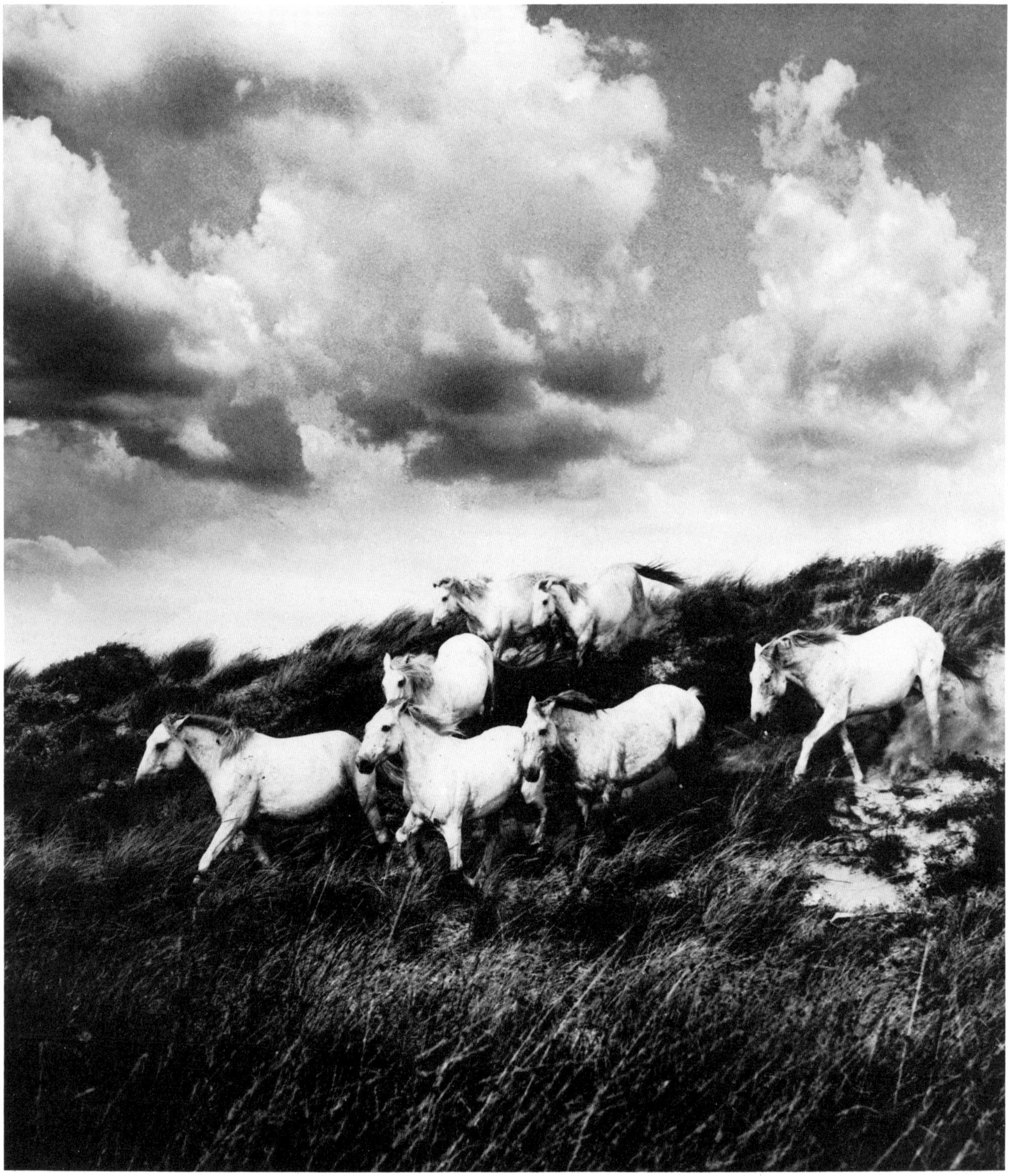

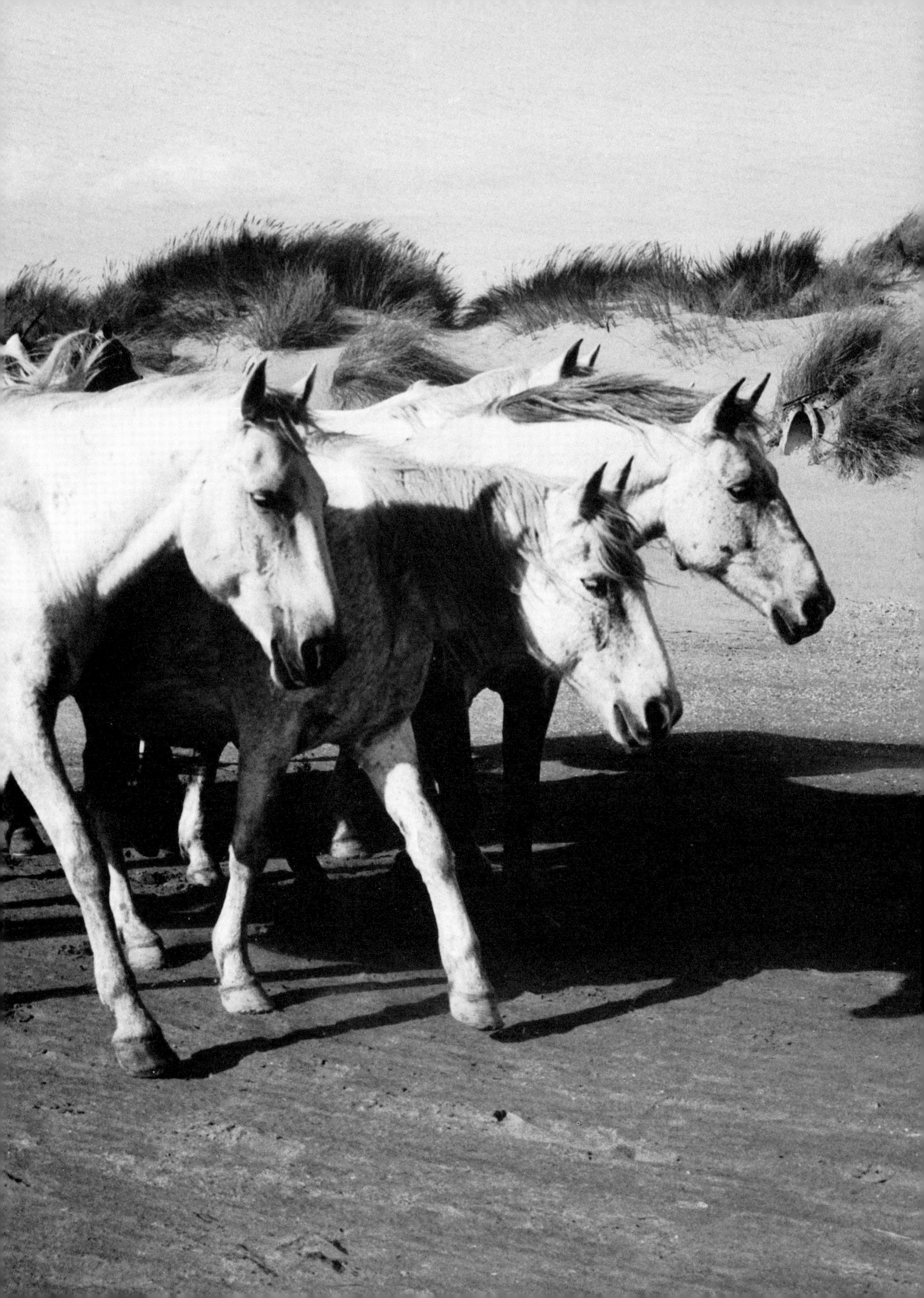

Tundrenpony der Urzeit überkommene Eigentümlichkeit des Camarguepferdes. Da Pferde ausschließlich durch die Nase atmen, sind sie sonst ängstlich bestrebt, die Nüstern stets über Wasser zu halten. Als Mindestweidefläche rechnet man 2 bis 4 Hektar je Pferd. Im Winter wird normalerweise kein zusätzliches Futter gegeben, denn Heu ist sehr teuer und muß von weither herangeschafft werden. Die Reitpferde bleiben am Haus, doch steht auch hier nicht immer ein Stall zur Verfügung. Bei nur gelegentlicher Verwendung müssen sie ihr Futter auf der Steppe suchen. Werden sie stärker beansprucht, wird Heu und Gerste oder Hafer hinzugefüttert. Für besonders anstrengende Tagesleistungen gibt man ein nahrhaftes feuchtes Teiggemisch aus Kleie und Hafer. Die eisenharten Hufe der Reitpferde werden nicht beschlagen, aber gelegentlich beschnitten.

Im Jahre 1968 wurde der Zuchtverband des Camarguepferdes gegründet und erstmals ein Zuchtbuch aufgelegt, das 1971 wieder geschlossen wurde. Fortan werden nur Tiere eingetragen, deren Eltern bereits im Zuchtbuch verzeichnet sind. Etwa vierzig Manadiers sind Mitglieder des Verbandes. Die übrigen fünfzig Züchter zogen es vor, weiterhin nach eigenen Vorstellungen zu züchten. Jeder Manadier hat sein eigenes Brandzeichen, das den Tieren auf den Hinterschenkel gebrannt wird. Der Stutenbesitz eines Züchters schwankt zwischen drei und höchstens achtzig Tieren mit mindestens einem, oftmals jedoch mehreren Hengsten. Der Zuchtstutenbestand beträgt etwa fünfhundert eingetragene Tiere. Der Verband empfiehlt folgende Richtlinien: Als Zuchtgebiet Camargue gilt die Landschaft in dem gedachten Dreieck zwischen den Städten Tarascon, Fos und Montpellier. Das Camarguepferd muß im Zuchtgebiet gezeugt, geboren und aufgewachsen sein. Zuchtziel ist ein robustes Reitpferd von hervorragender Leistungsfähigkeit, Trittsicherheit, Ausdauer und Genügsamkeit. Stockmaß zwischen 135 und 145 cm. Gewicht sechs bis acht Zentner. Voll ausgewachsen zwischen dem sechsten und achten Lebensjahr. Das erwachsene Pferd ist immer Schimmel. Die Fohlen werden schwarz, braun oder grau geboren, zuweilen mit weißen Abzeichen, seltener mit Aalstrich. Später hellt sich das Haarkleid auf und ist meist im Alter von fünf bis sieben Jahren voll weiß ausgefärbt.

Der eckige Kopf des Camarguepferdes wirkt durch den stark entwickelten Unterkiefer recht mächtig. Die Augen sind klein und liegen unter flachen Augenbogen. Die kurzen spitzen Ohren sind beweglich, die Stirn breit und kurz, das Nasenprofil meist gerade und die Schnauze breit und eckig. Der kräftige Unterkiefer vermag hartes nährstoffarmes Futter bestens aufzuschließen. Der kurze starke Hals ist mittelhoch aufgesetzt, die Schulter steil, die Brust tief und breit und der Rumpf gedrungen und kurz. Die kräftigen trockenen Gliedmaßen enden in harten breiten Hufen. Der Rippenbogen ist gewölbt und die Kruppe rund und abschüssig mit tief angesetztem Schweif. Mähne und Stirnschopf sind lang und reich gewachsen, das Haar ist verhältnismäßig fein. Der Schweif ist anfangs kurz und breit gefächert, um die Analgegend vor Nässe und Insekten zu schützen. Das Winterfell wächst dicht und struppig.

Das kleine ursprüngliche Camarguepferd hat Ähnlichkeit mit dem Exmoorpony, es ist selten geworden. Die meisten Tiere sind größer, manchmal über das angegebene Höchstmaß hinaus. Dann sind sie von der Zucht ausgeschlossen. Verkreuzungen mit Berber- und Araberpferden ergeben größere und schnellere Pferde, die aber an Robustheit verlieren. Typreine Pferde werden bei guter Behandlung leicht fünfundzwanzig bis dreißig Jahre alt. Trittsicher und gelassen bewegen sie sich in Sumpf und Wasser. Kreuzungstiere sind unsicher und suchen das Wasser zu meiden.

Das Camarguepferd wächst in Freiheit auf und hat in den ersten drei bis vier Lebensjahren kaum Kontakt mit dem Menschen. Sein Gesichtskreis orientiert sich am Horizont. Es ist neugierig, wachsam und intelligent. Seine Freiheit geht ihm über alles. Der entspannte dösende Ruhezustand täuscht wie bei allen wildlebenden Pferden. Es spart die Kräfte für Situationen, in denen es ihrer voll bedarf. Dann aber scheint es unerschöpfliche Reserven zu besitzen. Breite Hufe ermöglichen sichere Bewegungen im gefährlich schwappenden Moor. Instinktiv weiß es, unter Wasser festen Boden von schlingpflanzenüberwachsenen Sumpflöchern zu unterscheiden. Auf der Steppe setzt es in rasendem Galopp, gleichgültig ob mit oder ohne Reiter, über binsenbewachsene feste Buckel, die zu

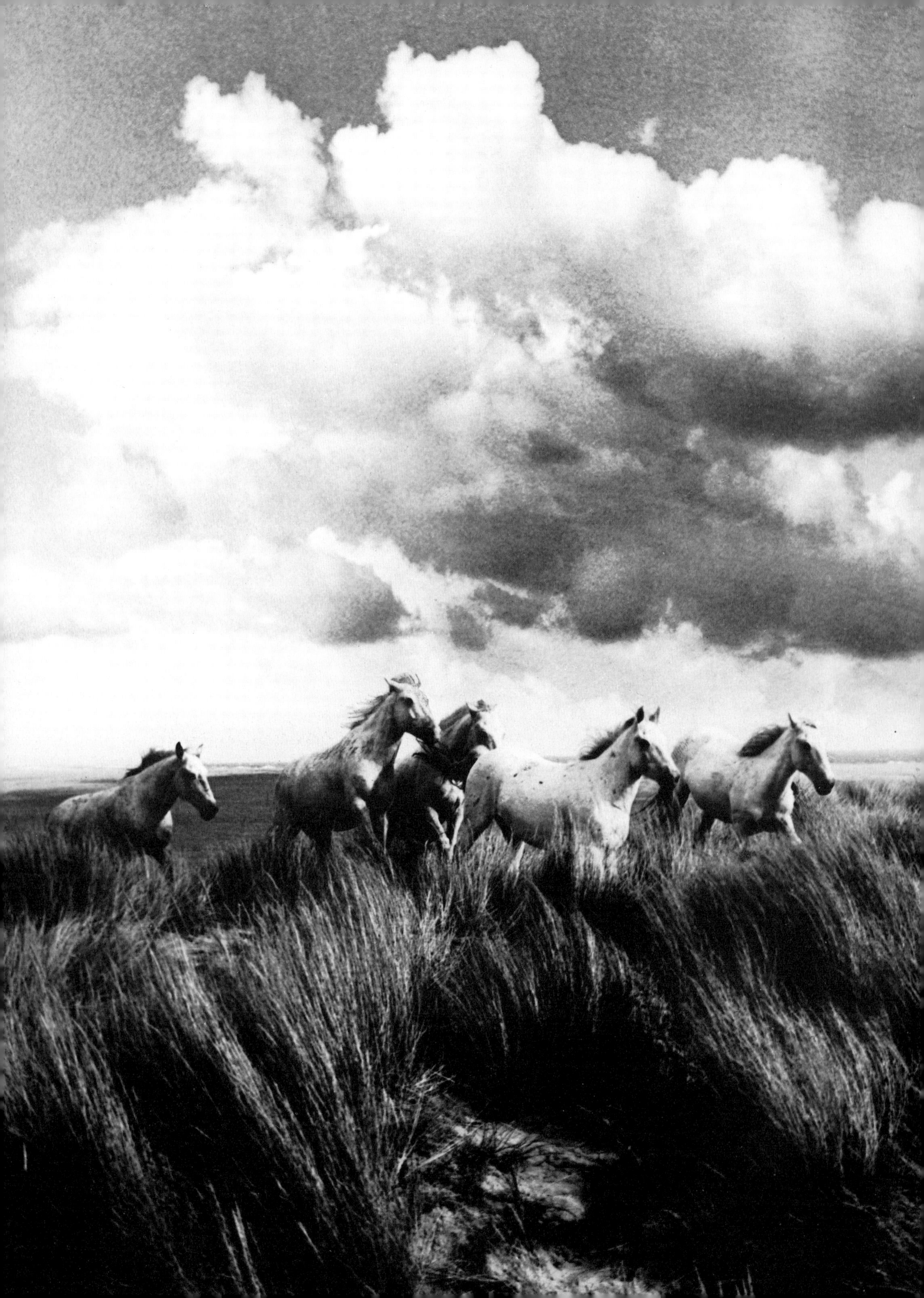

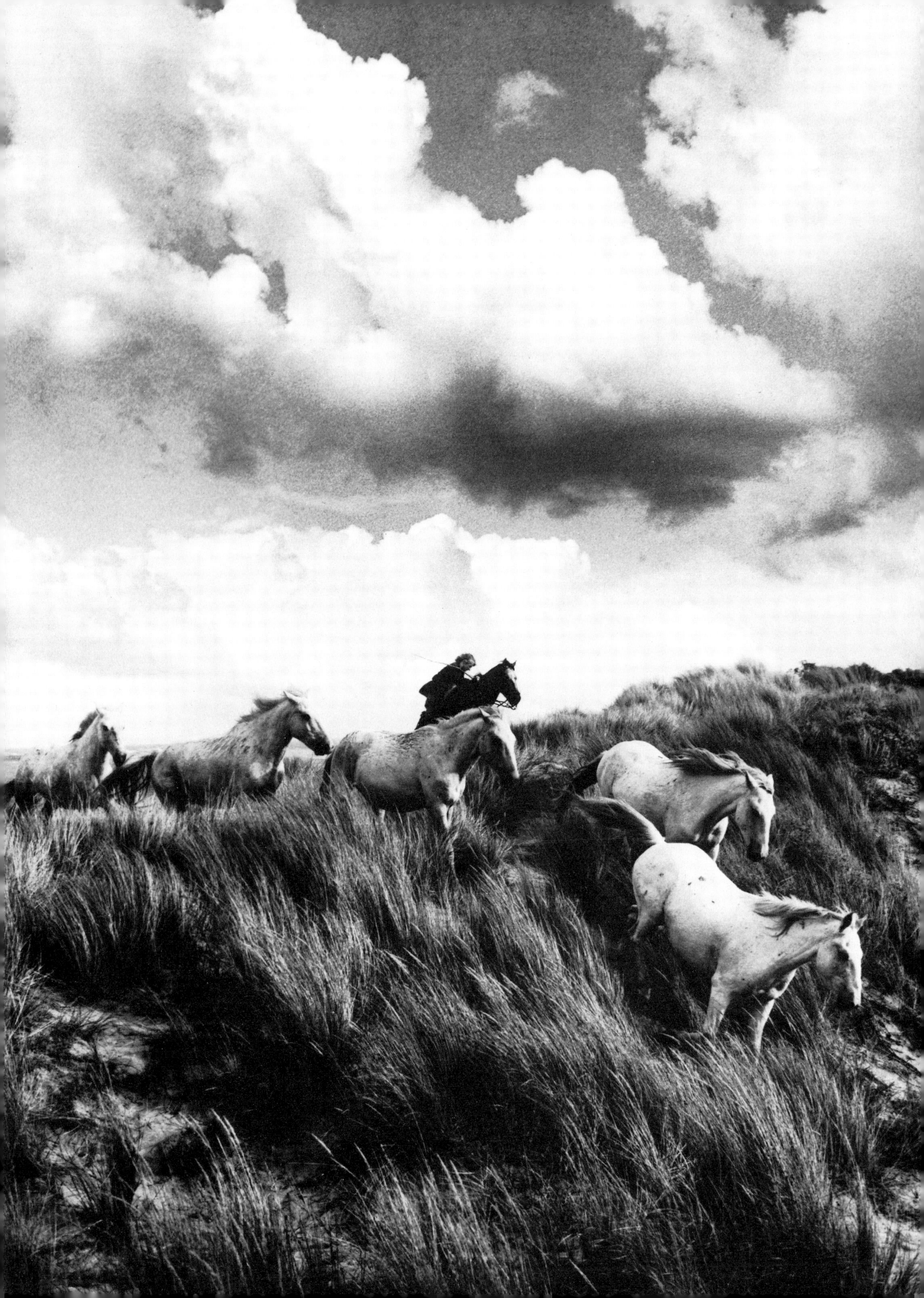

tausenden in dichtem Abstand den Boden bedecken. Das Camarguepferd ist unermüdlich. Während der Arbeit in der Stierherde legt es täglich etwa sechzig Kilometer zurück. Im Schritt und Galopp, durch Sumpf und Wasser, mit einem Reitergewicht von achtzig Kilogramm und bei heftig fauchendem Mistral, der einen erwachsenen Mann umzuwerfen imstande ist. Es vermag längere Durst- und Hungerperioden zu ertragen und ist unempfindlich gegen Stechmücken.

Die freilebende Herde wird gewöhnlich von der Leitstute angeführt. Der Hengst tritt nur bei Gefahr in Erscheinung. Wenn sich fremde Reiter nähern, kann es geschehen, daß er sie abzudrängen versucht oder sogar angreift, um sie zu vertreiben. Mißlingt ihm das, so versammelt er seine Stuten und führt sie fort. Zuchthengste verbringen nur die Deckperiode in der Herde. Junghengste hält man auf isolierten Koppeln, um sie vor Aggressionen des Leithengstes zu schützen. Die Stuten bilden mit ihren Nachkommen kleine Familien innerhalb des Herdenverbandes. Die Sorge um ihr Fohlen läßt sie angreifen, wenn man die Fluchtdistanz unterschreitet. Viele Stuten bringen bis zum fünfundzwanzigsten Lebensjahr oder auch länger jedes Jahr ein Fohlen, das nicht selten bis zur Geburt des nächsten gesäugt wird.

Sattlung, Zäumung und *Reitmethode* in der Camargue unterscheiden sich erheblich vom sportlichen Standard Mitteleuropas. Hier wurde Reiten Selbstzweck, dort ist es noch immer Mittel zur Ausübung eines Berufes. Die Reiterei der Camargue ist allein auf die gefährliche Tätigkeit des berittenen Hirten in der Stierherde abgestimmt.

Der Aufbau des Sattels erinnert an mittelalterliche Konstruktionen. Er ist für den Reiter nach Maß gefertigt und wiegt etwa 20 Kilogramm. Die Auflagefläche ist groß, um den Pferderücken zu schonen. Der Sattelbaum besteht aus Eisen, Vorder- und Hinterzwiesel aus Holz. Die festen Teile sind gut gepolstert. Der Sattel wird zur Sicherheit mit drei Bauchgurten befestigt. Hals- und Schweifriemen verhindern ein Verrutschen nach vorn oder hinten. Die schweren korbförmigen Steigbügel ermöglichen festes Einstemmen der Füße bei der Abwehr des Stieres mit dem Trident. Hinter dem Sattel befindet sich das Auflagestück, ein Minisattel, der verschiedenen Zwecken dient. Bei festlichen Anlässen sitzen die Frauen in ihrer malerischen Tracht hintenauf, bei der Arbeit transportiert man

---

Seite 141. Gardiansattel (oben). Drei Sattelgurte werden mit dünnen Lederriemen festgezurrt und kunstvoll verknotet (unten links). Anlegen des Schweifriemens, er verhindert, daß der Sattel nach vorn rutscht (unten rechts)

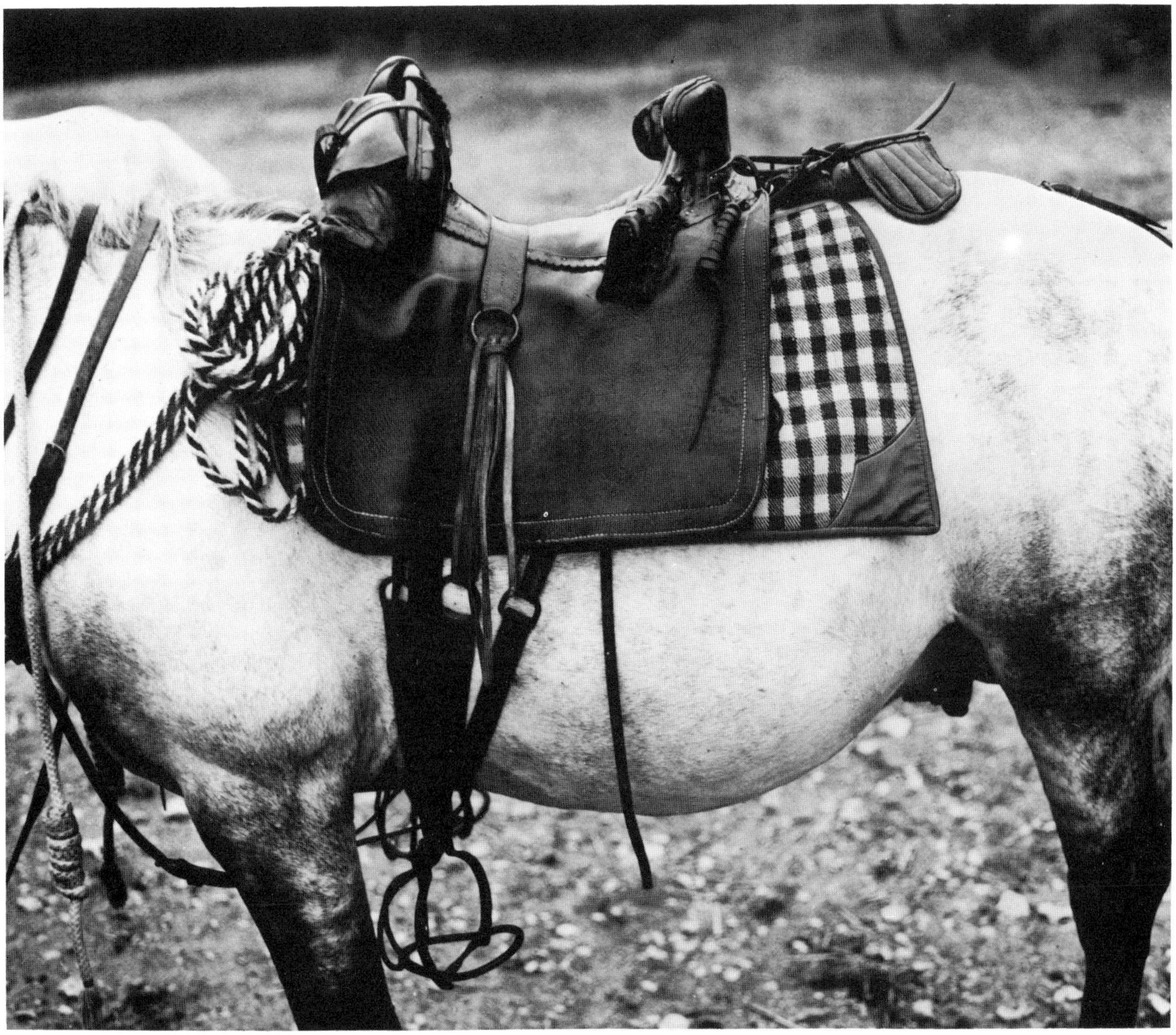
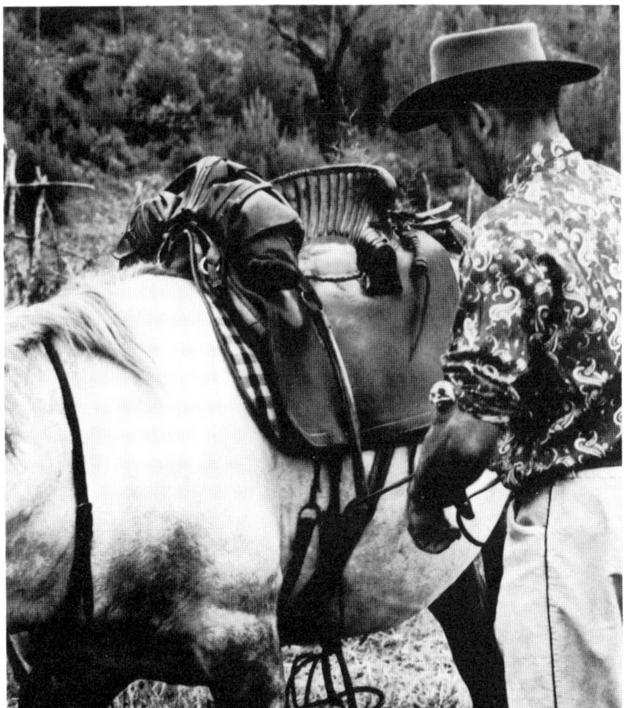
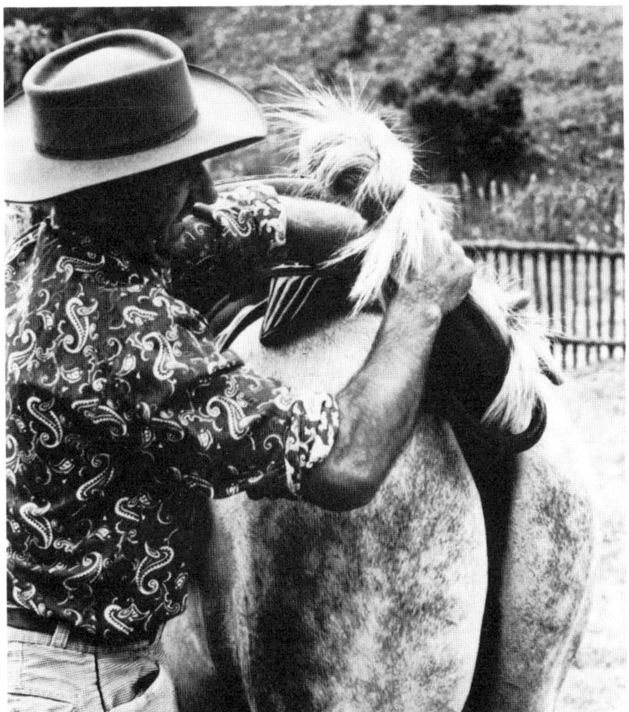

vielleicht ein erschöpftes Kalb oder verschnallt den Mantelsack. Die Satteltaschen am Vorderzwiesel enthalten Notbedarf für Reiter und Pferd. Der Sattel gibt dem Gardian einen unverrückbar festen Sitz, wenn beim Angriff eines Stieres blitzschnelle Wendungen und heftiges Davonspurten notwendig werden.

Das Zaumzeug besteht aus dem *Kappzaum*, der *Kandare* und dem Martingal. Der Kappzaum wirkt durch eine gezackte Kette, die oberhalb der Nüstern auf die Spitze des Nasenbeines drückt. In diese Kette sind zwei Stricke zum Zügeln eingehakt, die am Ende durch dicke Knoten beschwert sind. Die Kandare mit Kinnkette hat 10 bis 20 cm lange Hebelanzüge. Das Mundstück ist entweder starr oder durch ein Gelenk unterbrochen. Der Martingal ist anfangs mit dem Kappzaum, später mit dem Nasenriemen der Kandare verbunden, um das Hochwerfen des Kopfes zu verhindern.

Das Reitpferd des Gardians ist meist der Wallach, weil von ihm durch den fehlenden Trieb der größte Gehorsam zu erwarten ist. Im Alter von drei bis vier Jahren werden die Junghengste in ein Gatter getrieben, mit dem gefürchteten Lasso gefangen, an den Beinen gefesselt, kastriert und zur Heilung sogleich wieder in die Steppe entlassen. Nach acht Tagen fängt man sie abermals ein. Die Freiheit ist nunmehr endgültig dahin. Zum erstenmal hat das Tier direkten Kontakt zum Menschen, aus seiner Sicht unter nur unerfreulichen Umständen. Die Weite des Himmels und der Steppe gewöhnt, steht es angebunden in einem engen Stall. Zwang überall, was es seinem Instinkt folgend auch tun mag. Etwa eine Woche lang wird es an das Satteln gewöhnt. Dann folgen Spaziergänge an der Hand des Gardians, der eine am Kappzaum befestigte Leine hält. Schließlich versucht er, das Jungpferd zu besteigen. Alle Phasen des Zureitens werden von dem freiheitsbewußten Tier mit heftigster Gegenwehr beantwortet. Unablässig ist es bemüht, durch Bocken, Beißen und Schlagen dem Zwang des schmerzhaften Kappzaumes und dem durch das Erbgedächtnis zurückgerufenen Raubtier auf seinem Rücken zu entfliehen. Gelingt es einmal, den Reiter abzuwerfen, wird dieser Fehler nur schwer zu korrigieren sein. Der erbitterte anhaltende Widerstand erfordert hartes Zupacken des Gardians, wenn dieser sein Ziel erreichen will. Wenngleich der Camarguereiter mit seinem Pferd nicht gerade zimperlichen Umgang pflegt, der sowohl dem temperamentvollen Naturell des

---

Seite 143. Zäumung des Camarguepferdes. Je tiefer die Nasenkette des Kappzaumes auf dem Nasenbein liegt, desto schärfer ist die Wirkung. Weiße Baumwollseile dienen als Zügel. Die Kandarenzügel sind aus Leder. Den handgeflochtenen Lasso aus Roßhaar verwendet man zum Einfangen der Pferde und zum Anbinden. Der Knoten ist so geknüpft, daß er sich am Hals des Pferdes nicht zuziehen kann. Der Martingalriemen verhindert das Hochwerfen des Kopfes (oben). Anlegen des Kappzaumes (unten links). Reiterliche Anwendung des Kappzaumes beim Zureiten eines jungen Pferdes (unten rechts)

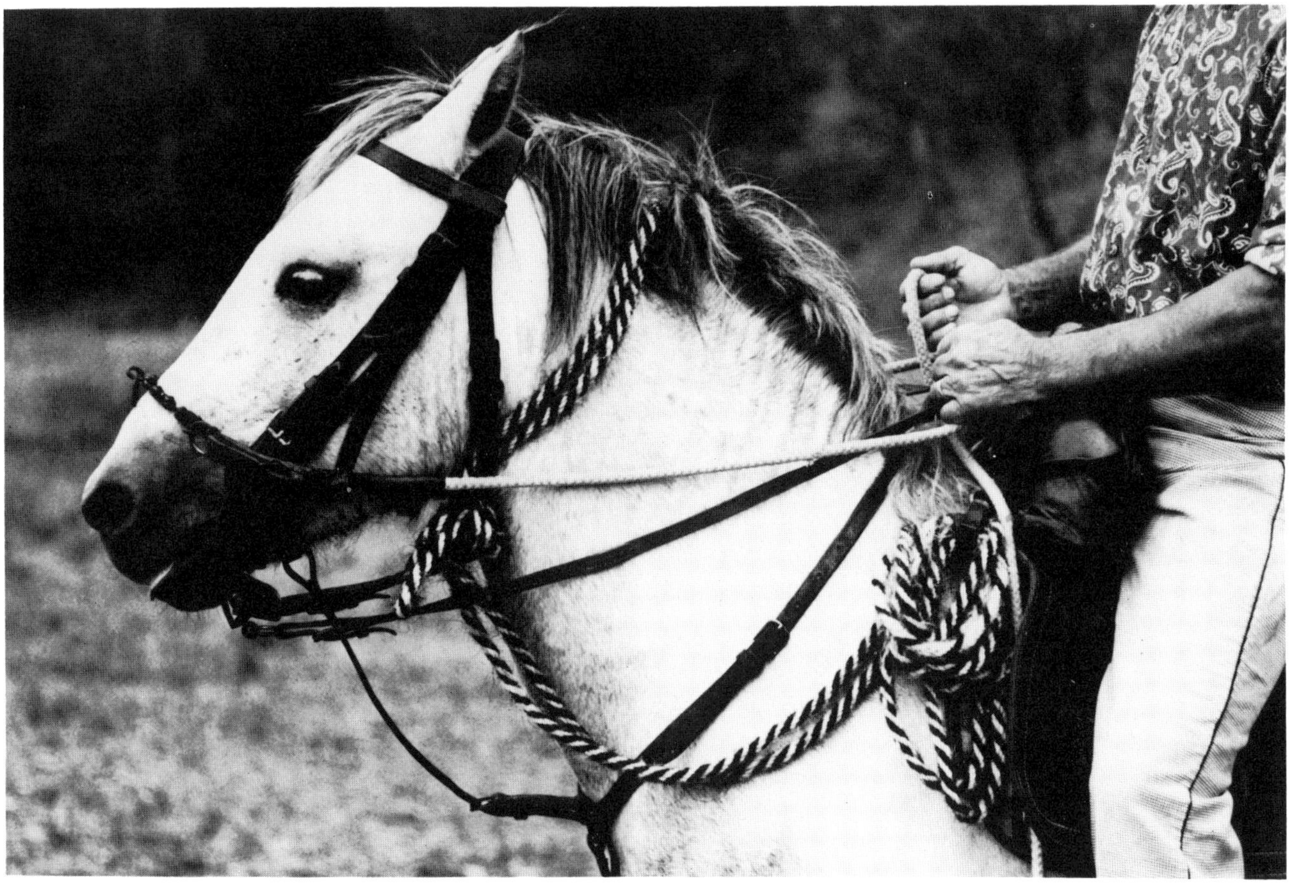

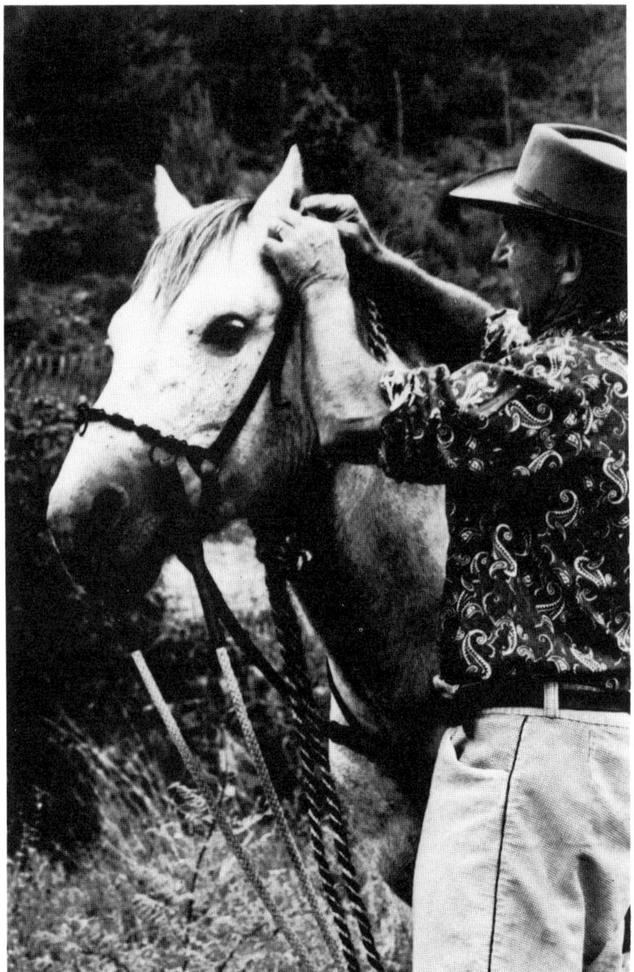

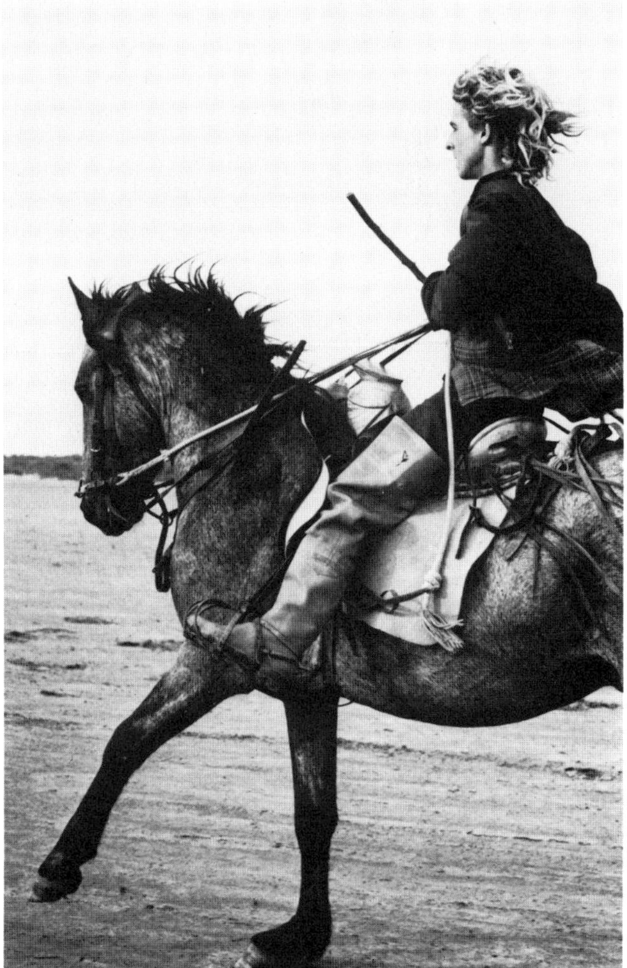

Südfranzosen als auch dem robusten Wildverhalten seines Schimmels entspringt, so scheint seine Reitweise insgesamt und auf Dauer gesehen dem Pferd weit weniger Mühsal zu bereiten als die jener sogenannten „zivilisierten Reiter", die ihr Pferd mit eisernen Fäusten und ewig klopfenden Schenkeln ein Leben lang zur Verzweiflung bringen und ihm schließlich die letzte psychische und physische Empfindung aus dem Leib hämmern. Die Zeit des zwingenden Kappzaumes und harten Zupackens geht bald vorüber. Der ausgebildete Camargueschimmel wird absolut losgelassen geritten und erfährt im Laufe seines weiteren Lebens kaum mehr reiterlichen Zwang, von Ausnahmesituationen in der Stierherde abgesehen. Der Gardian muß fortan bemüht sein, das unbegrenzte Vertrauen seines Pferdes zu gewinnen, da von dessen Mitarbeit sein Leben abhängen kann.

Ein derart kurzzeitig zugerittenes und psychisch verschrecktes Pferd sucht zunächst kaum freiwillig den Kontakt zu seinem Bezwinger. Ungute Erinnerungen haben sich in sein Gedächtnis eingegraben. Eine zumindest passive Ablehnung bleibt für einige Zeit bestehen, bis schließlich die tägliche gemeinsame Arbeit, die Gewohnheit und der Umgang mit immer demselben Menschen zu einem engen Vertrauensverhältnis führt, in dem vom Tier der Ersatz-Artgenosse akzeptiert wird. Sollte jedoch das Vertrauen des Pferdes enttäuscht werden, ist mit ihm die Arbeit in der Stierherde kaum noch möglich. Ich sah auch

Das Wasser ist den Pferden vertraut wie das Land. Seite 145: Jean Bounias beim Zureiten seines Junghengstes Le Cid. Das Pferd geht erst kurze Zeit unter dem Sattel

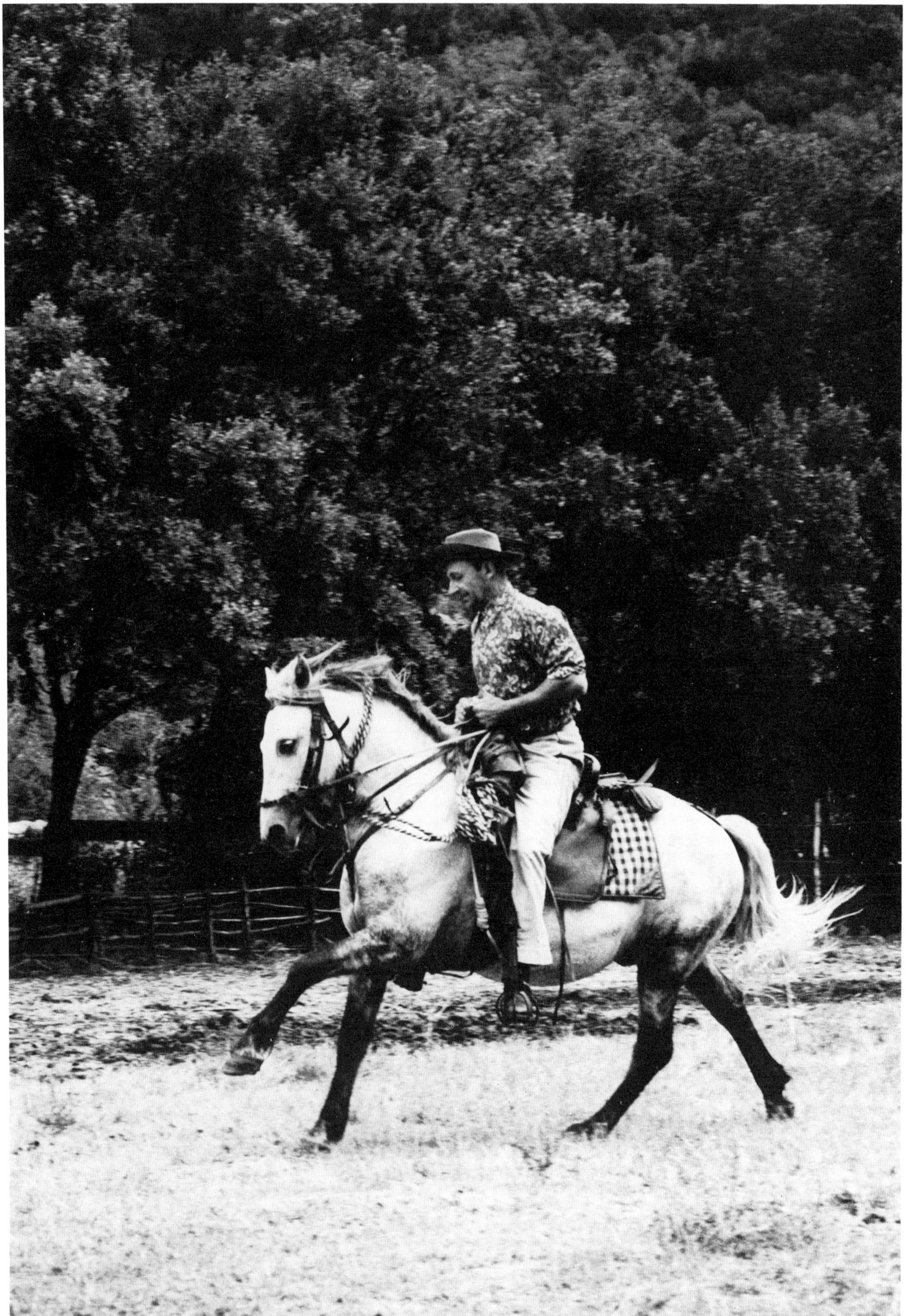

Camarguepferde, die vom Fohlenalter an am Hause, in ständigem Kontakt mit dem Menschen aufgewachsen waren. Sie unterschieden sich nicht von anhänglichen Familienpferden anderenorts. Die Gewöhnung eines in der Wildherde aufgewachsenen Tieres verlangt viel Konsequenz, Geduld und verhaltensgerechte Behandlung, weil es nicht auf den Menschen konzentriert war.

Die Ausbildung des Reitpferdes währt sechs Monate bei täglicher Übung, die des vollendeten Stierpferdes für den Dienst in der Herde weitere drei Jahre. Ein gutes, fertig ausgebildetes Stierpferd ist von hohem Wert und nahezu unverkäuflich. Es ist ausschließlich auf seinen Reiter fixiert und wird auch stets nur von diesem geritten. Der Gardian sitzt absolut gerade mit gestreckten Beinen im Sattel. Er beherrscht sein Pferd durch Gesäß- und Knieeinwirkung. Während der Ausbildung erfolgen die Zügelholfen mit beiden Händen über den Kappzaum durch Druck auf das Nasenbein. Später, wenn sich der Kappzaum erübrigt,

Gardians in ihrer Welt. Seite 147: Das Blumenspiel der Rinderhirten demonstriert die erstaunliche Wendigkeit ihrer Pferde, die beim Dienst in der Stierherde notwendig ist und für den Reiter lebensrettend sein kann. Ein Gardian hält in der erhobenen Rechten einen Blumenstrauß, den ihm die übrigen Reiter unter dem Applaus der Zuschauer zu entreißen versuchen

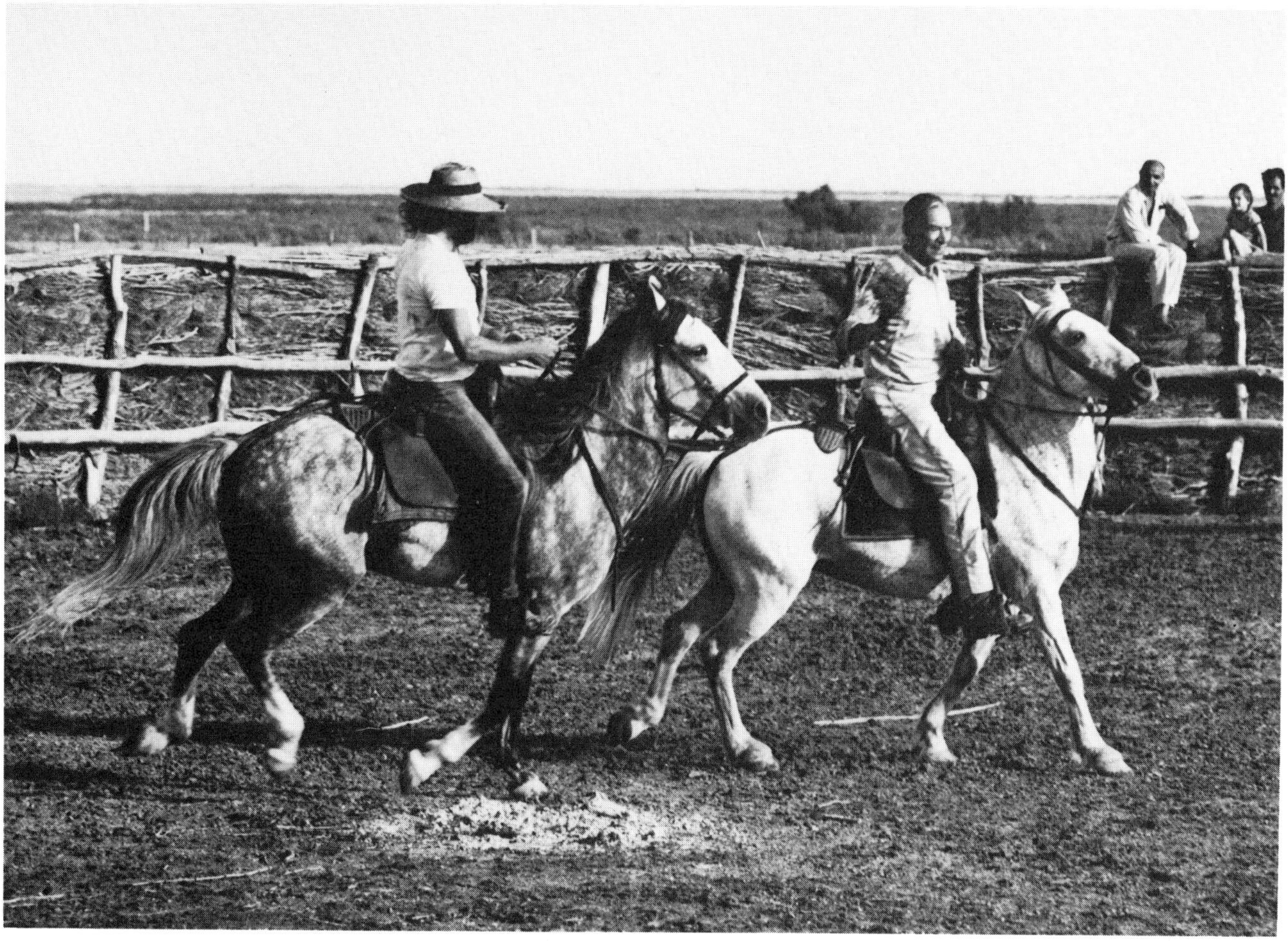

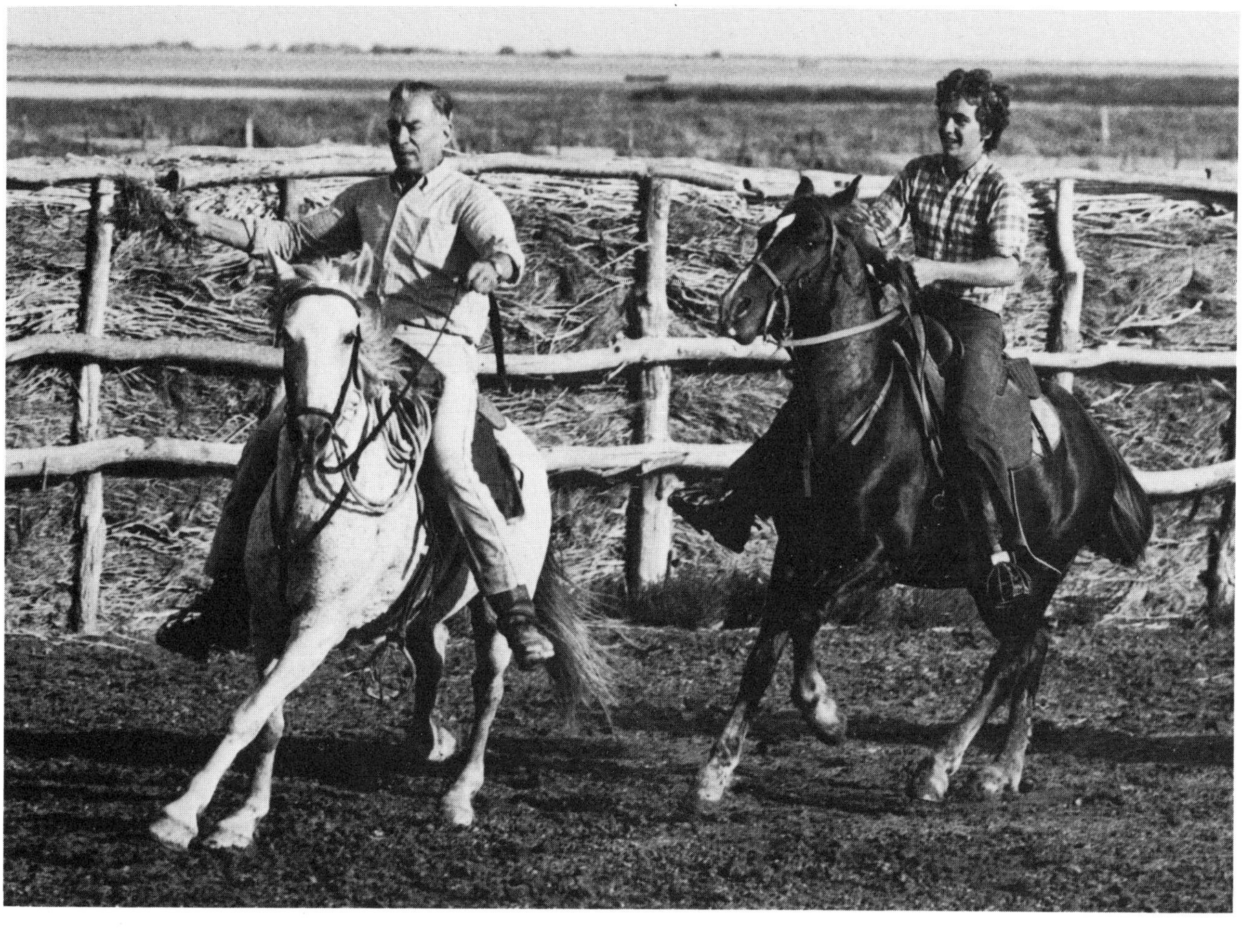

liegen beide Kandarenzügel bei sehr weicher loser Führung in der linken Hand. Die Rechte hält den Trident. Bei der Stierarbeit wird Schritt und Galopp geritten. Auf langen Märschen bevorzugt man einen kurzen, sehr ausdauernden und ermüdungsfreien Trab, der ausgesessen wird.

Der reiche Touristenstrom, der sich alljährlich in die Camargue ergießt, hat den Manadiers und Gardians eine neue Erwerbsquelle erschlossen: Promenade a cheval, das Ponytrekking der Camargue. Folgt man der Straße von Arles nach Les-Saintes-Maries-de-la-Mer, zeigt die Camargue bald ihr ursprüngliches Gesicht, eingezäunt freilich. Weithin sichtbar ragt die uralte Festungskirche von Saintes-Maries steil aus der Ebene, alljährlich spektakuläres Wallfahrtsziel der Zigeuner. Wenige Kilometer vor dem Dorf beginnt der Touristenbetrieb. Promenade a cheval zu beiden Seiten. Hotels im Stil der Cabanes, der Gardianhütten. Reihenweise warten Pferde auf Kunden, angebunden unter einer Pergola oder, komfortabler, in gemauerten und überdachten Ständen. Gesattelt und gezäumt, vom frühen Morgen bis zum späten Abend, geduldig und ergeben. Gegen gutes

Promenade à cheval, Reiten für Touristen in der Camargue

Honorar und unter Führung eines Gardians tragen sie Touristen für eine Stunde oder länger in die Steppe oder an den Strand, den ganzen Sommer lang. Im Frühjahr ausgeruht und gut genährt, werden sie im Oktober, wenn die Kräfte aufgezehrt sind, in die Steppe entlassen. Ohne Zufutter zur Erholung über den Winter. Im Frühjahr dann holt man sie gut genährt und ausgeruht aus der Steppe zurück, damit sie wiederum unter Führung eines Gardians den Sommer über..... Die Zähigkeit dieser Pferde ist unglaublich. Sicher muß solcher Rhythmus ihre hohe Lebensdauer erheblich verkürzen. Die dunkelste Seite dieses Geschäftes am Touristen aber ist einfach Tierquälerei. Schlachtpferde aus Nordafrika oder von sonstwo werden für eine Saison als Trekkingpferde eingesetzt, fast nur mit Stroh gefüttert, mit schlechtestem Sattelzeug versehen, bis zur Erschöpfung geschunden und sodann an den Schlachter weitergereicht. Gerechterweise muß jedoch angeführt werden, daß ebenso seriöse Reitbetriebe existieren, deren Pferde einen hervorragenden Eindruck hinterlassen.

Die Abstammung des Camarguepferdes ist nicht sicher nachgewiesen. Wahrscheinlich haben Pferde verschiedenster Herkunft zu allen Zeiten den Weg in das sumpfige abseits gelegene Rhonedelta gefunden. Ein natürlicher Sammelplatz auf der Flucht vor den Menschen. Als ferner Vorfahr wird das *Solutré-pferd* angenommen. Nahe der Ortschaft Solutré in Frankreich fand man unterhalb eines steil abfallenden Kliffs neben vielen anderen Tierknochen auch die Skelette von etwa 40 000 Pferden. Vermutlich benutzte der Mensch den Felsen vor etwa 20 000 Jahren als Wildfalle, um in gemeinschaftlich organisierter Jagd auf relativ mühelose Weise einen großen Fleischvorrat zu erlangen. Die Jäger drängten die Tiere auf ihren jahreszeitlichen Wanderungen von ihrer natürlichen Route ab, trieben sie mit brennenden Ästen, Steinwürfen und Lärmentfaltung den flachen Abhang des Felsenmassivs hinauf und zwangen sie zum tödlichen Sprung in den Abgrund. Die beiden vorgefundenen Skelettformen, die mit dem Urpony und dem Tundrenpony identisch sind, wurden nach ihrem Fundort ohne Unterscheidung einheitlich Solutrépferd benannt.

Auf ihrer großen Wanderung aus dem Donauraum nach Spanien, 800 bis 400 v. Chr., durchzogen die Kelten Südfrankreich. Das Keltenpony trug das Erbe des Urvollblüters. Später folgten die Römer mit numidischen Pferden aus

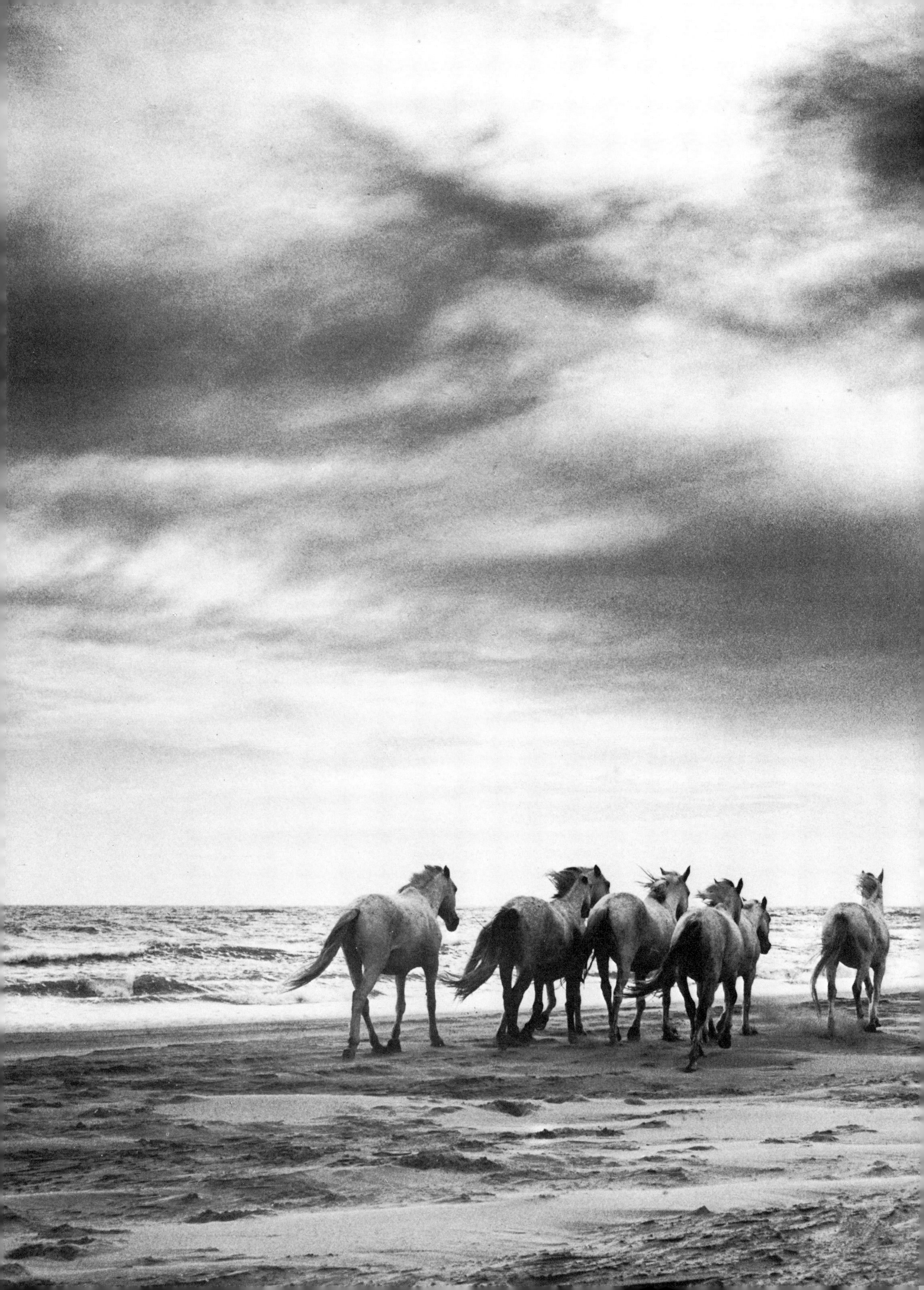

Nordafrika, den Nachfahren des ramsköpfigen Urpferdes. Entflohene Pferde beider Völker mischten sich mit den wildlebenden Pferden des Rhonedeltas, die schon von Horaz und Cäsar um 50 v. Chr. erwähnt werden. In jüngster Zeit kreuzte man vorwiegend Berberpferde ein. Das äußere Erscheinungsbild des Camarguepferdes läßt hauptsächlich die Merkmale des nördlichen Urponys und der beiden südlichen Urpferde erkennen. Die Vertrautheit mit Sumpf und Wasser, der kräftige Unterkiefer, die breiten Hufe und die Genügsamkeit können als überkommene Eigenheiten des Tundrenponys gewertet werden. Gewandtheit und Ausdauer des Camarguepferdes unter dem Reiter im trügerischen Gelände seiner Heimat scheinen ohnegleichen in der Welt.

Brandzeichen eines Manadiers

Connemaraponys

Die Landschaft Connemara ist ein einsames, vergessenes und dünn besiedeltes Gebiet an der Westküste Irlands. Im Osten bildet die Bergkette der Twelve Bens eine natürliche Grenze. Im Westen brechen sich die Wogen des großen Atlantik an den rundgespülten Küstenfelsen und laufen auf breiten Sandstränden aus. Gestein ringsum, soweit das Auge reicht. Mächtig aufgeworfene Felsformationen, rundliche Schärengruppen ähnlich der Form eines Walrückens und Quader und Geröll in allen Größen und Formen. Dazwischen eingestreut zahllose Seen, Teiche und Tümpel. Kümmerliche Vegetation. Hochmoore mit Schilf und Binsen bewachsen. Hartes Gestrüpp und Gras; graues, braunes und in geschützten Lagen überraschend leuchtend grünes. Der Wind ist allmächtig, nur selten gibt er Ruhe, der Regen stets gegenwärtig, in schnell vorüberziehenden Schauern oder als feiner Dauerniesel. Aber die Luft ist weich und warm, dank des Golfstromes, der die ganze Küste umspült. Winter und Sommer zeigen nur geringe Temperaturunterschiede. Der Winter verharrt oberhalb der Frostgrenze. Gras wächst immer und sonst wächst nichts, was dem Menschen als Nahrung dienen könnte. Das Gras nährt Pferde, Rinder, Esel und Schafe, und die Hochmoore liefern Torf als Brennstoff für den Kamin. Das Land ist einsam und rauh. Die Menschen sind arm. Es gibt keine Arbeit. Die Jungen wandern aus nach England und Amerika. Viehzucht und Tourismus bilden die schmale Existenz der Daheimgebliebenen. Und natürlich die Ponys.

Für Pferdekenner haben sie Weltruf.

Clifden, das kleine verschlafene Städtchen an der Westküste, wird einmal im Jahr zum Treffpunkt der Pferdefreunde des In- und Auslandes. Jeweils Ende August veranstaltet die Connemara-Pony-Breeders-Society eine Show, die über den derzeitigen Stand der Zucht informiert. Einen Tag lang passieren der ein- und zweijährige Nachwuchs, die Zuchthengste, die Stuten mit und ohne Fohlen und die jungen Wallache den Showring, von strengen Richteraugen begutachtet, ausgeschieden und prämiert. Alle Ponys sind in vorzüglicher Verfassung und erstklassig gepflegt. Eine Augenweide für Jedermann. Käufer, Züchter und Pferdeliebhaber verfolgen vom Morgen bis zum Abend das Geschehen. Viele Sprachen schwirren durcheinander. Wohl an die 500 Ponys sind aufgeboten, viele stehen zum Verkauf. Eine beträchtliche Zahl eingetragener Tiere geht über das

---

Seite 155: Der Show-Platz in Clifden. Seite 156: Streiflichter von der Clifden-Show. Unverkäufliche Zuchtstute (oben). Jungtiere stehen zum Verkauf (unten). Seite 157: Hengst Doon Paddy wartet ungeduldig auf seinen Auftritt (oben). Der Show-Platz liegt am Ortsrand von Clifden. Die Mauern sind wie überall lose aus Steinen geschichtet (unten)

internationale Ponymaß von 147,3 cm Stockmaß hinaus. Sie sind nach der Eintragung aufgrund besserer Pflege noch gewachsen. Man ist aber bestrebt, das Ponyhöchstmaß nicht zu überschreiten. Die Züchter haben sich den Wünschen der ausländischen Käufer angepaßt. Man könnte die Pferde grob in drei Typen unterteilen. Einmal die kleinen, kompakten, reingezüchteten Ponys, die in England sehr beliebt sind; dann die eleganten, edlen Reitponys mit Arabereinschlag, die in Schweden viele Anhänger finden, und die großrahmigen, sehr kräftigen und robusten Reitpferdetypen, die besonders von Holländern und Deutschen gekauft werden, aber auch in den USA in ihrer etwas leichteren Form sehr beliebt sind. Am Rande der Show werden unter der Bezeichnung Home made der unverwüstliche Tweed, Strickwaren und andere nützliche Dinge dargeboten.

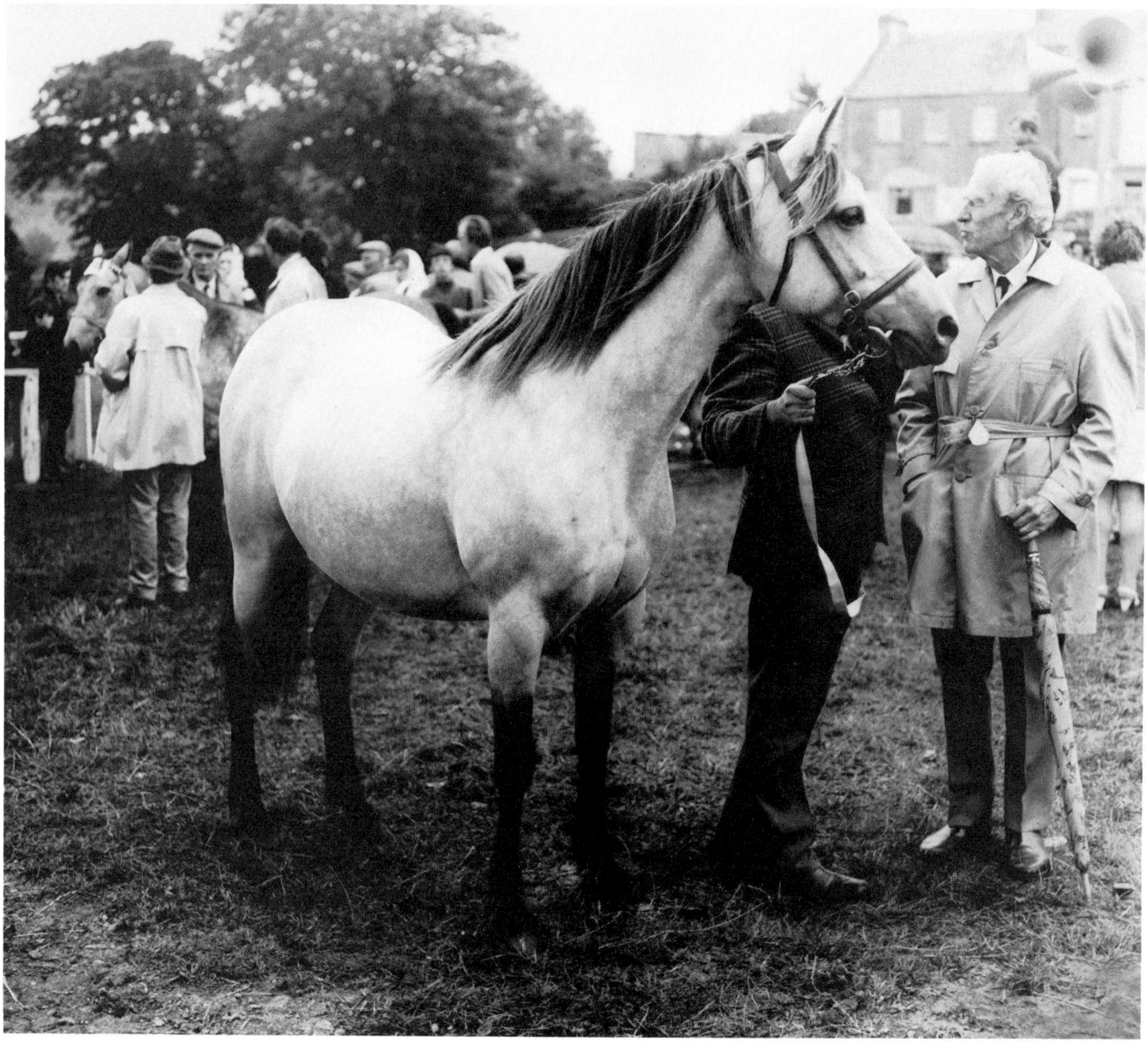

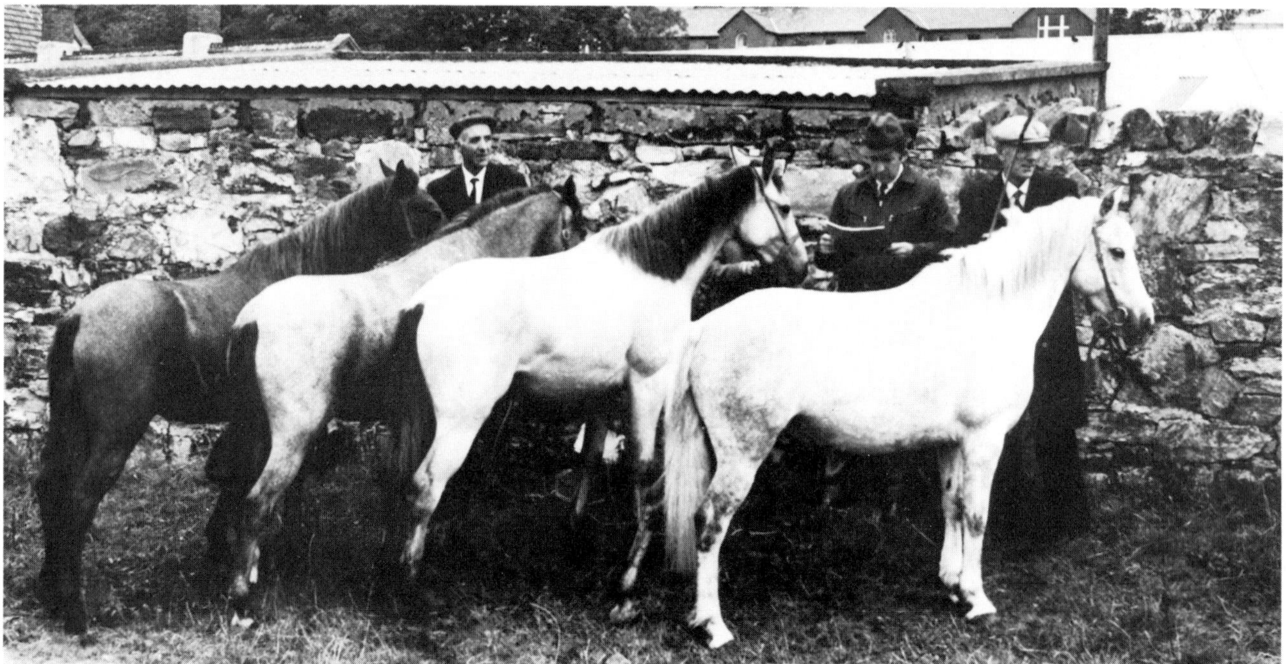

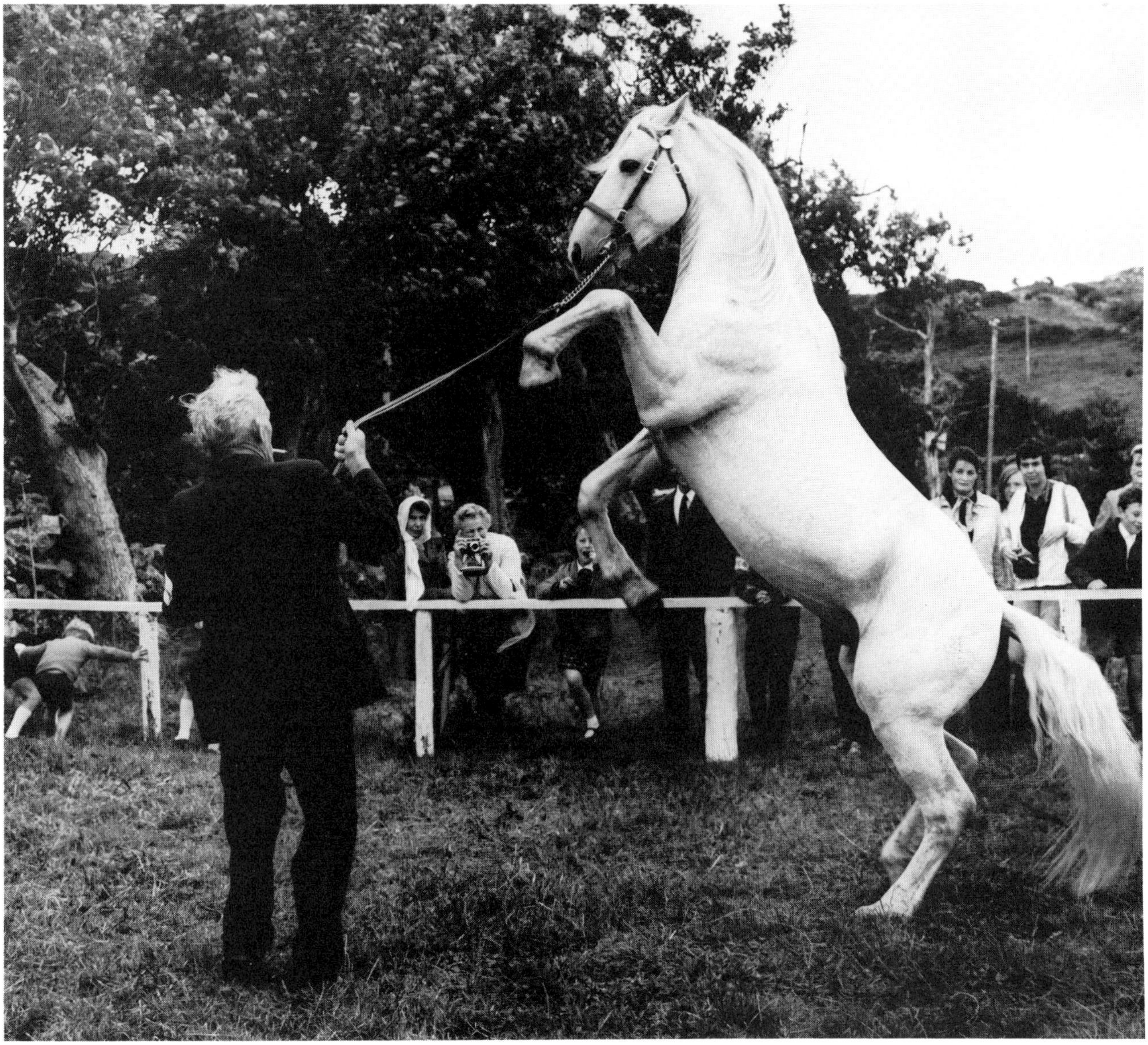

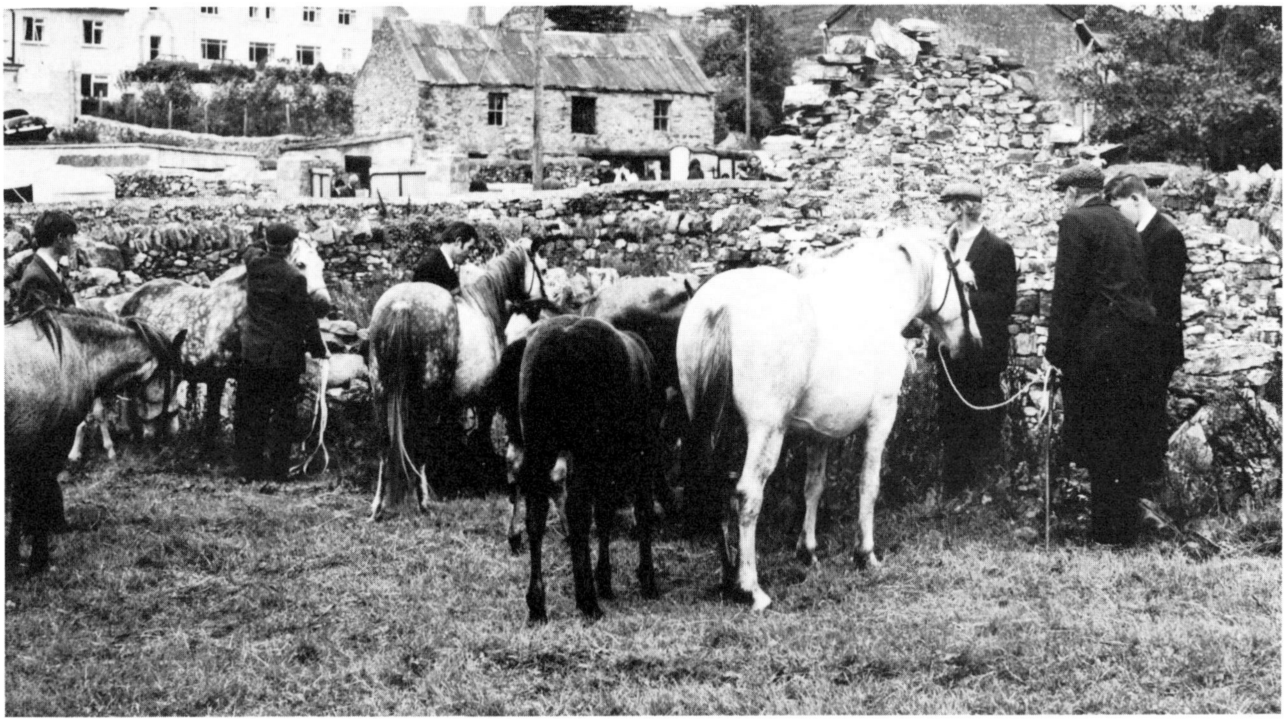

Die Clifden-Show zeigt die Ergebnisse der Zucht und eine Fahrt in das Land den züchterischen Alltag und die Heimat der Connemaraponys. Von Clifden aus führt die schmale Küstenstraße in stetem Auf und Ab und scharfen Windungen nach Süden. Fels und Geröll zu beiden Seiten, spärliches Gras dazwischen. Gelegentlich rückt die Straße dicht an den Rand der Bucht. Gelb leuchtet zwischen Felsen feiner Sand, von Gezeitenwassern aufgespült. Bei Ebbe trocknen ockerbraune Meerespflanzen. Viehweiden, mit Felsbuckeln durchsetzt, sind von lose aufgeschichteten Steinwällen umgeben. Auf der Straße immer wieder Pferde, Esel, Rinder oder Schafe, von ihren Koppeln entwichen, Autos kaum respektierend.

Das Land wird flacher und die Küste rückt näher. Ballyconneely, der Ort besteht aus wenigen Häusern mit Poststelle und Lounge Bar. Lärmende Gäste schon am Vormittag. Der Ire in diesem Lande zeigt sich einem Drink jederzeit aufgeschlossen. Er ist heiter, er lebt im Raum. Die Zeit, eine Erfindung des Menschen, ist für ihn ein vager Begriff. Lehid, nahe der Küste. Hügellandschaft mit Steinen übersät, Gras, Schilf und Seen. Ponys blicken mit gespitzten Ohren über die Steinwälle. Auf der höchsten Erhebung ein Haus. Der Bewohner ist einer der typischen Züchter des Landes. Herzliches Willkommen und Irish Whiskey. Die Verständigung holpert, sein Englisch hat keltischen Akzent, aber das Wesentliche wird herausgefiltert. Guter Geruch des stets im Kamin schwelenden

Torffeuers. Er besitzt 3 Zuchtstuten, wie viele Züchter in der Connemara, sein Stolz und kostbarster Besitz. Die Absatzfohlen werden alljährlich verkauft. Er hat drei Fohlen dieses Jahr. Eines wurde auf der Clifden-Show mit dem zweiten Preis bedacht. Die 17jährige Mutterstute brachte oftmals Prämienfohlen.

Der in der Connemara ansässige Züchter ist kein Reiter im sportlichen Sinn. Sein züchterisches Können beruht auf einer natürlichen Begabung, die ihm weltweite Anerkennung einbrachte. Wie groß immer wieder das Erstaunen, wenn der ärmlich gekleidete Besitzer eines mehr als bescheidenen Häuschens, auf die Frage nach Ponys, eine wohlgebaute Stute oder einen prächtigen Hengst hinter dem Haus hervorholte, vorzüglich gepflegt.

Das Pony in der Connemara lebt das ganze Jahr im Freien. Seine Nahrung besteht aus Gras, Kräutern, Schilf, Gestrüpp und Meerespflanzen, die wegen der fast gleichbleibenden Jahrestemperatur nahezu ununterbrochen wachsen. Die Bodenbeschaffenheit (Kalk und Phosphate) erweist sich als günstig für die Pferdezucht. Im Winter füttert man zusätzlich etwas Heu, wenn die Ponys dann gelegentlich nachts oder bei anhaltendem Regen den Stall aufsuchen.

Weiter zur Küste. Doonloughan, die letzten Häuser. Dann nur noch Sand, spärlich bewachsen. Haushohe Dünen. Dazwischen schilfumwachsene Sümpfe. Hinter der letzten hohen Düne plötzlich schneeweißer Strand, von gewaltigen Felspartien gesäumt. Weite ... der große Atlantik. Hier endet Europa. Der Horizont verschwimmt im Dunst. Weit verstreut — Pferde. Weiße, gelbe und braune. Stuten mit ihren Fohlen. Kein Steinwall begrenzt ihre Schritte, sie leben in völliger Freiheit. Dem Menschen weichen sie aus. Auf dem blanken Sand wachsen spärlich flache Grünpflanzen. Man vermag sie kaum mit den Fingern zu fassen. Dennoch sind alle Ponys in gutem Futterzustand. Es bleibt rätselhaft, wie ihnen das gelingt.

Der Versuch einzelne Gruppen zu fotografieren, mißlingt. Sie halten Distanz und werden unruhig. Plötzlich schließt sich die ganze Herde zusammen und galoppiert die nächste Düne hinauf. Die Silhouetten der stürmenden Pferde stehen in langer Reihe gegen den Himmel, bis alle jenseits den Dünenkammes verschwunden sind. Erst nach mehreren Besuchen werden sie vertrauter. Immer aber sind sie bedacht, den Sicherheitsabstand zu wahren.

Connemara, das Pferdeland am Rande Europas, ist von nachhaltiger Faszination für den, der Einsamkeit zu ertragen imstande ist. Den Lebensrhythmus der Menschen bestimmt die Natur. Unvergeßlich bleibt die selbstverständliche Menschlichkeit der gastfreundlichen Bewohner, die so arm und so heiter sind.

Jahrhunderte hindurch überdauerte das Connemarapony unter härtesten Umweltbedingungen ohne züchterische Konzeption. Die Natur allein vollzog die Auslese. Der natürliche Lebensraum der Ponys umfaßt ein größeres Gebiet als die eigentliche Connemara. Die Landschaft Conaught im Süden bis zur Galway-

Bucht und einige Landstriche im Norden bieten die gleichen Bedingungen. Dieses Gebiet ist kaum geeignet für die Landwirtschaft. Der Boden ist entweder felsig oder sumpfig, das Gras spärlich und von geringer Qualität mit Ausnahme weniger kleiner Talsohlen, die weit verstreut zwischen den Bergen liegen.

Den Bewohnern des Landes diente das Connemarapony seit langer Zeit als Reit- und Packtier. Hochbeladen mit Heu oder zu beiden Seiten je eine schwere Torflast und häufig dazu noch einen Reiter hintenauf bewältigte es die steilen Hänge. Über lange steinige Strecken schaffte es Güter des menschlichen Bedarfs zu Markte. Als Reitpony half es die Entfernungen zwischen den weit auseinanderliegenden Höfen zu verkürzen, und nicht selten trug es dabei zwei Reiter zugleich.

Im Jahre 1900 beschloß die Regierung, die Zucht zu verbessern. Professor Ewart von der Universität Edinburgh wurde beauftragt, ein Gutachten zu erstellen. Er berichtete, niemals vorher habe er auf den britischen Inseln wildlebende Ponys von solcher Härte, Genügsamkeit und Ausdauer gesehen. Sie seien stark und trittsicher wie Maultiere. Er fertigte einen gründlichen und genauen Bericht über die charakteristischen Merkmale der Ponys und deren Umwelt. Er bemängelte die Uneinheitlichkeit des Typs und empfahl, die Zucht vorwiegend aus sich selbst heraus mit nur ganz rassetypischen Exemplaren zu entwickeln.

Durch politische Wirren verzögert, wurde im Jahre 1923 mit staatlicher Billigung die Connemara-Pony-Breeders-Society gegründet. In den Satzungen, sie folgen weitgehend den Empfehlungen Prof. Ewart's, wird folgendes Zuchtziel angestrebt: Ein Pony von großer Härte, Ausdauer, Klugheit und Gesundheit. Größe: 132 bis 143 cm Stockmaß. Körper kräftig und tief, auf kurzen Beinen über viel Boden stehend. Schrägliegende, lange Reitpferdschulter. Langer, hoch aufgesetzter Hals mit trockenem, gut getragenem Kopf. Kräftige Gliedmaßen, Röhrbeinumfang unter der Vorderfußwurzel 17,5 bis 20 cm. Die Gänge sollen leicht, frei, schwebend und nicht zu flach sein. Die Farben in der Reihenfolge

Freilebende Connemaraponys in ihrer Heimat

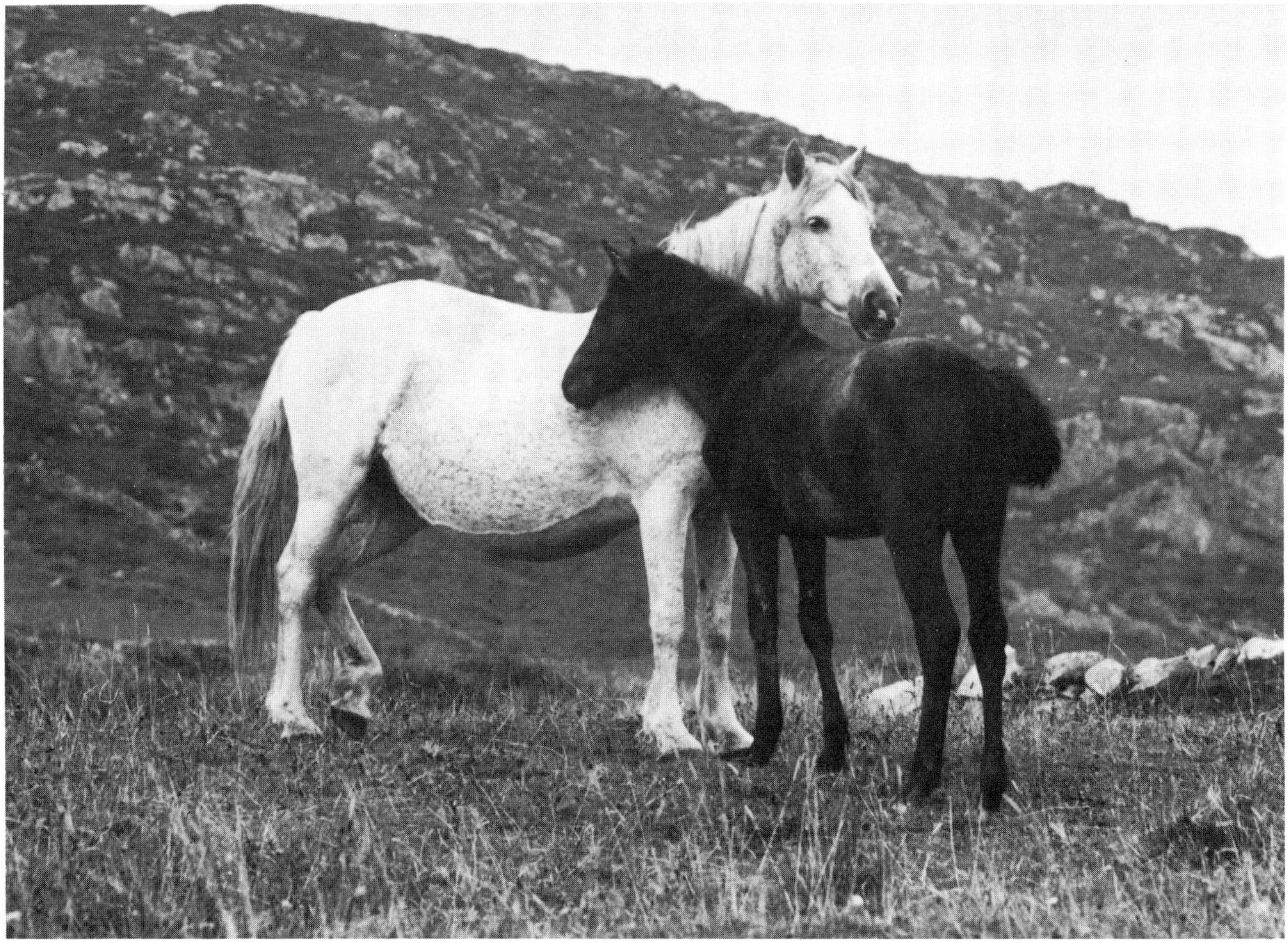

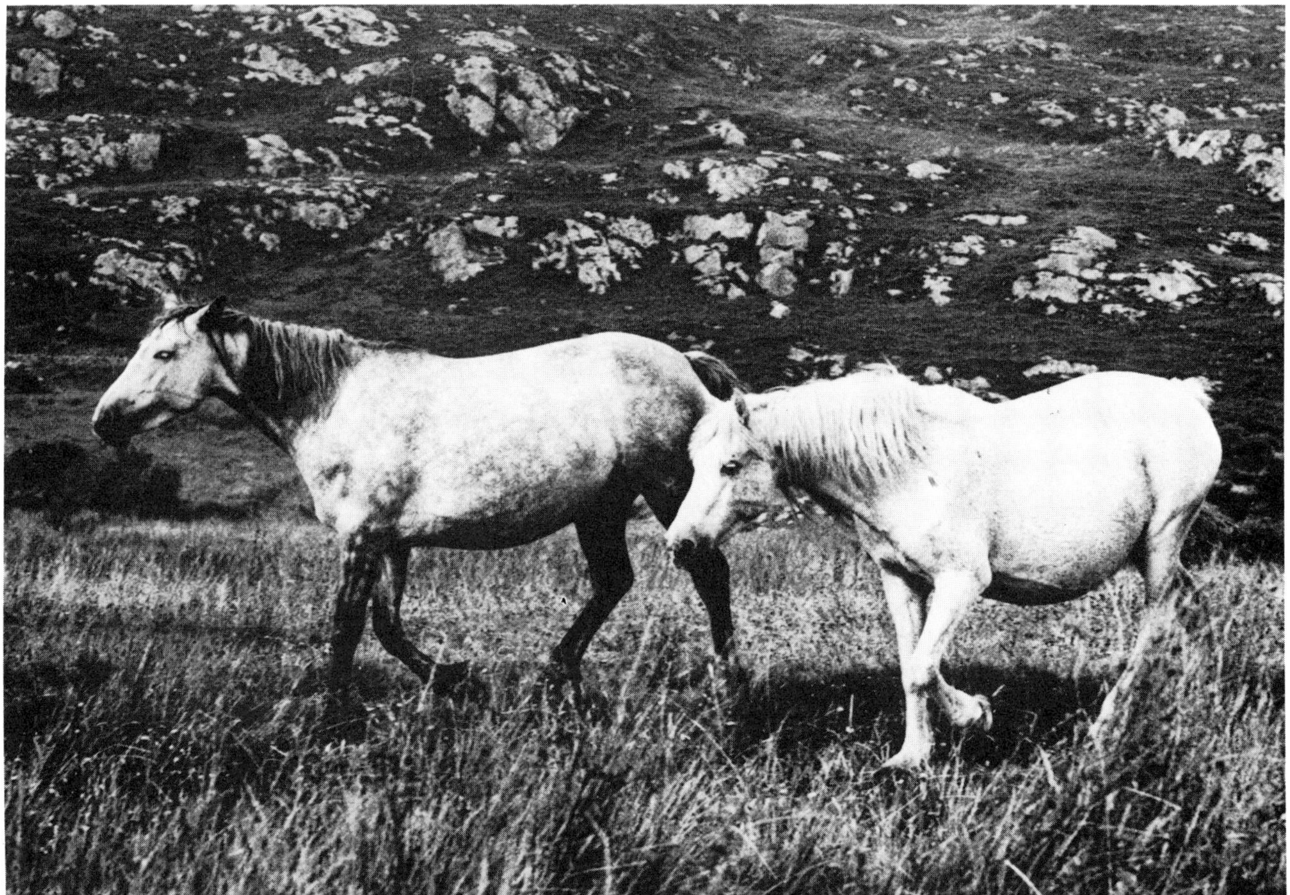

ihrer Häufigkeit sind: Schimmel 50 Prozent, Falb (leuchtend gelb mit dunklem Langhaar bis torfbraun) 25 Prozent, Braun, Schwarz, Fuchsfarbe u.a. 23 Prozent, Blue-Eyes-Creams etwa 2 Prozent. Weiße Abzeichen können gelegentlich auftreten. Blue-Eyes-Creams, weißgeborene Pferde mit heller Haut und blaugrauen Augen, nicht zu verwechseln mit rotäugigen krankhaften Albinos, sind unerwünscht und werden nicht mehr in das Stutbuch eingetragen.

Im Jahre 1926 erschien der erste Band des Stutbuches. Nach strengster Selektion wurden nur ganz typreine Ponys aufgenommen. 1964 wurde das Stutbuch geschlossen, das heißt, es wurden fortan unter weiterhin strenger Kontrolle nur noch Ponys eingetragen, deren beide Eltern ebenfalls im Stutbuch verzeichnet sind. Die Connemarazucht registrierte im Jahre 1970 nahezu 4 000 Stuten und 340 Hengste. Nach 1945 ist die Beliebtheit des Connemaraponys ständig gewachsen. Die Nachfrage in aller Welt ist groß. 1969 wurden 200 Tiere nach Schweden, England, Holland, USA, Deutschland, Frankreich, Dänemark und Belgien exportiert.

Das Connemarapony empfiehlt sich aufgrund seines gutmütigen und anhänglichen Charakters als Reitpony für die ganze Familie. Es ist gleichermaßen für Kinder und Erwachsene geeignet. Als Jagdpferd oder im Springparcours besitzt es überragende Fähigkeiten. Einige Kreuzungsprodukte, Vollbluthengst mit Connemarastute, erlangten Weltruhm im internationalen Leistungssport, wie z.B. Dundrum, Smokey Joe und Stroller im Springen und Little Model in der Dressur. Springfreude und Springtalent sind die hervorragenden Merkmale des Connemaraponys. Vom ersten Lebenstag an lernt es, im Gestein zu klettern und über steinige, unverrückbar feste Hindernisse zu springen. Irische Reitjagden hinter der Meute dauern oftmals viele Stunden. Die Strecke und die Beschaffenheit der Hindernisse sind nicht festgelegt, da der Fluchtweg von Hirsch oder Fuchs vorher nicht bekannt ist. Es muß gesprungen werden, was kommt, ein Ausweichen ist nicht möglich. Die Hindernisse bestehen vorwiegend aus den überall lose geschichteten Steinwällen, deren Höhe und Breite sehr unterschiedlich sein kann, und plötzlich auftauchenden Felsbuckeln und Steinen. Die Ponys springen gleich den berühmten irischen Hunters mit traumhafter Sicherheit.

Seite 163. Hengst Carna Dun, 22jährig (oben) und Hengst Clonkeehan Auratum, 15jährig (unten). Beide Vatertiere hatten entscheidenden Einfluß auf die Connemarazucht der vergangenen 15 Jahre

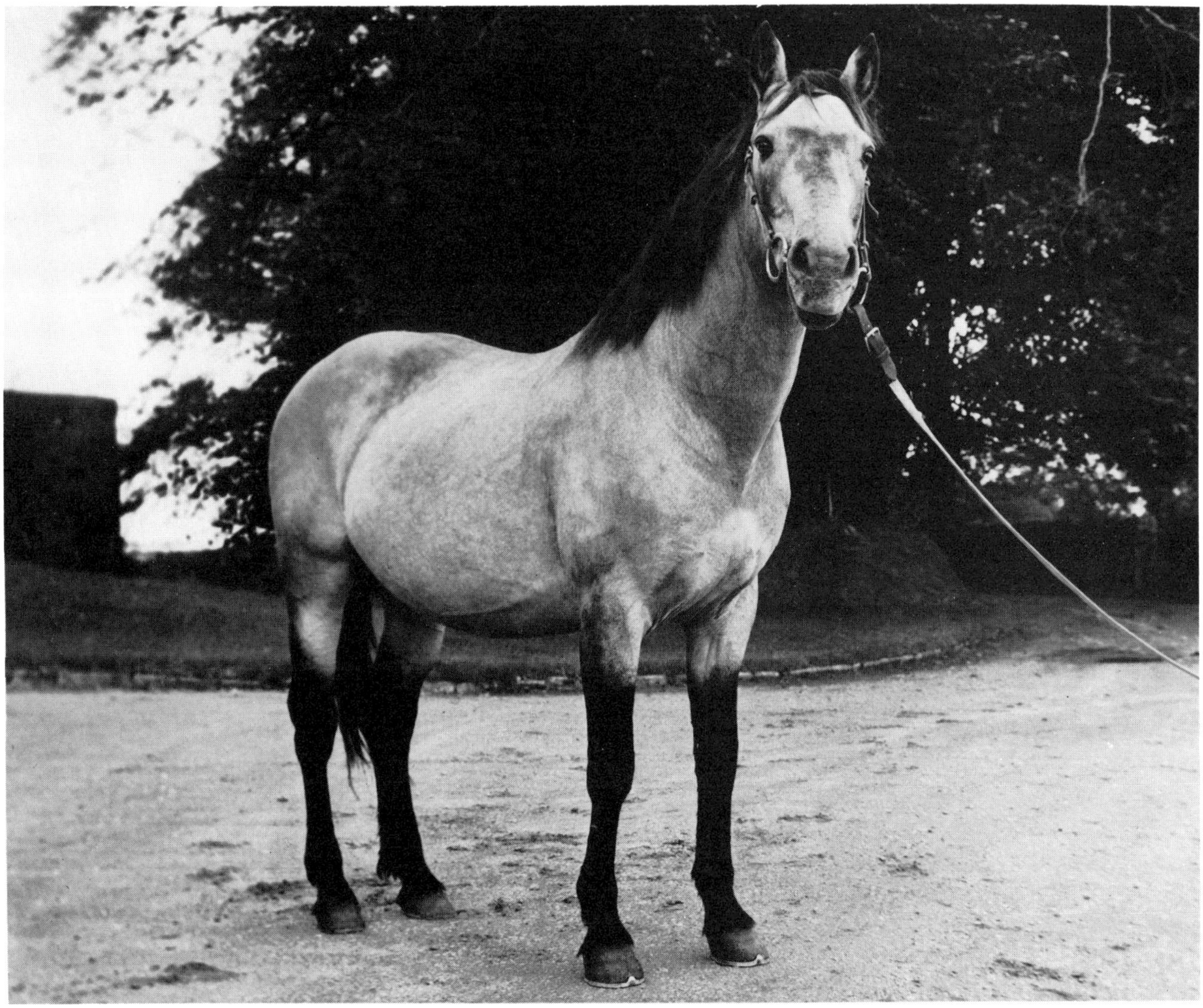

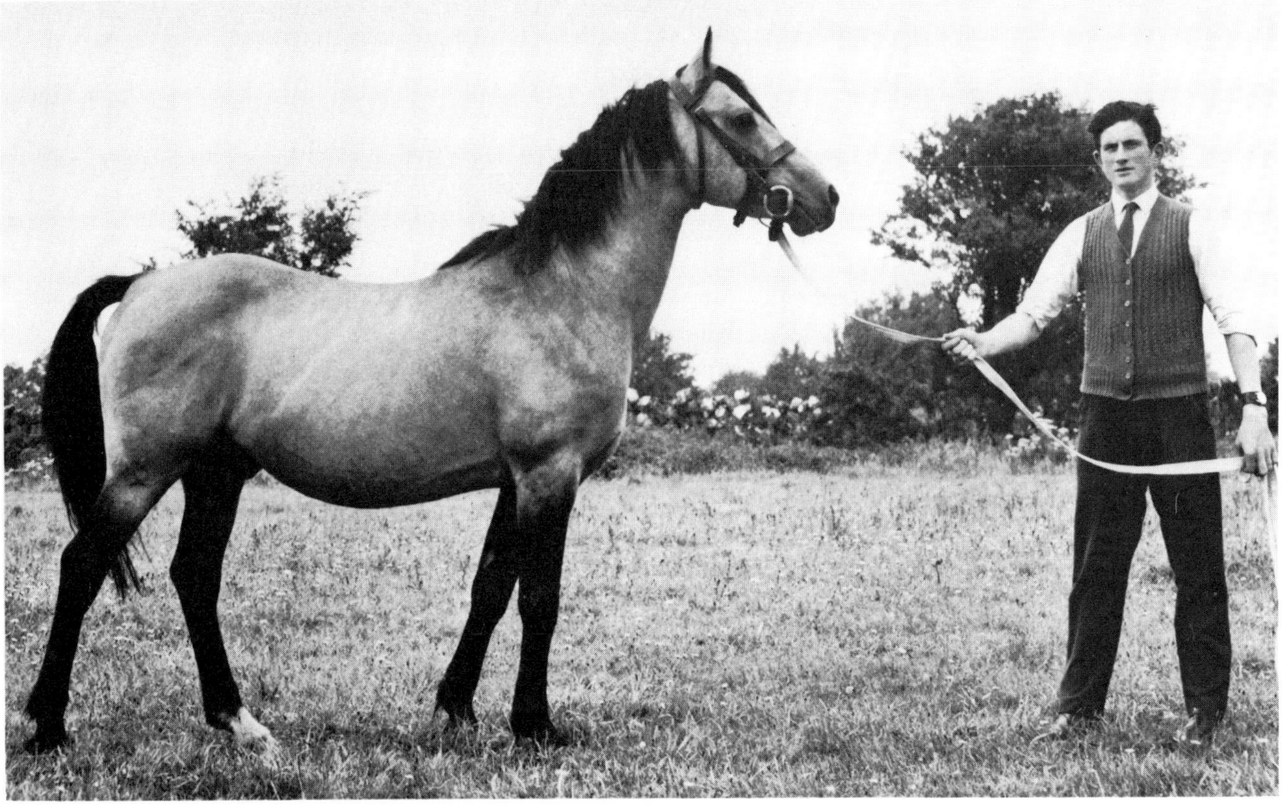

Mittlerweile werden in ganz Irland Connemaraponys gezüchtet. Neben den grundsätzlichen Bestrebungen, die Zucht rein zu erhalten, versuchte man mit der steigenden Nachfrage auch das Käuferinteresse zu berücksichtigen. So kreuzte man dosiert Vollblut ein, um Inzucht zu vermeiden und das Connemarapony dem Erscheinungsbild des Reitpferdes noch näher zu bringen. Von 1947 bis 1951 deckte der englische Vollbluthengst Little Heaven in der Connemarazucht. Seine wohl bekanntesten Nachkommen sind Dundrum im internationalen Springsport und der Deckhengst Carna Dun. Dieser und der Hengst Clonkeehan Auratum, Sohn des Araberhengstes Nazeel ox und einer Connemara-Stute, waren die begehrtesten, aber auch einzigen direkt eingekreuzten fremden Deckhengste der letzten 15 Jahre. Die Nachkommen von Carna Dun stehen im Typ des großrahmigen, sehr kräftigen Reitponys mit oftmals etwas langen Köpfen, die nicht immer ganz ponytypisch sind. Die Nachkommen des kleineren Clonkeehan Auratum hingegen verkörpern den Typ des eleganten, leichteren Reitponys mit unverkennbarem Arabereinschlag. In Irland kann man in der Kreuzungszucht recht großzügig verfahren, weil das Klima im Jahresdurchschnitt so mild ist, daß selbst Vollblüter beinahe das ganze Jahr auf der Weide verbringen. Zudem ist der irische Züchter ein Meister seines Faches. Für den kontinentalen Käufer jedoch, dessen Ponys den härteren Winter im Offenstall verbringen sollen, ist die urtümliche Qualität der Rasse von erheblicher Bedeutung. Er sei bedacht, entsprechend robuste Tiere zu erwerben.

Die Vorfahren des Connemaraponys sind zunächst Urpony und Tundrenpony des Nordens, die von altersher die britischen Inseln bevölkerten. Zwischen 800 und 400 v. Chr. erreichten die Kelten von Spanien kommend auf dem Seewege Irland und ließen sich an der Westküste nieder. Das Keltenpony, ein Nachfahre des Urvollblüters, mischte sich mit den bodenständigen Rassen. Durch aufblühende Handelsbeziehungen zwischen den keltischen Bewohnern beider Länder gelangten später spanische Pferde mit dem Erbe des ramsköpfigen Urpferdes nach Irland, die ebenfalls in den einheimischen Rassen aufgingen. So sind im Connemarapony die Erbanlagen des nördlichen Urponys und der beiden südlichen Urpferde vorherrschend, während das Erbe des Tundrenponys durch Umweltauslese und Zuchtgeschehen fast völlig verschwand. Die vom Urpony überkommene torfbraune Fellfärbung des atlantischen Regenklimas wurde von der dominierenden Schimmelfarbe des orientalischen Pferdes stark verdrängt. Aus der Sicht des Reiters hat im Connemarapony nicht zuletzt durch züchterisches Können eine glückhafte Verschmelzung stattgefunden.

Seite 165. In den Felsenbergen der Clifden-Bucht, ein Sohn von Carna Dun (oben). Little Model im Dressurviereck unter Mrs. Williams (unten)

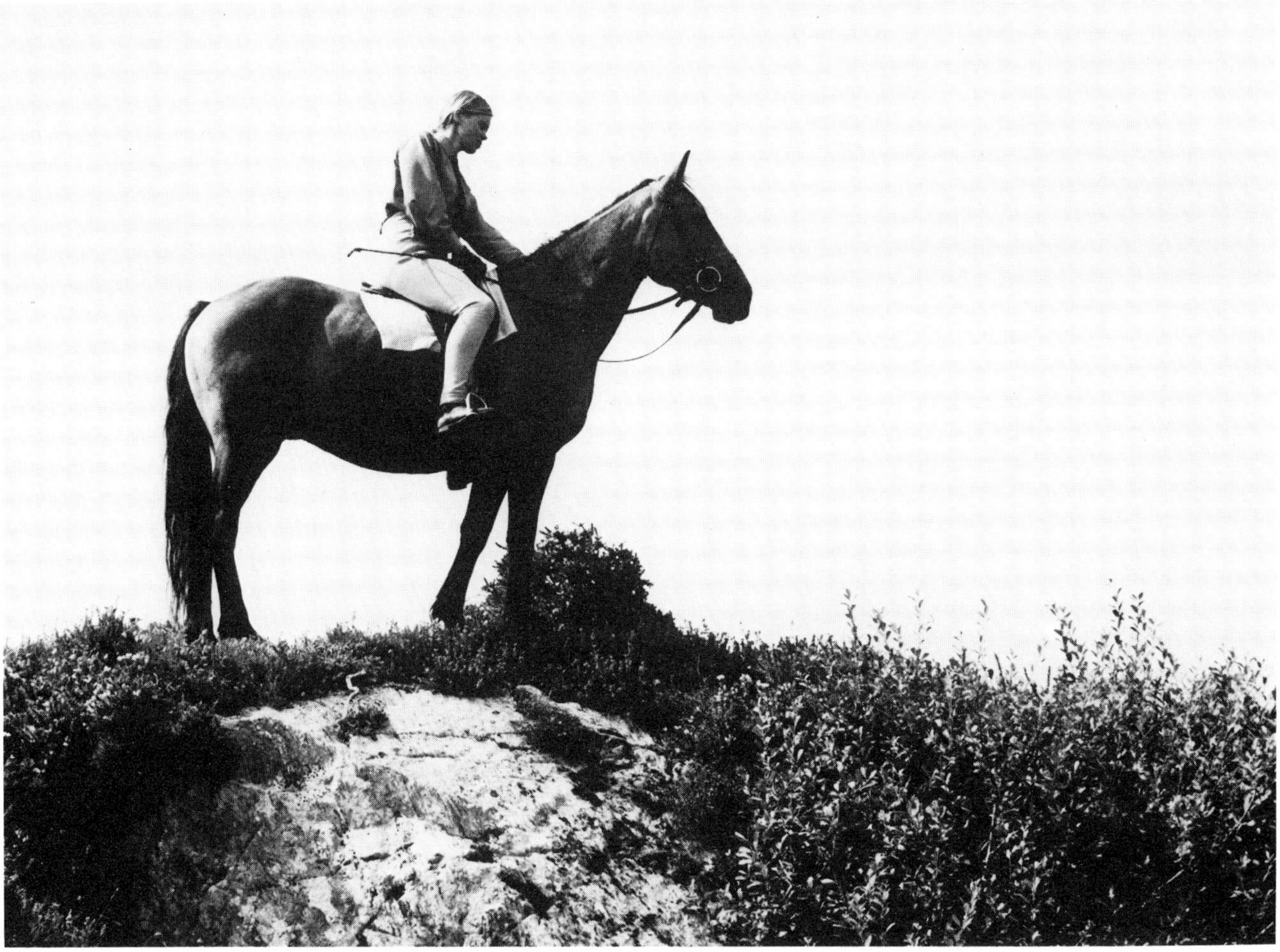

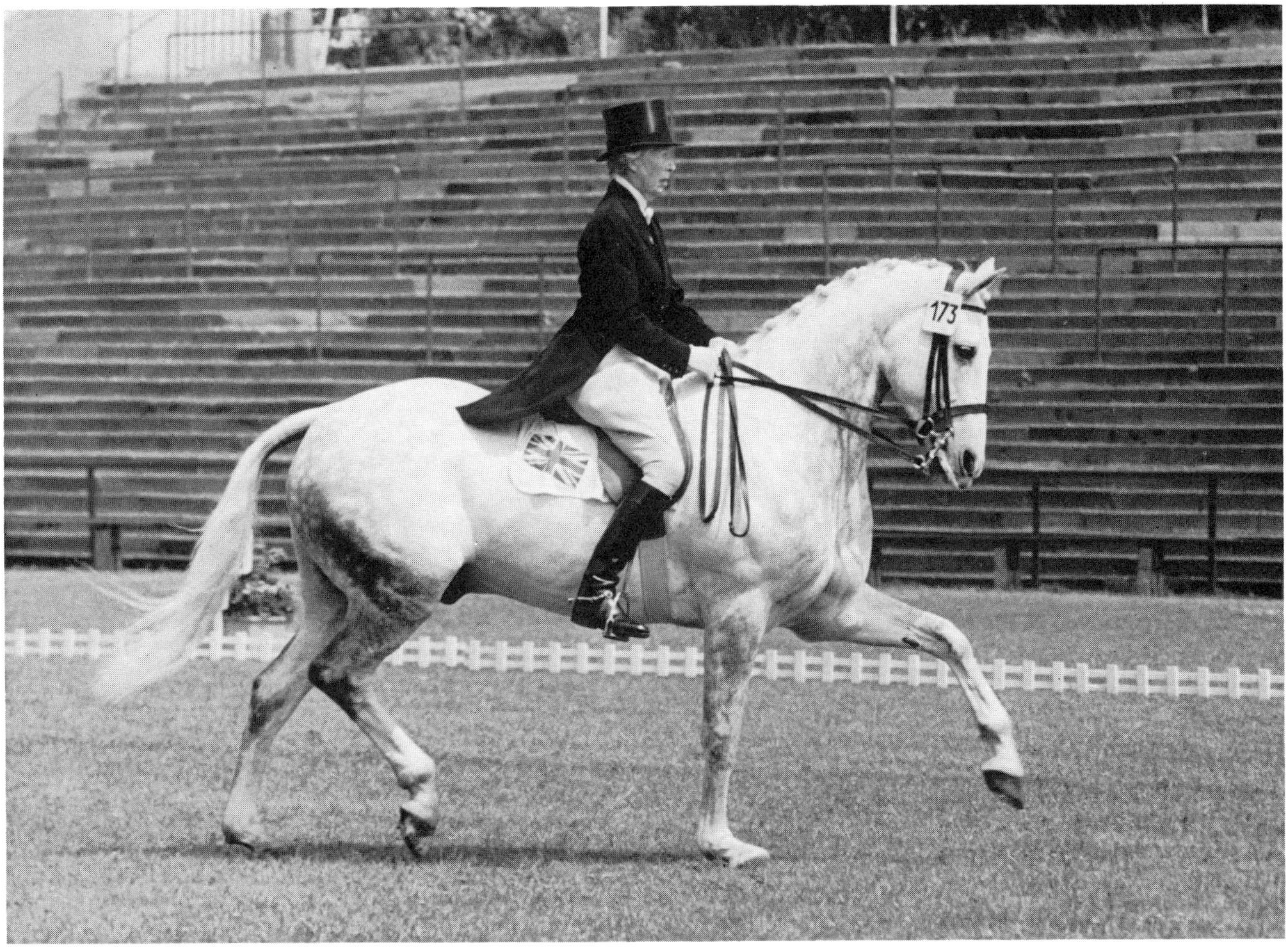
173

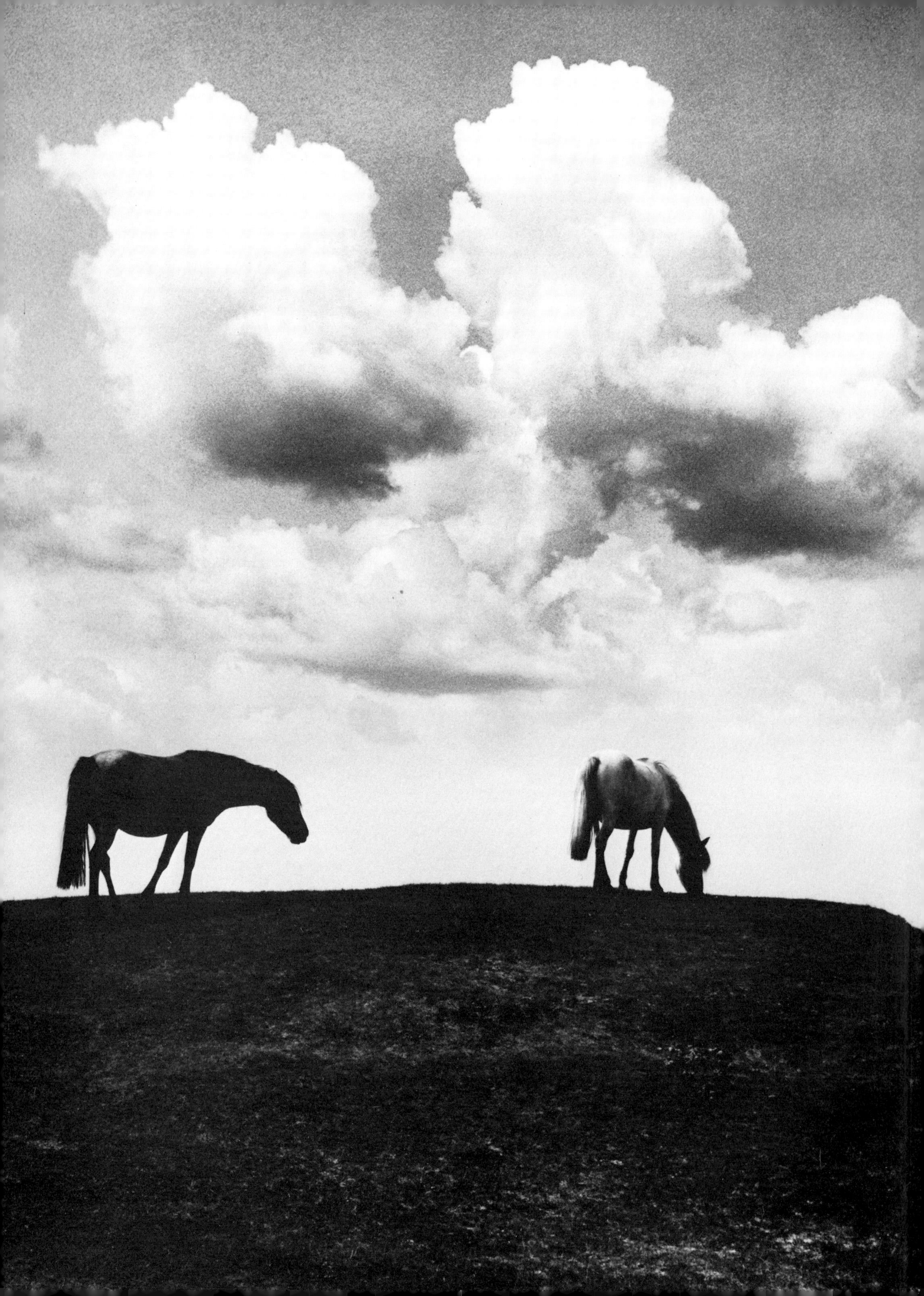

Literatur

Ackerl, Franz, und Lehmann, Arthur-Heinz: Die edlen Lippizaner und die Spanische Reitschule. 3. Auflage, A. Duncker Verlag, München, 1952. –

Bruns, Ursula: Connemara – Pferdeland am Meer. Albert Müller Verlag, Rüschlikon-Zürich, 1969. –

Bruns, Ursula: Das Jahr der Pferde. Albert Müller Verlag, Rüschlikon-Zürich, 1970. –

Bürger Udo: Vollendete Reitkunst. 3., völlig neubearbeitete Auflage von Gerhard Kapitzke und Frank Zika. Verlag Paul Parey, Berlin und Hamburg, 1973. –

Connemara-Pony-Stud-Book 1947–1968. The Connemara Breeders Society, Galway. –

Dent, Anthony A.: The pure bred Exmoor Pony. The Exmoor Press, Dulverton, Somerset, 1970. –

Ebhardt, Hermann: Verhaltensweise verschiedener Pferdeformen. Säugetierkundliche Mitteilungen, Heft 1, 1958. –

Ebhardt, Hermann: Verhaltens- und Formbeobachtungen an Pferden. Säugetierkundliche Mitteilungen, Heft 2, 1959. –

Ebhardt, Hermann: Ponys und Pferde im Röntgenbild nebst einigen stammesgeschichtlichen Bemerkungen dazu. Säugetierkundliche Mitteilungen, Heft 4, 1962. –

Ebhardt, Hermann: Wie verhalten sich Isländer in der Freiheit? Pony-Post 1968. –

Flade, Johannes Erich: Das Araberpferd. A. Ziemsen Verlag, Wittenberg Lutherstadt, 1962. –

Grzimek, Bernhard: Heimfindeversuche mit Pferden. Zeitschrift für Tierpsychologie, Band 5, 1943. –

Grzimek, Bernhard: Gedächtnisversuche mit Pferden. Zeitschrift für Tierpsychologie, Band 6, 1949. –

Hancar, Franz: Das Pferd in prähistorischer und früher historischer Zeit. Verlag Herold, Wien, 1956. –

Haßenberg, Liselore: Verhalten bei Einhufern. A. Ziemsen Verlag, Wittenberg Lutherstadt, 1971. –

Hemmer, Helmut, und Jaeger, Rudolf: Pferde zur Römerzeit in Mainz. Mainzer Naturwissenschaftliches Archiv, Jahrgang 8, 1969. –

Isenbügel, Ewald: Das isländische Pony. Tierzuchtinstitut der Universität Zürich, 1966. –

Kapitzke, Gerhard, und Zika, Frank: Ponyreiten ernstgenommen. 3. Auflage, Verlag Paul Parey, Berlin und Hamburg, 1973. –

Kelly, Sonia: The Connemara Pony. The Mercier Press, Cork, 1969. –

Killeen, John: The Connemara Pony. Mitteilungsblatt, Galway. —

Klingel, Hans: Soziale Organisation und Verhalten freilebender Steppenzebras. Zeitschrift für Tierpsychologie, Band 24, 1967. —

Klingel, Hans: Soziale Organisation und Verhaltensweisen von Hartmann- und Bergzebras. Zeitschrift für Tierpsychologie, Band 25, 1968. —

Maday, Stefan von: Psychologie des Pferdes und der Dressur. Verlag Paul Parey, Berlin, 1912. —

Mitteilungsblatt Herzog von Croy'sche Verwaltung. —

Mohr, Erna: Das Urwildpferd. A. Ziemsen Verlag, Wittenberg Lutherstadt, 1959. —

Schäfer, Michael: Wie werde ich Pferdekenner. Nymphenburger Verlagshandlung, München, 1971. —

Schiele, Erika: Arabiens Pferde, Allahs liebste Kinder. Bayerischer Landwirtschaftsverlag, München, 1972. —

Schrader, George F.: Islands Roß und Reiter. Druck: Gustav Ahrens, Berlin, 1915. —

Sickenberg, Otto: Über die Größe der pleistozänen Pferde der Caballus-Gruppe in Europa und Nordasien. Eiszeitalter und Gegenwart, Band 12, 1962. —

Skorkowski, E.: Systematics of the Horse and the Principles of his Breeding. Polskiej Akademii umiejetnosei, Krakau, 1946. —

Skorkowski, E.: Paleolithic Drawings reproduce Horse Sub-Species. Inst. Zoot. Krakau, 1947. —

Solinski, Sadko: Reiter der Camargue. Verlag Paul Parey, Berlin und Hamburg, 1972. —

Speed, J.G., und Etherington, M.G.: The Exmoor-Pony and the Place of our Horses in Rural Economy. The British Veterinary Journal, Band 107, April 1951. —

Speed, J.G., und Etherington, M.G.: The Exmoor-Pony and a Survey of the Evolution of the Horses in Britain. I und II. The British Veterinary Journal, September 1952 und August 1953. —

Trumler, Eberhard: Das Rossigkeitsgesicht und ähnliches Ausdrucksverhalten bei Einhufern. Zeitschrift für Tierpsychologie, Band 16, 1959. —

Zeeb, Klaus: Paarungsverhalten von Primitivpferden in Freigehegen. Säugetierkundliche Mitteilungen, Heft 2, 1958. —

Zeeb, Klaus: Das Verhalten des Pferdes bei der Auseinandersetzung mit dem Menschen. Säugetierkundliche Mitteilungen, Band 7, Sonderheft, 1959. —

Zeeb, Klaus: Die Unterlegenheitsgebärde des noch nicht ausgewachsenen Pferdes. Zeitschrift für Tierpsychologie, Band 16, 1959. —

Zeeb, Klaus: Verhaltensforschung beim Pferd. Tierärztliche Umschau, Heft 10, 1959. —

Zeeb, Klaus: Primitivpferde und ihre Haltung. Tierärztliche Umschau, Heft 2, 1963. —

Zeeb, Klaus: Wildpferde in Dülmen. Verlag Hallwag, Bern und Stuttgart, 1965. —

Zeeb, Klaus, und Göbel, F.: Ethologische Betrachtung zur Forensik der Bösartigkeit bei Pferden. Berliner und Münchener Tierärztliche Wochenschrift, Heft 19, 1963. —